研究阐释党的十九届五中全会精神国家社科基金重点项目(21AZD056)、
中央高校基本科研业务费专项资金和浙江大学文科精品力作出版资助计划资助

# 文以数载
# 数以道明

## 新时代文化产业数字化战略之道

罗仕鉴　王瑶　邹文茵　著

ZHEJIANG UNIVERSITY PRESS
浙江大学出版社
·杭州·

**图书在版编目（CIP）数据**

文以数载　数以道明：新时代文化产业数字化战略
之道 / 罗仕鉴，王瑶，邹文茵著. -- 杭州 ：浙江大学
出版社，2024.2
　　ISBN 978-7-308-24675-0

　　Ⅰ.①文… Ⅱ.①罗… ②王… ③邹… Ⅲ.①文化产
业－数字化－研究－中国 Ⅳ.①G124

　　中国国家版本馆CIP数据核字(2024)第040274号

**文以数载　数以道明——新时代文化产业数字化战略之道**

罗仕鉴　王　瑶　邹文茵　著

| | |
|---|---|
| 责任编辑 | 汪淑芳 |
| 责任校对 | 董齐琪 |
| 封面设计 | 林智广告 |
| 出版发行 | 浙江大学出版社 |
| | （杭州市天目山路148号　　邮政编码　310007） |
| | （网址：http://www.zjupress.com） |
| 排　　版 | 杭州林智广告有限公司 |
| 印　　刷 | 杭州高腾印务有限公司 |
| 开　　本 | 710mm×1000mm　1/16 |
| 印　　张 | 19.25 |
| 字　　数 | 295千 |
| 版 印 次 | 2024年2月第1版　2024年2月第1次印刷 |
| 书　　号 | ISBN 978-7-308-24675-0 |
| 定　　价 | 88.00元 |

# 前　言
## PREFACE

　　数字经济的浪潮下，文化产业数字化变革成了重要的议题。在文化出海、文化新基建、数字经济的多重驱动下，中国在文化产业数字化方面进行了深入的探索，取得了长足的发展。纵观十数年的发展，我国文化产业数字化经历了三个主要阶段：第一阶段着重关注文化产业结构、文化产业集群和体制改革；第二阶段则将重点转移到非遗物质文化保护、文化遗产数字化采集等方面；当下正处于文化产业数字化发展的第三阶段，重点关注人工智能技术、虚拟现实技术等新兴技术对文化大数据平台、数字公共文化服务、智能文化装备制造、文化产业数字化治理等方面的影响。在技术支撑下，我国数字文化产业迎来了更加广阔的发展空间。

　　费孝通在 20 世纪末的演讲中谈道："我们的社会生活还处在'由之'的姿态，没有达到'知之'的境界。"同时，我们的生活本身已经进入了一个世界性的文化转型期。一方面处在"由之"姿态的中华文化的自觉感、自信感是不够的，文化的软实力疲乏和科技硬实力激进形成了鲜明的对比。习近平总书记在不同的场合中多次提到提升文化影响力和国家文化软实力的必要性，如此才能讲好中国故事、传播好中国声音，以及向世界展现真实、立体、全面的中国。党的二十大报告细致地阐明了新时代文化产业发展的新征程，报告全文共 58 次提到了"文化"一词，充分体现了新时代党和国家对文化产业发展的高度重视，应奋力开创文化产业的"中国式现代化"新征程，加快文化产业的数字化发展。

　　作为"新参者"，将视角放在一个较为谦卑的角度来看文化产业的发展是非常必要的，并且需要建立起与本民族文化的"观照的距离"，在此基础上唤起"陌生性"，才能从客观的外部立场来站远了看文化产业数字化发展过程中被忽视的部分。站在外部的视角探讨文化产业数字化的特点和规律时会发现，文化产业数字化发展依旧存在数字化中"联"的问题，即文化产业数字化过程中文化数据如何高效转化成为数字化资源，以及数字化技术与文化发展的平衡问题。智能化中"创"的问题：文化产业数字化发展中如何立足"文化＋设计＋技术"多学科，推动以创新驱动"内生外协"的文化产业数字化赋能。全球化中"传"的问题：如何构建具有中国特色的文化产业数字化价值体系与对内宣贯和对外传播的道路范式，最终实现"各美其美，美美与共"的"人类数智人文共同体"美好愿景。

中国古代的文论对文学作品中的"文"与"道"关系进行了诸多的概括，如宋代周敦颐在《通书·文辞》中提到"文所以载道也，轮辕饰而人弗庸，徒饰也，况虚车乎"，即"文"作为"道"的载体，"道"由"文"的演绎而升华。南朝梁刘勰在《文心雕龙·原道》中提出"道沿圣以垂文，圣因文而明道"，阐明了"文"是用来阐明"道"的，厘清了文与道的关系。当然此处关于"文"的讨论仅局限在狭义的文艺作品上，但是从广义的"大文化"角度来说，随着时代的变迁，文化的承载物已经从千年前的单一范式转化成了如今更加声色俱全的传播载体。信息化时代用大数据作为信息载体，可以更好地呈现出文化背后蕴藏的"道"，即笔者提出的，"文以数载，数以道明"。

本书从宏观的角度研究文化产业数字化战略之道，分别从"启、融、活、治、升"五个层次，阐明"经验引领—解决路径—价值沉淀"三段式逻辑，得出新时代文化产业数字化战略之道。

**启：互学互鉴**

21世纪将形成一个文化上的"新轴心时代"，各种文化借助其他文化的优秀内容不断地丰富自身结构，从而产生对人类无可替代的贡献。因此需系统分析文化产业数字化的国际经验及经典案例，挖掘世界各国文化产业数字化的发展文脉，探寻国际语境下中国文化产业数字化发展趋向，把握文化产业数字化发展活力走向，树立文化产业数字化发展效益导向，构建文化产业数字化"中国式现代化"新范式。

**融：融通赋智**

从"技术构成—场景构成—内容再生"三个层面研究数智时代虚拟文化空间的理论体系。基于深度学习、大数据挖掘、群体智能、区块链等智能技术，全面剖析文化产业资源数字化标准融合与规范的活化迁移路径、智能数字文化产业关联聚合知识图谱和数字孪生与群智协同的机制。

**活：衍生活化**

研究从传统、单一、离散的产业发展模式转变为跨越地理空间、技术限制的多产业多领域共创的模式，通过建立新时代文化产业数字化的内生生长与外生进化机制，形成文化产业数字化内外互动的应用模式，内外合力构建文化产业数字化发展通用、高效的新模式、新业态。

**治：共治共生**

搭建数据驱动的文化产业数字化高效治理框架，构建政府引领社会广泛参与的治理体系，使治理模式与文化产业特性匹配，形成多元主体共享的数智精准服务新模式，以数智化建设保障多元主体对文化产品及服务的均衡共享，促进文化产品及服务的共创共生，从而实现文化产业生态系统中多元主体的效益共赢。

**升：价值升华**

楼宇烈先生提出："自觉的文化主体意识，就是对传统的认同和尊重、对自己的传统文化的自信，这是身份的主体意识、能力的主体意识、方向的主体意识的唤醒。"因此，新时代建立文化主体性意识需要构建数智时代具有中国特色的文化产业数字化价值体系，形成"人类数智人文共同体"的共识，开辟中国文化产业数字化道路范式，展示中国形象，弘扬中国精神，传播中国价值。

本书提出对中国文化产业数字化发展的见解与探讨，在充分借鉴、吸收文化产业数字化国际经验，以及了解文化产业关联聚合与高质量发展的技术路径的基础上，在国际语境下对我国文化产业数字化的内生生长与外生进化模式进行构建，并对其实施高效治理及精准服务，希望借助文化产业数字化的价值体系与范式道路，对实现建成文化强国目标贡献绵薄之力。

　　最后，由衷感谢"研究阐释党的十九届五中全会精神国家社科基金重点项目（21AZD056）、中央高校基本科研业务费专项资金和浙江大学文科精品力作出版资助计划资助"。同时感谢王瑶、邹文茵、朱佳莹、陈逸、李俊贤等同学的参与和贡献，其中，王瑶参与了第一章、第二章（2.4）和第五章的撰写；邹文茵参与了第二章（2.1）和第三章的撰写；张振颖和李俊贤参加了第四章（4.4）的撰写；陈逸参与了第二章（2.2）和第四章（4.1—4.3）的撰写；朱佳莹参与了第二章（2.3）和第六章的撰写。十分感谢浙江大学出版社的领导、编辑和相关工作人员对本书出版的支持和帮助。

2024 年 1 月于求是

# 目 录
CONTENTS

# 第一章
## 绪 论

诗文随世运，无日不趋新

——清·赵翼《论诗》

　　创新是焕活文艺、延长其生命线的基础，而时代奔涌前进是文艺创新最根本的引擎。文艺创新应扎根于不断变化的时代需求和时代变化，萃取时代气象，铸造精神之魂。

文以数载
数以道明

"十四五"时期是我国全面建设社会主义现代化国家的重要战略机遇期，是向第二个百年奋斗目标迈进的第一个五年，此次文化产业数字化战略实施路径研究，是贯彻党的二十大精神，以文化产业迈向新发展、新业态、新征程为目标。在中央提出加快建设以国内大循环为主体，国内国际双循环的新发展格局下，文化产业应深度融合到乡村振兴、智能制造、旅游发展等国民经济体系中。在以人工智能、大数据、云计算为代表的新一轮的科技革命中，要加快文化产业的数字化转型，不断满足人民美好生活的需要。同时，面对百年未有之大变局、国际贸易保护主义频频抬头的情况，我国文化产业发展要借鉴优秀的外来经验，着力于解决产业供给侧发展不平衡、产业区域发展不平衡、公共文化服务跟不上、文化消费单一、文化产品和服务出口附加值低等问题。

2000年10月，党的十五届五中全会首次在中央文件中使用了"文化产业"这一概念；2010年10月18日，《中共中央关于制定国民经济和社会发展第十二个五年规划的建议》首次明确提出推动文化产业成为国民经济支柱性产业；2011年10月在党的十七届六中全会上，专门把文化体制改革作为议题进行讨论，并提出将继续构建文化产业体系。2015—2019年，全国文化及相关产业增加值从2.7万亿元增长到超过4.4万亿元，年均增速接近13%，占同期国内生产总值比重从 3.95% 上升到 4.5%[1]，文化产业已在国民经济中体现出卓越的先导性。

"文"字的本义为各色交错的纹理，许慎在《说文解字》中认为"文，错画也，象交文"[2]，同时《周易·系辞下》中认为："物相杂，故曰文。""化"字本义指事物动态的变化过程，如《周易·系辞下》曰："男女构精，万物化生。"[3] "文""化"合体出现，最早可以追溯到典籍《说苑·指武》中"圣人之治天下也，先文德而后武力。凡武之兴，为不服也；文化不改，然后加诛"。文化的英文"culture"在考古学上指同一历史时期的遗址、遗物的综合体。同一种文化的特征会附着在相同的工具、用具以及完成制造活动的一系列手段当中。梁漱溟先生在其《中国文化要义》中将文化分为广义和狭义的文化[4]，广义的文化是人类生活中所依靠的一切，凡是支撑人类存活的农工生产、支撑人生活的社会治安、支撑人生活的一切设施都属广义文化，此外诸如器具技术、社会制度、国家政治、法律制度、宗教信仰，道德习惯、学校、文字、图书等等也包含在内。而狭义的文化指的是以文学、思想、学术、教育、出版等为主的文学和文艺研究。

文化内容作为信息，可作为文化"资本"进行商品交换与贸易，文化内容对于文化创意自身形成发展具有重大意义。数字技术具有颠覆性创新力的特点，成为经济增长的新引擎；也造成信息的多元、爆炸式传播的现象，而数字文化产业主动迎合数字经济的发展，以期提高数字技术的经济收益。现如今数字文化产业已成为数字经济的重要组成部分，数字经济的发展带动了数字文化产业的形成与发展。2022 年中国数字经济总体量大约为 30.88 万亿元，占全国 GDP 总量的 30.91%[5]，其中数字技术是数字文化产业形成及发展

1  文化和旅游部.文化和旅游部关于印发《"十四五"文化产业发展规划》的通知[EB/OL].（2021-05-06）[2022-04-23]. http://zwgk. mct. gov. cn/zfxxgkml/cyfz/202106/t20210607_925033. html.
2  苏宝荣.《说文解字》导读 [M]. 西安：陕西人民出版社,1993.
3  高亨.周易古经今注 [M]. 北京：中华书局,1984.
4  梁漱溟.中国文化要义：第一章 [M]. 上海：上海出版社,1949:52.
5  国家互联网信息办公室.数字中国发展报告（2022 年）[EB/OL].(2023-05-23)[2023-11-23]. http://www.cac.gov. cn/2023-05/22/c_1686402318492248.htm.

的重要途径，是经济增长的主要技术因素。

国家统计局 2018 年发布了新版本文化及相关产业分类，即《文化及相关产业分类（2018）》，这次的新标准以《国民经济行业分类》（GB/T 4754—2017）为基础，对《文化及相关产业分类（2012）》进行修订[1]。在分类标准中，规定了文化及相关产业是指为社会公众提供文化产品和文化相关产品的生产活动的集合，范围包括为实现文化产品的生产活动所需的文化辅助生产和中介服务、文化装备生产和文化消费终端生产（包括制造和销售）等领域；同时，将原来的大类由 10 个修订为 9 个，分别为新闻信息服务、内容创作生产、创意设计服务、文化传播渠道、文化投资运营、文化娱乐休闲服务、文化辅助生产和中介服务、文化装备生产以及文化消费终端生产等，并根据产业活动的相似性程度，在每个大类下设置若干种类，共计 43 个种类，在每个种类下设置了若干具体的活动类别，如表 1-1 所示。

表 1-1 文化及相关产业分类（2018）

| | 新闻信息服务 | 新闻服务、报纸信息服务、广播电视信息服务、互联网信息服务 |
|---|---|---|
| 文化核心领域 | 内容创作生产 | 出版服务、广播影视节目制作、创作表演服务、数字内容服务、内容保存服务、工艺美术品制造、艺术陶瓷制造 |
| | 创意设计服务 | 广告服务、设计服务 |
| | 文化传播渠道 | 出版物发行、广播电视节目传输、广播影视发行放映、艺术表演、互联网文化娱乐平台、艺术品拍卖及代理、工艺美术品销售 |
| | 文化投资运营 | 投资与资产管理、运营管理 |
| | 文化娱乐休闲服务 | 娱乐服务、景区游览服务、休闲观光游览服务 |

1 国家统计局 . 关于印发《文化及相关产业分类（2018）》的通知 [EB/OL]. （2018-04-23）[2022-04-23]. http://www. stats. gov. cn/tjgz/tzgb/201804/t20180423_1595390.html.

续 表

| 文化相关领域 | 文化辅助生产和中介服务 | 文化服务用品制造、印刷复制服务、版权服务、会议展览服务、文化经纪代理服务、文化设备（用品）出租服务、文化科研培训服务 |
| | 文化装备生产 | 印刷设备生产、广播电视电影设备制造及销售、摄录设备制造及销售、演艺设备制造及销售、游乐游艺设备制造、乐器制造及销售 |
| | 文化消费终端生产 | 文具制造及销售、笔墨制造、玩具制造、节庆用品制造、信息服务终端制造及销售 |

数据来源：国家统计局2018年发布的新版本文化及相关产业分类，即《文化及相关产业分类（2018）》；网址：http://www.gov.cn/zhengce/zhengceku/2018−12/31/content_5427877.htm.

据统计，2020年我国新闻信息服务行业增速为18.0%，是多个文化产业子行业中增速最快的，创意设计服务行业增速为11.1%，但是新冠疫情限制了线下服务行业的开展，文化娱乐休闲服务行业出现了较大的下降趋势（−30.2%）。文化传播渠道与文化辅助生产和中介服务也分别下降了11.8%和6.9%，如表1-2所示。

表1-2 2020年规模以上文化企业营收增速

| 分类标准 | 指标 | 增速 |
| --- | --- | --- |
| 按行业分 | 新闻信息服务 | 18.0% |
| | 创意设计服务 | 11.1% |
| | 文化消费终端生产 | 5.1% |
| | 内容创作生产 | 4.7% |
| | 文化投资运营 | 2.8% |
| | 文化装备生产 | 1.1% |
| | 文化娱乐休闲服务 | −30.2% |
| | 文化传播渠道 | −11.8% |
| | 文化辅助生产和中介服务 | −6.9% |
| 按区域分 | 东部 | 2.3% |
| | 中部 | 1.4% |
| | 西部 | 4.1% |

数据来源：商务部文化贸易公共信息服务平台；网址：http://tradeinservices.mofcom.gov.cn/article/wenhua/shujutj/tongjifb/202102/113430.html

2021年，我国规模以上文化及相关产业企业增长势头强劲，全年完成营业收入为119064亿元，比2020年增长16.0%。其中，娱乐用智能无人飞行器制造、可穿戴智能文化装备制造、游戏动漫和数字出版软件研发等细分新兴小类增长态势较为明显，前三季度的营业收入达 28322 亿元，对文化企业营业收入增长的贡献达到 38.9%[1]。

据商务部统计，全国国有文化企业的规模效益增长较快。截至 2019 年底，全国国有文化企业共计 1.9 万户，从业人员的数量达到了 152.1 万人，资产总额达到了 6.4 万亿元，全年实现营业总收入 1.7 万亿元，利润总额达 1533.3 亿元，如表 1-3 所示。

表 1-3　全国国有文化企业规模效益

| 时间 | 指标 | 数量 | 增速 |
|---|---|---|---|
| 截至 2019 年底 | 全国国有文化企业数量 | 1.9 万户 | |
| | 从业人员 | 152.1 万人 | |
| | 资产总额 | 6.4 万亿元 | 21.8% |
| | 全年实现营业总收入 | 1.7 万亿元 | 13.1% |
| | 利润总额 | 1533.3 亿元 | 2.8% |
| 党的十九大以来 | 全国国有文化企业数量 | | 18.7% |
| | 资产总额 | | 40.6% |

数据来源：中华人民共和国商务部发文《全国国有文化企业规模效益较快增长》；网址：http://tradeinservices.mofcom.gov.cn/article/wenhua/shujutj/tongjifb/202101/112470.html

数字化是当下信息化社会发展的必然要义，为文化呈现方式、文化传播媒介、文化生成方式带来巨大变革的基础。当前，在"数字化"与"文化"的水乳交融中，存在文化产业的数字化和数字产业的文化拓展两种"数字化"关系。

文化产业数字化是数字科技与文化相结合的产物，体现了文化现代化的发展趋势，文化产业数字化是我国在现有基本国情的基础上，促进文化现代化的重要途径。文化产业的数字化需要激发文化数字化生产力，促进中华文化数据库、国家文化专网、文化数据服务平台的建设，加快文化机构数字化转型升级。通过系统整合各种零散文化数据资源，深化供给侧结构性改革，

1　国家统计局.2021 年全国规模以上文化及相关产业企业营业收入增长 16.0%，两年平均增长 8.9%[EB/OL].(2022-01-30)[2022-02-25].http://www.stats.gov.cn/xxgk/sjfb/zxfb2020/202202/t20220208_1827252.html.

推动文化存量资源转化为生产要素，构建基层公共文化服务网络，打造数字化文化消费新场景，为人民群众提供丰富优质的数字文化产品。文化产业数字化覆盖文化资源数字化采集、文化数字内容生产、文化数据服务与监管、文化数据消费体验等多个环节，涉及多个产业部门。文化数字化，不仅仅是消费的数字化，更是资源的数字化、生产的数字化、传播的数字化。

而在数字产业的文化扩展中，数字产业是数字经济的基础构成部分，以数字技术为核心的产业形态愈发重要。数字产业有狭义与广义之分。狭义聚焦于信息与通信技术（ICT）产业，随着数字经济的快速发展，以 ICT 定义数字产业已无法适应现实需求。部分学者将数字产业从狭义 ICT 进一步扩展至数字内容、数字交易等范畴。数字产业的文化扩展是将数字产业的业务空间触及文化领域的发展，如数字产业巨头腾讯公司提出涉及数字文保领域、天文探索领域、智慧文旅领域的腾讯"新文创"计划。

综合来看，"十四五"时期依旧是我国文化产业大有可为的新时期，需要立足于中华民族的伟大复兴和百年未有之变局，结合国内文化产业内生系统和外部环境，吸收借鉴美国、英国、法国、意大利、日本、韩国、新加坡等外来文化产业数字化经验，高举中国特色社会主义伟大旗帜，深入贯彻党的二十大精神，构建新时代文化产业数字化价值体系认知，走自觉自信的中国特色道路，构建中国特色"数智人文新模式"，促进智能文化产业关联聚合与新形态技术，促进虚拟文化空间下文化产业数字化发展新业态，促进文化产业资源数字化标准融合与规范使用，进而构建文化产业数字化内生生长与外生进化模式，实现文化产业数字化高效治理和精准服务。展望 2035 年，我国将建成社会主义文化强国，国家的文化软实力将得到大幅度提升，当前，应着力于不断加快文化产业新业务、新形态的发展，推动文化产业多产融合，赋能实体经济发展，完善文化产业供需两端的优化升级。

## 1.1  研究问题的提出

本书研究的主要问题是"如何切实有效建构新时代文化产业数字化战略实施路径",从技术、创新、治理等方面构建新时代文化产业数字化战略实施机制,并搭建具有中国特色的文化产业数字化价值体系和道路范式,发挥研究的理论价值与现实意义,主要分为以下三个方面。

**1.数字化下"联"的问题——文化产业数字化战略数据机制**

如何在文化产业数字化的过程中,对现有文化产业资源进行数字化的转化储存,使其成为数据化资源,并且面对文化产业在新时代产生的新问题,寻求数字化技术与文化发展的平衡,构建文化产业资源知识图谱,加快文化数据一体化流通体系建设,融通底层文化创新与技术赋能,使之成为文化产业数字化"创"与"传"发展的基础数据机制。

**2.智能化下"创"的问题——文化产业数字化战略发展模式**

如何发挥"文化+设计+技术"的多学科交叉优势,以创新为驱动构建"内生生长—外生进化"的文化产业数字化发展模式,进而高速度、高质量地促进文化产业数字化发展,积极融入以国内大循环为主体、国内国际双循环相互促进的新发展格局,实现满足人民美好生活的需求和增强人民精神力量相统一的目标。

**3.全球化下"传"的问题——文化产业数字化价值体系与道路范式**

如何在全球化的过程中,梳理文化产业数字化发展文脉并互学互鉴国际经验,提出具有中国特色的文化产业数字化价值体系,形成中国文化产业数字化话语体系,提高国家文化软实力。在此基础上,如何构建对内宣贯和对外传播中国道路的有效路径,最终实现"各美其美,美美与共"的"人类数智人文共同体"美好愿景,展示中国形象,弘扬中国精神,传播中国价值。

## 1.2　研究思路及框架

### 1.2.1　研究思路

注重以系统论为底层逻辑，构建实施中国文化产业数字化战略的路径，实施路径的建设需要一个复杂系统来实现，包含了理论、方法、技术、知识、资金、人才、观念等多层次多类型要素，以及要素间复杂的相互影响。

采用国际化、网络化、在地化、场景化等研究范式，以系统方法论为核心指导，从学理的角度构筑一种文化产业与虚拟空间互通有无的新机理，发展表征 3.0 的虚拟文化产业理论与文化产业数字化策略。以策略、技术、设计、治理、价值多维综合视角，研究实施文化产业数字化战略的方法，通过目标建立、方式研究和多维评价，多维度、全方面探究文化产业数字化战略实施路径，验证文化产业数字化的战略效果。据此总体思路和视角，坚持以文化产业数字化实施的问题意识为导向，以创新战略、应用、治理、价值为关键核心，以智能技术为关键基本点，从现实起点、理论起点到实践落点，构成由具体到总体、层层递进、互为联结的研究路径。

### 1.2.2　研究框架

整体研究框架为文化产业的数字化国际经验与发展策略研究、文化产业数字化的价值体系与道路范式研究、智能文化产业关联聚合新形态技术路径研究、文化产业数字化的内生生长与外生进化模式研究、文化产业数字化的高效治理与精准服务研究五大部分，如图 1-1 所示。

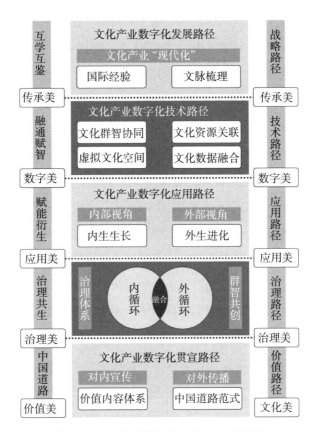

图 1-1　文化产业数字化战略实施研究框架

### 1. 文化产业数字化国际经验与发展策略研究

通过系统地分析文化产业数字化的国际经验，梳理世界各国文化产业数字化的文脉，总结国际语境下文化产业数字化策略，为推动我国进一步发展数字文化产业提供国际借鉴经验、健全完善的发展战略和政策措施。

### 2. 文化产业数字化的价值体系与道路范式研究

提出构建数智时代具有中国特色的文化产业数字化价值体系，明确新时代文化产业数字化以"数智人文共同体"为逻辑起点，坚持以马克思列宁主义、毛泽东思想、邓小平理论、"三个代表"重要思想、科学发展观、习近平新时代中国特色社会主义思想为指导，以社会主义核心价值观为引领，坚持以满足人民日益增长的美好生活需要为根本目的，牢固树立以人民为中心的创作导向，实现文化产业"内""外"兼修，共创文化产业数字化之美。

构建一核多维价值体系，坚定文化自信，坚持守正创新，聚焦举旗帜、聚民心、育新人、兴文化、展形象的使命任务，以推动文化产业高质量发展为主题，实现文化传承—转化—服务的总体链路，实现文化自觉与文化自信。

### 3. 智能文化产业关联聚合与新形态技术路径研究

探究智能文化产业关联聚合与高质量发展的新形态技术路径，完善文化产业数字化发展中虚拟文化空间的基础理论及实践案例。首先厘清了物理文化空间与虚拟文化空间的差异、中国特色的虚拟文化空间的五阶段演进过程、群体智能赋能虚拟文化空间的可能性，从而实现虚拟文化空间的模式创新、生态创新、文化生产创新。从文化设计资源的采集和数据化处理、虚拟文化空间文化知识网络与知识图谱构建、虚拟文化空间文化创作知识服务平台、虚拟文化空间驱动数字化用户需求创新四大模块阐述虚拟文化空间文化生产、创作、运营、消费的基本框架。具体论述了虚拟文化空间在重构文化产业数字化转型过程中各发展方向，如基于模块化的服务场景突破，基于数字虚拟人的服务角色突破，基于区块链文化数据资产化、软硬结合文化算力、5G推动文化云—网—端的技术创新突破，基于感官反馈、语音交互、眼动技术、体感技术的体验升级。

解构文化产业资源的数字化标准和规范，梳理了当前中华文化数据库建设的开发现状、困难点，以及在技术层、数据层、基础层、应用层的标准规则。完善智能文化产业数字互联数据开发规范，搭建文化数据服务平台的需求端和供给端升级框架。阐释数字文化遗产版权保护的发展现状，数字文化遗产区块链技术在遗产确权、遗产使用登记、遗产授权追溯三方面的应用。分析数字水印和区块链关键技术，从组织模式、管理模式、生产模式、营销模式四方面阐述智能文化产业数字互联。梳理文化产业资源、历史、文脉及文化DNA脉络知识图谱搭建的准则，文化产业资源数字化的供给侧创新场景，需求侧消费场景的关联聚合。阐释文化产业数字孪生与云端群智协同创新机制，总结基于"元宇宙"的五层次数字孪生发展路径。

### 4. 文化产业数字化的内生生长与外生进化模式研究

基于对 CNKI 核心数据库中 700 多篇文献的定量分析及从中央人民政府网站、文化和旅游部官网、中国非物质文化遗产网等官方平台和公共文化服务机构搜集的案例资料，从文化产业数字化内生生长和外生进化的角度出发，剖析当前文化产业数字化发展的趋势并提供针对性的意见。文化产业数字化的内生生长属于文化内环研究，需立足文化产业内部价值，在文化产业数字化内循环生态子系统中，通过市场端引领供给侧结构性改革、管理端加强数字治理监督、生产端带动文化智能装备智造、人才端引导文化创客崛起、技术端赋能传统文化创作，五端共同发力加大内部文化生产、制造、销售、流通、传播，激活文化产业内部因素。文化产业数字化的外生进化属于文化外环研究，文化产业数字化外循环生态子系统中，需以平台思维建立产业联动，强调多产业融合发展，做好为多产业融合提供原动力的文化大数据平台开发工作，推进文化资源标准化采集和文化风格资源入库管理，实现文化产业网络建设，积极搭建数字化公共文化服务平台，支持文化消费带动多平台营销创新。最终打造文化产业数字化内外生态系统，共同推动文化产业的服务创新、体系创新、内容创新。坚持以"文化强国"为核心目标，建构共知共享、共建共治、共创共生、共赢共荣的内外双循环机制，助推文化产业数字化发展。

### 5. 文化产业数字化的高效治理与精准服务研究

从国内外市场连接不紧密、数字化区域发展和人才发展不平衡、文化需求与文化服务不对应、数字化高效治理体系待完善等方面，梳理当前我国文化产业数字化治理的必然性。从重视内容创新、聚焦用户需求、推进多领域合作、完善产业布局四个方面进行突破。提出了适应我国文化产业数字化的高效治理与精准服务的协同体系，建立整合控制机制、激励机制、协调机制。从多元主体的权责分配、产业参与成员管理、数字确权、联合约束、定价协商、收益分配及信任机制、品牌声誉机制、用户反馈机制等方面共同构成体系建设。在治理过程基于用户需求从"行为层—业务层—交易层"层面构建文化体验、消费虚拟场景，建立数智驱动的面向全生命周期过程的文化产业数字生态治理评价体系。构建政府主导的"1+N"协同体系发展模式：以政府部门为领头羊，提供有效宏观指导、充分发挥统筹协调作用、加强人才培养与引进，以文化企业为创新主力，以人民群众为伙伴，以精英联盟为产业核心，以文化园区为载体的多方协作利益共同体，实现集生态治理理论创新、智能区块链平台搭建、政府信用评价体系、市场统计监测措施为一体的发展模式。本书论述了制定数据战略、颁布政策规划、构建数智标准、完善法律体系、强化扶持政策的"五位一体"的高效治理战略，构建文化产业数字化"多元主体共享"的数智精准服务模式。

## 1.3　研究方法

本书的研究方法注重学科交叉与理论整合，内容与技术相结合，定性与定量研究并重，研究整合艺术学、管理学、信息学、心理学等多学科理论，以及各学科内的新兴智能技术，力求交叉学科的理论突破，对影响中国文化产业数字化实施的具体因素进行深入分析，提高研究的严谨性。主要研究方法如下。

（1）历史演进法：从历史分析的角度，站在国际视角淬炼国际文化产业数字化演变发展的脉络与前人经验，洞察内在机理与外部因素。以历史发展为线索，研究在文化产业数字化上具有领先优势的国家的历史背景与发展特点，为我国的文化产业数字化提供经验借鉴。

（2）文献研究法：文献研究法运用于整个研究过程。通过查阅、收集国家政策文件、图书、国内外期刊及学位论文等方面的文献资料，结合研究目的，整理、总结和归纳前人的研究成果，了解并搜寻文化产业数字化在国际发展经验、技术支撑、产业应用、治理服务及价值体系范式等多个领域的代表人物与文献资料，归纳前沿发展的动态。

（3）案例实证法：通过田野调查、问卷调查、访谈等手段，广泛积累资料，加强对问题认识的研究，增加理论创新性。案例实证法运用于整个研究，选择具有典型代表性的文化产业中的多元主体，在实践经验、技术支撑、产业应用、治理服务、传播影响等方面进行剖析，分析其目标特点、发展路径和代表性经验等。

（4）实地考察法：针对在文化产业数字化转型中具有典型性示范经验的机构、企业与组织开展走访与考察，明晰其发展优势与新型经验。

（5）经验总结法：通览国外国内文化产业数字化发展的先进经验，深刻分析、总结、归纳并内化为适用于本土的发展经验。锐意于我国文化产业数字化的革新，使我国文化产业数字化的发展道路有所借鉴、有所破、有所立。

（6）政策分析法：对我国文化产业数字化以往相关政策进行剖析，并结合本书的研究目标，提出相应的政策建议。

（7）比较分析法：分析比较国内外文化传播路径研究，为文化产业数字化的中国道路研究提供参考。

（8）多学科综合法：涉及社会学、经济学、艺术学、计算机科学、自动化学等学科的理论和方法，选取多个不同角度，达成研究目标以及推进效果评估。

（9）社会网络分析法：通过利用通信技术和互联网技术获取大数据，分析节点连接的重要性以及整个网络对节点的影响。

（10）系统分析法：对文化产业数字化相关复杂问题进行综合分析，多角度、多层次构建整体研究框架和思路。

## 1.4　研究价值

### 1.4.1　理论创新

全面系统地梳理国际上美国、欧洲（英、法、意）、亚洲（日、韩、新）等国家的文化产业数字化发展经验，总结借鉴国际数字文化产业理论，探析国际语境下我国文化产业数字化策略。

构建文化产业数字化"传承—转化—服务"价值评价体系，研究如何将"社会主义核心价值观"在承担主体、实现方式、治理制度等方面全过程融入中国文化产业数字化价值体系中，从而走上"美美与共"的文化产业数字化中国道路。

构建完善的虚拟文化空间理论体系，探究文化大数据平台建设的方法和开发规范、文化遗产的版权保护数字水印和区块链关键技术、基于"元宇宙"的数字孪生发展路径。

研究数字文化产业内外关系，构建文化产业数字化内外双循环驱动的创新机制，以及共知共享、共协共治、共创共生、共赢共荣的内外合作机制。

基于文化产业数字化内外互动理论，研究文化产业数字化高效治理与精准服务，提出"五位一体"的发展战略和"多元主体共享"的数智精准服务模式。

### 1.4.2　实践价值

在借鉴了美国、欧洲（英、法、意）、亚洲（日、韩、新）等国家的文化产业数字化发展政策与措施的基础上，为中国文化产业数字化发展的政策及法规制定提供参照。

完善和丰富虚拟文化空间的理论，对于"元宇宙"、VR 和 AR、MR 等虚拟现实场景、多模态交互支持下的文化消费场景和消费角色进行梳理和案例说明，为企业发展提供借鉴。

对于文化大数据的数据资源提取、检索，知识图谱可视化，数据交易和保护，文化遗产大数据版权追溯等问题，提供基于区块链技术、人工智能技术的案例分析和架构解析。

为文化产业供给侧结构性改革、数字文化创作、文博发展、文化智能装备制造、文化创客发展、公共文化服务平台、文化大数据平台，以及文化在制造业、农业、旅游业、金融业等多方面提供丰富的行业案例。

# 第二章
## 文化产业数字化国际经验与发展战略

2

独学而无友，则孤陋而寡闻

——春秋至秦汉《礼记·学记》

以学习借鉴的态度，取长补短，择善从之，系统分析文化产业数字化的国际经验，研究世界各国文化产业数字化的文脉，探寻国际语境下中国文化产业数字化发展策略。

文以数载
数以道明

　　面对世界百年未有之大变局，各国都在综合国力竞争的天平上追逐文化的砝码。数字信息时代，世界经济的产业重点从有形的物质生产转向了无形的服务生产，文化产业正日益成为国民经济的支柱性产业。同时，与其他产业相比，文化产业是一个具有多元渗透性的复杂系统，涉及文化、经济、社会、历史等诸多因素。随着信息科技的蓬勃发展，世界范围内的文化产业发展日新月异，北美洲、欧洲、亚洲等地区的多个国家的数字文化产业发展路径历经多年探索，均沉淀出本土特色与竞争优势。近年来各个国家和地区把文化数字化推向新的高度，出台更为全局性的专门政策。2018 年欧盟委员会颁布"欧洲文化新议程"，2019 年英国制定"数字化文化政策"，2021 年澳大利亚启动"数字化文化战略"，2022 年美国提出《创新、公平与弹性：21 世纪美国竞争力提升之路（商务部 2022—2026 战略规划）》，2022 年中国印发《关于推进实施国家文化数字化战略的意见》（以下简称《意见》）。各国的政策涵盖了文化数字化基础设施、文化数据服务体系、公共文化数字化体系、文化产业数字化体系等方面。借鉴并吸收各国文化产业数字化发展经验，梳理新时代文化产业数字化发展文脉，形成国际语境下有中国特色的文化产业数字化策略，这对加强中国文化的国际话语体系建设具有重要的指导意义，有利于站在全球文化数字化发展的视角上，探讨中国文化产业数字化发展的现状、内在驱动力、基本框架及发展趋势。

## 2.1　美国文化产业数字化发展特征

### 2.1.1　美国文化产业发展模式

美国的文化产业主要兴起于20世纪20年代。近30年时间，美国的文化都处于强势成长状态。文化商品连同其价值观，通过市场规模不断扩大，迅速遍及世界。美国数字文化产业发展模式是一个典型的以市场为导向的发展模式，其体制内并没有一个专业的文化管理部门来进行文化行业的管理和决策。

美国的文化艺术领域被称为"版权产业"，其迅速成长与美国政府的宏观策略分不开。政府的基本观点是保护国家权益，其最重要的任务是在全球宣传美国的文化和价值观念。对内鼓励民间文化的生产活动，鼓励文化交易，提倡自主发展和市场化经营；对外利用自身强大的社会政策力量和经济基础保障文化的自由扩张，提倡文化产品制造和销售的市场化方式。文化发展政策主要包括行政有限干预原则、管理法治化原则、注重版权保护原则、引导多方社会资金投入原则、适应经济全球化原则。

1997年，美国国会为促进文化产业进一步地满足数字化发展要求，对网络著作权的司法保障的权利与法律责任进行了规范，颁布了《反电子盗窃法》与《跨世纪数字版权法》。2011年，美国政府通过了《美国发明法案》，该法律凸显了健全的专利保障对推动生物产业、信息、网络等生物技术和新型工业技术的重要意义。2014年，美国发表了《大数据：抓住机遇、保存价值》的白皮书，提出了支撑大数据分析和云计算技术发展的各种政策。2015年，美国商务部公布了《数字经济议程》，强调美国应通过发展数字经济技术来保持实力和经济繁荣，该议程还强调，通过信息网络的开放自由和信任安全助力创新、发展新兴科技。2015年，美国又发布了新的《美国国家创新战略》，其创新环境将涉及益于技术创新的专利政策，以及关于技术创新的反垄断执法政策，并指出只有建设良好的国际技术创新生态才能充分调动企业技术创新的积极性，并把生态建设放在至关重要的地位，强调构建国际友好环境将成为企业滋生技术创新的沃土。2020 年，美国安全中心发表《设计美国的数字发展战略》，建议美国必须实施其数字发展战略，重点可概括为：美国必须通过与他国的科技协作，来提升彼此的大数据水平，形成独立、公开、多边的新兴大数据生态系统，并建立法规和准则，设立数字监察机构来监控其他国家对该行业的投资、贸易与政策，采用职业技能教育等方法提高数据科技人才的培养能力，吸纳顶尖数据科学家以完善国家数字经济策略的制定过程。

在美国数字经济战略的框架下，硅谷成为数字文化产业发展的聚集地，囊括了斯坦福大学等名校，汇聚了一批美国的国家级实验室，集聚了黑石集团、红杉资本、德韦杰、凯鹏华盈等 80 多家全球知名的风险投资公司，在资本的聚集下催生出皮克斯、谷歌、脸书、奈飞、YouTube 等世界领先的数字创意企业。硅谷文化产业的迅猛发展，证明了在文化企业初创时期，推动创意、技术、市场、资源配置和组织的密集型组合，在快速试错中迅速抓住创新配比分配，可以提高企业创新的成功率。

### 2.1.2　美国文化产业发展特征

美国数字文化产业通过数十年的摸索与发展，现已走出了一条成熟的路径，建立起了完善的经营管理模式，形成了自身文化产业发展特征，如图 2-1 所示。

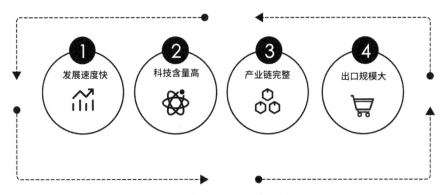

图 2-1　美国文化产业发展特征

### 1. 全产业链集聚发展

发展数字文化的核心就是要构建创新的价值链，并尽量扩大延伸使之产生规模效应，以达到最佳的效益。通过增加技术投资来逐步建立和健全价值链，以此提高国民创新能力。美国的数字文化产业是一条全新的、高度商业化的产业链，并且彼此联系、互相制约。各个行业的范围都很广，包括电影、游戏、音乐等。纵观美国的数字文化创意产品，其本身的特征就是以商业化为基础，按照市场规则进行操作，注重技术创新，从而形成和完善了自己的数字文化产业链。比如美国好莱坞影视集群形成了一套较为完善的市场化运营体系，具体表现为制片人体制和明星体制。制片人体制是在20世纪30年代创立的，它以制片人的独权为特点，对每一幕都有明确的要求，并对每一个场景进行明确的解释，安排好导演对各个场景进行拍摄剪辑。在这个过程中，影片制作已经被分到了产业链中的各个环节。由于影片最终也是由制片人来负责推广，制片人为了满足大众的口味和市场需要，通常采取依赖明星的营销手段。目前，好莱坞的电影集团还在继续使用著名的大导演和著名的明星主演的高投资和高成本的商业运作方式，创造了巨大的利润，也快速占领了国际市场。

### 2. 文化与科技融合

虽然美国的文明史只有两百多年，但它的现代化程度却非常高，在国际上是非常有竞争力的。美国抢占了众多尖端科技的制高点，收获了众多学科、领域的先导权，也赢得了众多行业的掌控权。其中，文化商品和服务已经占有全球43%的市场份额。这主要是因为美国非常重视科技的运用，各种艺术组织、文化工作者都具有很强的科技意识和创造力。他们利用科技服务艺术，令传统艺术呈现出新的形式，形成现代文化运营模式和服务模式，增强人类对文化艺术的感受，并且让世界各地人们共享文化艺术的最新成果，从而推动了美国数字文化产业的飞速发展。

美国在文化领域始终保持比较好的创造力，不论是在影片、录像、音乐光碟、电子游戏、动漫、网站、出版物、印刷、杂志、广告等各个行业，都能以最快的速度引进技术，促进科技的消化、吸收、应用，并不断地壮大。美国在技术上的优势是显而易见的，美国的文化公司通过不断利用先进的技术提高其附加值，来赢得消费者的青睐。比如，迪士尼公司把高科技与娱乐项目结合起来，并经常进行更新，增强观众对科学和技术的了解和体验，让节目更加有趣、刺激，极大地提升了公司的运营效率。

### 3. 版权保护体系完善

美国尤为重视知识版权保护，其相关的法律保护制度与体系在国际上是最为先进与体系化的。作为现代出版事业的主要力量和来源，版权是当代出版事业的主要支柱。美国的经济发展、外汇收入和文化发展都离不开版权行业，版权行业对美国的经济起到了巨大的推动作用。美国完善的知识产权保护体系以及激励原创的机制，是保护美国立足世界文化创意创作的中心地位的法律基座。随着互联网浪潮的冲击和海外版权保护需要，美国先行将自己的全球版权保护水平提升到一个新高阶段。

美国文化产业品牌强调版权保护，自1790年颁布第一部版权法以后，又相继通过了《半导体芯片保护法》《跨世纪数字版权法》《电子盗版禁止法》等一系列版权保护的法律法规。为了强化著作权制度，美国又于1909年、1976年修改了著作权法。美国的著作权产业，特别是"核心著作权"，不仅是美国的重要经济力量，也是美国"知识经济"发展的重要力量。美国最高法庭在2003年1月做出裁决，维持国会通过的延长图书、电影、音乐及动漫角色的保护期限，并将个人版权保护期限延长至从作者完成创作开始，直到作者死后70年，从而更好地维护迪士尼、好莱坞等文化创作者的权益。

### 4. 发展速度稳步加快

近几年，知识产权行业以知识创新为资源和驱动力，在世界各国的经济中占据了越来越重要的位置。IIPA（International Intellectual Property Alliance，国际知识产权联盟）在其连续10年的报告中指出，"美国的版权行业在美国的出口量中所起的作用越来越大"。最近发布的一些报道再次表明，美国的版权业仍然是美国最大、发展速度最快的行业，知识密集型的知识产权产品与服务是美国经济发展的关键。

20 世纪以前，美国对文化商品及服务业的商品化经营，只限于很小的范围，如新闻、出版业等，很难为其他文化资源进行有效的利用。20 世纪 20 年代以后，尤其是第二次世界大战以后，美国的经济发展迅速。在过去的 30 多年里，美国大力实施多种宏观经济政策，促进了美国的企业成长，并为美国创造了更多的机会，文化产业增长的平均速度是全球国民经济增长速度的近 2 倍。根据 WIPO（World Intellectual Property Organization，世界知识产权组织）的最新数据，2021 年美国文化产业增加值占 GDP 的 11.3%，大大超过 5.26% 的全球平均水平。美国的经济发展水平在 2015—2020 年期间以 5.0% 的速度递增，超过了同期 GDP 的 2.9 个百分点。

## 2.2　欧洲（英、法、意）文化产业数字化发展特征

### 2.2.1　英国文化产业发展模式

英国拥有悠久的历史，以及丰富的文化资源，其对国内自然资源和历史文化资源的合理整合、开发、市场化运营，使之成为一种具有地方特征的文化遗产，如王室文化、博物馆、生态旅游、表演艺术等，其文化产业发展大事记如图 2-2 所示。

信息化时代，即 20 世纪 90 年代，英国政府成立了创意产业策略小组，并出版了《团结英国：社区更新、艺术与体育的国家策略》一书，开始逐渐为发展文化创意产业进行规划。此后，英国政府设立"区域发展署"（Regional Development Agency）和"地方文化协会"（Regional Cultural Consortia），推行相关政策，赋能地方的文化发展，并倡导使用国家公益彩票（National Lottery）收益对文化产业发展的计划进行补贴。

| 1990 | 设立地方文化协会 设立区域发展署 成立创意产业策略小组 |
| 1997 | 更名文化、媒体和体育部 |
| 2001 | 出版《创意产业报告》 |
| 2010 | 公布《数字经济法案2010》 |
| 2012 | 文化奥林匹克项目 |
| 2013 | 修订文化产业分类 |
| 2017 | 更名为"数字化、文化、媒体和体育部" |
| 2019 | 出口额显著增长 科技创意大会 |
| 2022 | 颁布最新版《英国数字战略》（UK Digital Strategy） |

图 2-2 英国文化产业发展大事记

1997 年，文化创意产业的发展以国家级发展政策为载体，成为英国重要的战略规划。英国政府还将"国家资产部"（Department of National Heritage，DNH）重新组织为"文化、媒体和体育部"（Department for Culture，Media and Sport，DCMS）。2001 年，英国出版了《创意产业报告》，报告明确定义了广告、建筑、设计、电影、游戏、互动软件等 13 种产业为"创意产业"，这相较于原本固有的文化产业的定义前进了一大步。面向这些文化产业，英国政府大力扶植产业集群，向文化生产者投以创业基金的橄榄枝。2010 年，英国议会公布了一项法案《数字经济法案 2010》，该法案主要针对数字媒体领域的政策问题，包括版权保护、互联网域名管理、广播和视频游戏管理等多方面内容。DCMS 管理旗下诸多公共机构，如英国广播公司（BBC）、英国国家档案馆、英格兰艺术委员会、英国电影协会、大英图书馆、大英博物馆、英格兰历史遗产委员会、英国国家美术馆、英国国家肖像馆、英格兰体育委员会、英国旅游局等，这些机构是英国文化产业运作的重要组成部分。

2012 年，英格兰艺术委员会（Arts Council England）与伦敦奥运会和残奥会组委会紧密合作，举办了英国文化多样性展示窗口"文化奥林匹克"项目，这是英国最好的艺术文化项目之一，在伦敦奥运会前夕的伦敦艺术节上达到高潮，来自世界各地的艺术家被邀请参加英国各地的文化活动，这一系列活动吸引了大约100万名观众。文化奥林匹克旨在向全球观众展示英国的博物馆、美术馆、图书馆和档案馆的创新与创意，利用丰富的收藏品讲述英国故事，让海外游客更好地体验英国文化。

2013年，英国政府将文化产业从13种重新修订整合为9大类：广告与市场营销；建筑；工艺；产品、图像与时尚设计；电影、电视、广播与摄影；信息服务、软件与电脑服务；出版；博物馆、美术馆与图书馆；音乐、表演与视觉艺术。并以群聚的方式加以扶持，提供创业基金，搭建创意工作者之间的交流平台。

2017年，英国政府将"文化、媒体和体育部"更名为"数字化、文化、媒体和体育部"（Department for Digital，Culture，Media and Sport，DCMS），显示了英国对文化产业数字化的高度重视。DCMS时任部长凯伦·布拉德利说道："DCMS现将数字化（digital）包含在名称中是非常合适的。近年来，DCMS承担了重要的新职责，涵盖了数字领域——电信、数据保护、互联网安全、网络技能以及数字媒体创意产业，这些与艺术、文化、创意、设计、体育、旅游、遗产等传统核心领域一样重要。"

2019年，英国的文化创意产业和数字产业快速增长，这两个产业经济增加值总额都超过1000亿英镑，不仅在英国直接创造了350万个就业岗位，还促进了英国的全球影响力和商业贸易，包括英国在进出口方面的地位，以及原创性和卓越性方面的声誉。英国创意产业协会（Creative Industries Council，CIC）作为产业与政府合作而形成的组织，对探讨和持续关注国际协作机会具有至关重要的作用。每年在伦敦举行的创意科技大会覆盖面广泛，充分展示了文化创意产业助推经济增长的潜能。

2022年6月，数字化、文化、媒体和体育部颁布最新版的《英国数字战略》（UK Digital Strategy），战略中将"创意与知识产权"列入关键领域之一，体现出对数字资产和文化创意知识产权保护的重视。伦敦市将文化沉浸式体验作为创意研发的重要突破口。据伦敦创新署报道，2016—2021 年伦敦沉浸式科技公司吸引的风险投资高达 10 亿美元，为欧洲之最；伦敦的 VR 和 AR 使用量占全英的比重为 33%；伦敦拥有 215 家沉浸式科技公司，占全英总数的 48%。诸多国际大品牌纷至沓来同众多顶级沉浸式体验实验室合作，打造了创新的数字营销新范式。从伦敦的创意产业发展轨迹来看，应保持数字技术与文化创意之间的相互促进，以科技发展带动文化创意，以文化创意引领科技发展。

相比于美国的发展模式，英国政府对于创意产业发展的扶持力度远大于美国。在整个世界范围内，英国是首个对文化创意产业内涵进行界定并以相关战略发展规划及政策扶持文化创意产业发展的国家。在经过了约 30 年的快速发展后，文化创意产业成为国内仅次于金融服务业的第二大产业，并且以其成熟的文化创意产业体系和独特的文化商业运作模式闻名于世。

以伦敦为例，伦敦东区、西区创意产业发展得到政府的大力支持，并且政府也会根据每年创意产业发展情况而对支持力度进行动态调整。在伦敦创意文化产业发展过程中，有很多政府部门和艺术团体提供了多方面的支持，如英格兰艺术委员会、伦敦发展机构（London Development Agency）、剧院托拉斯（Theatres Trust）等，伦敦剧院协会也为募集资金投入了极多的精力。

在政策的大力支持和多方努力下，伦敦拥有堪称世界上最成熟的文化创意产业集聚区。位于伦敦东部的霍克斯顿区也是英国著名的创意园区，500 多家创意企业及设计工作室、俱乐部等在此集聚，已经形成了颇具规模的群落。而伦敦西区是世界著名的剧院集聚地，也是和纽约百老汇齐名的世界两大戏剧中心之一。该区域是英国戏剧界的精华，由伦敦剧院协会（Society of London Theatre）管理，拥有或使用的 49 家剧院聚集在不足 1 平方千米的面积内，平均每晚约有 3 万名观众，集聚程度之高、产业链之完整令人惊叹。

同时，伦敦在政策支持下也积极推进文化创意产业相关计划，使得创意的气息进一步在伦敦弥漫开来。为了让文化产业贯穿在伦敦城市的各处，伦敦在 2014 年推出了购物街（High Street）再建计划。该计划旨在将文化氛围从画廊、博物馆等专有艺术场所解放出来，融入居民生活的每个角落，从而提升并活跃购物街的文化质量和文化气氛。

在"大伦敦（Great London）"计划中，伦敦市给予了创意产业极大的优惠政策，努力扩大文化创意产业相关就业，赋予创意企业在重点区域优先落户的权利，如多斯顿交会站、布里克斯顿镇中心以及奥林匹克公园。对文化产业的优惠政策使得文化创意产业成为城市建设中的支柱产业。

英国文化创意产业的蓬勃发展，是英国政府的政策大力支持的结果。从政策上对文化创意产业形成支持主要有以下三个重点：首先，需要专员对文化创意产业进行客观的分析与研究，梳理当地文化创意产业的现状与发展潜力，为政府相关政策的制定提供参考，并且为文化创意产业相关的从业者提供方向性指导；其次，设立"区域发展署"和"地方文化协会"，从协调区域经济发展，强化各区域自身竞争力的角度，帮助地方以自身实力为基础，以形势变化为导向，提高自身韧性来应对全球化的挑战；最后，对文化产业相关部门的行政职能进行调整，将文化创意产业部门独立出来，设置"文化、媒体和体育部"，在中央层面进行政策相关内容的制定，而政策则由地方各具体部门执行，形成权力分立以满足文化创意产业发展需求。

英国除了采用政策大力推进文化产业发展，还采取了相关措施积极推动产业数字化：1998年，面对数字化浪潮的到来，英国政府积极计划以适应时代变化；2002年，数字化对音乐消费的影响受到英国政府的重视，英国政府同期开始对知识产权保障采取措施；2006年，数字化趋势对电影产业的影响成为探索方向，为保证电影行业的发展，英国提出相应的电影产业政策来应对数字化发展趋势。近10年来，英国投入总计约2亿英镑的巨大资金，足以表明英国政府对数字化项目改造和建设的重视。英国政府在"数字英国"计划中，提出了打造良好的数字文化创意产业环境，努力把科技创新和文化创意产业推进完美结合的目标。

英国政府致力于推动文化创意产业与以网络数字化为代表的新兴科技的融合，大力推动影视、出版、广播、广告、设计等行业的数字化产业优化升级，开拓数字书店、数字教育、数字图书馆、数字报纸、数字剧场等方面的发展新局面，使用先进数字技术来创建集产业研发、生产、流通、交易四位于一体的数字化平台，利用通信网络技术，打造一个无界限的"虚拟集聚区"，实现产、政、研、学、消费等各个链条上的数字化高度融合[1]。

随着伦敦文化创意产业的发展，伦敦已然发展成集合了技术、设计和创意人才的全球创意之都。虽然全球诸多地区以技术和创意作为特点，但伦敦以其独特的文化创意氛围融合了全球范围内的技术、设计和创意，拥有独特的潜力。此外，融合了文化氛围的跨领域创新往往能带来惊喜。在数字化浪潮冲击的背景下，伦敦政府组织实施了"伦敦创意与数字融合项目"。"伦敦创意与数字融合项目"中580万英镑的欧盟地区发展基金项目由兰卡斯特大学领导，这个项目为伦敦的创意产业与数字企业提供了更多的互动机会，定制化的项目参与和深度合作的支持帮助它们相互协作、共同创新与成长。目前该项目已经创造了新的工作岗位，带来了业务增长并且和伦敦顶尖高校之间建立了合作关系。在创意与数字产业融合发展的时代背景下，伦敦的创意与数字企业只有共同合作迎接挑战，才能不被时代所抛弃。因此，企业之间需要相互融合，并与经济做到更广泛而紧密的结合。在"伦敦融合"的概念下，原有的网络关系已经解体，重构了一个"网络的网络"的新模式来进行项目的开展，希望以此来证明创意产业与数字产业之间的边界已经开始被互联网技术的发展逐渐打破。

在数字化的浪潮中，英国的文化创意产业十分注重与数字科技的共同发展，以数字科技为支撑的出版、娱乐产品、传媒、动漫、影视制作产业十分发达。数字科技为文化创意与设计产业带来了新的发展方向，更使文化创意与设计产品的生命力以数字化载体的形式延续。1997年6月，第一部《哈利·波特》电影诞生，在经历了数字科技的革新后，其超越了小说本身的范畴，电影以及电影附加产品的开发，使其在全球的经济收益高达上百亿美元。《哈利·波特》的商业成功是创意产业和数字产业结合的经典案例，它证

---

1　王燕.科技是文化创意产业腾飞的翅膀——英国文化创意产业的印象与启示[J].江南论坛,2011(10):31-32.

实了数字科技对文化产品生命力的延续有着重大的作用。

　　英国的数字技术为文化创意产业带来了新的活力，文化创意则为数字技术赋予了更多的人文内涵。例如英国的游戏软件消费与开发制造居全球第三，仅位于美国、日本之后。在英国的创意产业中，游戏软件产业是提供了最多就业岗位的产业。娱乐软件大厂美商艺电（Electronic Arts）在欧洲的总部设于英国，员工人数多达 540 名，人数仅低于美国总部。索尼（SONY）、日本任天堂等游戏机龙头企业，在英国也同样组建了自己的游戏研发团队。英国电玩产业的发展充分体现了文化创意产业与数字技术结合后带来的增值与优势。同时数字技术也为英国传统文化注入了新活力。新兴企业利用数字科技进行创作与宣传并进行销售，形成新型产业集群，成为英国一大特色。在该产业集群中有以专注数字设计而闻名的 Digit 公司，英国知名电音乐团所创办的番茄公司等许多有名的数字媒体企业进驻。由此可见，文化创意结合了数字科技之后，会产生更高的价值[1]。

　　数字化科技对文化企业竞争力的提升也起了很大的作用。剑桥大学出版社由纸质出版向电子出版转型的过程中，运用数字化技术，通过网上订阅、开发数字图书等方式抢占数字出版市场是其成功的重点。只有运用数字化技术在市场赢得先机，才能有更好的发展前景。由此可见，数字科技与文化创意产业的交互融合可以提高文化产品的科技含量，并且丰富文化产品的表现形式，增加其商业附加价值。与此同时，文化创意产业给予了科技研究领域新的应用空间，为科技产品赋予了文化底蕴与人文内涵。文化产品与网络技术融合发展，互利共赢，有利于文化和数字化产业的可持续发展，促发商业成功。

　　英国文化创意产业和数字化技术的联系经过长久的发展已经密不可分，科学技术的重大突破和创新，能在英国的文化产业得到较好的商业反馈，英国的文化产业也在技术的推动下不断地传播与发展。在互联网时代，英国文化创意产业与数字技术融合发展的经验，对我国有较大的借鉴意义。

---

1　范周 . 重构颠覆：文化产业变革中的互联网精神 [M]. 北京：知识产权出版社 ,2016:1.

## 2.2.2 法国文化产业发展模式

21世纪以来，文化产业对于地区经济社会发展产生了重要影响，法国政府较早地认识到了这一点，因此文化产业在该国的发展也开始得较早。相关数据显示，2018年法国文化（创意）产业营业额总量已超过800亿欧元，来源于创意、设计、生产、发行等核心环节，20%是与绘画、造型艺术、音乐、表演、电影、电视、广播、电游、图书、报刊等行业密切相关的服务性收入，其直接营业额已经超过了汽车产业和奢侈品行业。与此同时，法国居高不下的失业率也因文化产业的发展而得到了极大改善，文化产业的60多种职业共吸收了120万名从业人员，占全国总就业人数的5% [1]。

法国文化产业研究主要集中在文化这一创意产业中，有超过40万名的文化创意产业从业人员。在国家层面，主要由法国文化部统筹管理，具体包括文化出版、电影电视、表演艺术、建筑、博物馆、档案馆、图书馆和文化产品输出等。法国文化部分析了1998—2019年法国地区的文化企业创建情况，结果表明巴黎中心区域法兰西岛集中了至少1/3的法国文化产业相关企业，主要是出版行业和影视娱乐行业相关的企业。

法国城市功能区的创意服务主要包括：设计艺术、数字信息、智能工业、数字媒体传播等。巴黎创意服务主要集中在信息和生产服务领域，其他大城市主要集中在研究开发领域，中等城市主要集中在数字媒体传播和设计艺术领域。

法国一贯奉行文化立国的基本国策，认为文化繁荣与民族精神凝聚力、民族文化软实力息息相关。与此同时，奉行"文化例外"原则的法国人认为文化产品是一种特殊的商品，其特殊的价值使其不能屈服于市场。因此法国政府制定了一系列文化政策与规划，每年政府也投入大量资金来保护和支持文化的发展。法国政府还提出将文化融入公民权利的"文化民主"理念，法国人对自身文化有着强烈的文化认同和自豪感。

---

1　张宇.法国文化产业的发展及其启示 [J]. 文化产业研究,2016(02):137-144.

面对文化全球化和数字技术带来的挑战，法国提出了文化数字化战略。2010 年 9 月，法国正式启动"数字文化"计划，提出国家战略"数字法国"。这一战略基于欧盟出台的《欧洲 2020 战略》，是法国大力发展数字文化产业的重要举措。2021 年，"数字法国"的统计数据如图 2-3 所示。图书、影视、视频、数字报刊四大领域最先实现数字化。其中移动链接达到了 6721 万人，网络参与达到了 5947 万人，社交媒体使用人数达到了 4960 万人。"文化数字化"战略非但没有削弱法国传统文化的优势，反而将传统文化根植于数字技术之上，利用新兴数字技术创新传统文化，促进文化发展。

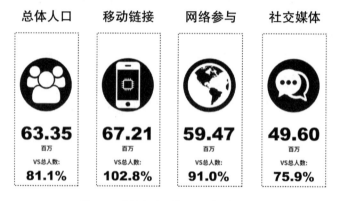

图 2-3 "数字法国"2021 年统计数据

法国出版业的数字化催生了数字出版物的新兴市场，法国政府正确处理了传统出版与数字出版的关系，充分考虑二者的互补性和各自不可替代的特殊性，采取"协同发展"（interopérabilité）的策略，旨在构建多元化的出版格局。法国学者指出"协同发展"的内涵是"在产业的上下游采用共同的技术标准，使不同的出版发行主体竞相角逐，互动共生，使消费者可以在不支付转让费的情况下在不同的阅读器上读同一本书"。法国出版业"协同发展"方案的实施有两方面关键内容，首先是在出版商之间联合并与发行商达成合作共识的基础上，建立数字出版交易平台，消除技术壁垒，实现资源集聚和技术共享；其次是创新型商业模式与传统销售模式并存，在保护民族传统文化的同时，大力促进出版产业的"文化多样性"[1]。

法国文化部于 2014 年成立瓦鲁尔硅谷文化数字工作室，目的在于推动数字技术发展给文化产业带来更多的机会。2018 年，法国文化部在加强文化民主化和推动文化教育政策的框架内，通过"国家文化内容数字化和发展方案"，重申了对数字化的支持。

## 2.2.3　意大利文化产业发展模式

根据意大利国家统计局公布的行业种类，意大利文化产业生产活动分为四种：创意产业，包括建筑、通信、手工艺、设计、农业食品、餐饮；文化产业，包括电影、电视、出版、音乐制作；历史、艺术及建筑遗产，包括博物馆、考古挖掘；演出及视觉艺术，包括艺术节、狭义上的艺术活动。在意大利的文化产业组成中，创意产业是意大利最具有核心竞争力的产业。

自文艺复兴以来，"意大利设计"一直是意大利的代名词，意大利设计的文化创意产品在国际交流活动中往往都有出人意料的好反响，近几年对意大利文创产品的市场需求猛增。意大利的创意产品出口量在世界范围内首屈一指，意大利设计以其成熟而独特的风格在世界设计领域有着极高的地位。

意大利设计有两大最主要的优势：一是制造业的创意产业规模大、集聚程度高，产品既可以带来商业效益的财富，又是体现意大利创意的精神财富。意大利不同地区分布的不同产业，如东北部家具生产，中东部的汽车产业、纺织工业、制革业，南部那不勒斯世界级裁缝手工艺产品，都体现了意大利无与伦比的创意能力，不同行业的智慧的集聚，为全世界营造了"意大利生活之路"理念系列化产品生态，向世界传播了意大利独特的"文化生态体系"。二是介于米兰与科莫市之间的区域以及都灵、罗马、博洛尼亚这些大城市的第三产业创意发展迅速，形成创意产业联手发展[2]。

意大利地区的遗产保护传统自罗马时期开始流传至今，这使得意大利有着全世界数一数二的世界遗产数量。但文化遗产保护（经营博物馆、维修文

---

1　邓文君，车达.法国数字出版产业的发展策略研究 [J]. 编辑之友,2015(07):108-112.
2　张建达.意大利文化创意产业的现状与发展（上）[N]. 中国文化报,2012-02-01(003).

化遗产等）的投入量巨大，考虑到只有通过文化遗产产生更大的经济效益，才能形成遗产保护与经济效益的良性互促，因此需要在各个领域更广泛地推广和宣传文化保护的重要性，并实施更大的投入。

意大利在利用文化遗产产生经济效益方面有着良好的成效，特别是在2020年新冠疫情暴发以后，越来越多的博物馆开始加入数字化展陈的行列。米兰布雷拉美术馆、米兰波尔迪·佩佐利美术馆、米兰现代艺术博物馆、都灵皇家博物馆、威尼斯格里马尼宫博物馆、维琴察帕拉迪奥博物馆、帕尔马皮洛塔宫、罗马夫人宫、拉文纳国家博物馆、佛罗伦萨乌菲兹美术馆、梵蒂冈博物馆等在内的意大利各大博物馆，开展了"网络重塑计划"，通过脸书、推特等社交媒体平台推广博物馆内容[1]。

比如，在疫情的冲击下，罗马奎琳娜艺廊依旧将拉斐尔逝世500周年回顾展以网络展览的形式呈现给世人。都灵里沃利城堡当代艺术博物馆重点建设自己的官方网站，开展以"数字宇宙"为主题的特别展览，在该展览中大量的经典馆藏以数字化的形式向大众开放。2021年6月，罗马国立21世纪艺术博物馆举办了一场名为"线上艺术马拉松"的对话活动，在疫情时代下跨越空间的限制，以网络为载体，邀请约50位来自不同国家的艺术家、策展人、设计师、建筑师和评论家等艺术相关领域的从业者参与思想碰撞，共同探讨。佛罗伦萨乌菲兹美术馆定期举办虚拟展览，只要打开官方网站上的"超级视觉"页面，就能浏览当下举行的不同主题的展览，同时，乌菲兹美术馆与谷歌艺术与文化（Google Arts and Culture）合作，提供网页视图及增强现实视图观看馆藏的《维纳斯的诞生》等世界名画，如图2-4所示。

---

1　陈璐，刘源隆.疫情之下的海外博物馆 [N].中国文化报,2022-05-18(004).

图 2-4　Google 艺术与文化提供增强现实视图观看名画《维纳斯的诞生》

图片来源：https://artsandculture.google.com/art-projector/MQEeq50LABEBVg

## 2.3　亚洲（新、日、韩）文化产业数字化发展特征

在亚洲的很多国家，文化产业是在政府主导下进行的，如日本、韩国、新加坡等。这些国家充分发挥政府的引导作用，从生产到需求、从政策到资金，对文化产业进行全面扶持，积极推进文化产业的发展。

### 2.3.1　日本文化产业发展模式

日本在数字内容经济的创造方面一直处于领先地位。政府一直很重视数字内容产业的商业潜力和就业机会。在日本，数字内容公司创造了一个强大的国际国内市场，政府政策也非常重视培养社会对数字产品的兴趣。

日本学者将文化产业法划分为 IT 基本法、知识产权基本法、文化艺术振兴基本法、内容促进法四大类。2004 年，日本颁布了《内容促进法》，提出文化产业发展是以大批的优秀人才和高技术为基础的。因此，产业发展必须以人才培养和促进新技术开发为先导。强调了数字信息技术对内容产业发展的重要作用。之后，《日本复兴战略 2016》《未来投资战略 2018》等文件相继发表，战略中提出了通过数字技术的进步和物联网产业的发展，来实现经济发展和社会变革。而 2019 年发表的《科学技术革新综合战略》提出，从知识的源泉、知识的创造、知识的扩散和知识成果的国际流动这四个方面一体化推进创新。如图 2-5 所示。

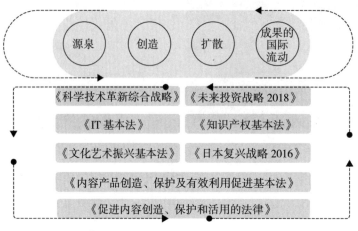

图 2-5　日本文化产业部分立法内容

　　日本是亚洲数字内容产业发展最为发达的国家之一，数字内容产业在日本具有重要地位。政府各种法规和措施的颁布是推动数字文化产业发展的基础动力和保障，《内容产品创造、保护及有效利用促进基本法》《促进内容创造、保护和活用的法律》等直接促进了数字内容产业的发展。这些发展计划强调了国家政策对于数字内容产业发展的重要作用，认为人才是数字内容产业发展的基石，重视人才的优势，发挥人才在内容产品生产、发行等一系列产业链过程中的积极作用。同时，日本政府采取积极措施建立和企业间的良性合作关系，给予企业政策、资金、市场上的支持。2020 年，东京颁布《"智慧东京"实施战略》，该战略共包含了"互联东京""城市数字化""都厅数字化"三大任务，以此鼓励科学家、工程师、艺术家和媒体工作者等进行跨学科、跨领域的合作，探索智能化、数字化的新产品和新业态，并把它们及时推向国际市场。如 teamlab 是一个由 400 多位各领域的专业人士共同打造的沉浸式数字艺术互动体验组织，其通过沉浸式的数字体验呈现了更加创新的人类文明，体现出科技与艺术的完美融合。"智慧东京"战略的成功实施进一步说明了将城市基础设施和城市群体消费作为文化创意生根发芽的沃土的必要性，通过提高民众的消费参与度进而激发创意产业发展出新场景。

与此同时，政府采取积极措施建立和企业间的良性合作关系，给予企业政策、资金、市场上的支持。除政府的力量外，日本数字内容协会（DCAJ）等组织也是推动数字内容产业发展的中坚力量。DCAJ 成立于 2001 年，是日本数字内容制作、流通、发行领域的权威协会机构，它举办比赛、展览、研讨会、培训、国际交流等各种业内活动，促进日本数字内容产业的发展。DCAJ 的前身是日本多媒体内容协会，它将数字文化产业分为音乐、影像、游戏、信息出版四个方面。该协会每年开展与内容市场相关的调研，出版《日本数字内容白皮书》，总结数字内容的市场规模与动向。协会将音乐、影像、游戏和信息出版作为重要的研究对象。在国家的大力促进与行业协会的不断推动下，日本数字文化产业成绩显著。和英美一样，数字内容产业在日本也形成了一条完整的产业链，从产品生产、发行到消费、出口等系列环节，都有着成熟的运行模式。进入 21 世纪以来，日本数字内容产业占到亚太地区市场规模的一半以上，据《日本数字内容白皮书》中的统计资料显示，其数字内容产业的发展规模和市场总值仅次于美国，居于世界第二位。

### 2.3.2 韩国文化产业发展模式

20 世纪 90 年代之前，一方面，韩国政府鼓励制作歌曲、电影和电视节目，倡导通过努力工作、牺牲和对国家的忠诚来支持经济发展的价值观。另一方面，政府压制创作自由，并严格监管那些试图开发不支持政府政治目标的文化产品的个人和企业的活动。因此，文化产业仍然相对不发达，只有符合政府政治目标的公司、市场和部门才能生存。

到 20 世纪 90 年代末，政治、经济和社会环境的变化导致政府对文化产业的看法发生了转变。韩国政府将文化产业置其经济发展战略的核心，并为韩国文化产业的发展奠定了基础。1997 年亚洲金融危机之后，韩国经济再也不能依靠低成本劳动力和制造业规模经济的结合。此外，随着韩国经济全球化的势头增强，韩国社会更深入地融入全球市场。为了应对这些变化，政府试图为国民经济增长发展一套新的产业，文化产业受到了越来越多的关注，包括电影、音乐和游戏在内的一系列文化产业被认为有潜力促进经济增长和振兴其他产业，如电子和 ICT 产业。

在 21 世纪初，随着韩国社会生活水平的提高，越来越多的中产阶级要求提高韩国文化产品的质量，迅速扩大国内文化产品市场和促进国内文化产品市场的多样化。其他行业的快速发展也促进了韩国文化产品在全球市场上的竞争力的提高。因此，韩国的文化产业在 21 世纪初进入了全球市场。

韩国政府为文化产业实施了全面和持续的促进方案。1998—2002 年实施了更广泛的文化产业发展政策措施。该政府建立了基础设施，通过为各种文化产业部门提供资金，促进国内产业内企业的发展。2003—2007 年，制定了具体的计划和政策，帮助韩国文化产品在国内市场取得竞争力和成功后进入全球市场。2008—2012 年继续实施文化政策，提高韩国文化产品在国内和全球市场的竞争力。多年来韩国政府对文化和文化产业的看法发生的变化，是文化政策从发展国内基础设施到提高全球市场竞争力的主要推动力。政府陆续制定了《文化产业振兴基本法》《国民政府的新文化政策》《21 世纪文化产业的设想》《文化产业前景 21》和《文化产业发展推进计划》等多部文化产业发展规划，并先后公布了《著作权法》《电影和录像产品促进法》《网络数字内容产业发展法》等保障文化发展的法律法规。这一系列规划和政策明确了文化产业发展战略和中长期发展计划，把创意产业的发展纳入了政府的发展计划，推动了以游戏、电视剧、电影为主的大众流行文化的全面发展。

对韩国文化产品全球扩张的分析表明，韩国企业利用政府建立的信息和通信技术基础设施，最大限度地提高了其在国际市场上的竞争力。例如，音乐行业的主要娱乐机构已将 YouTube 等 ICT 基础设施作为推广新发布音乐的主要营销工具。先进的 ICT 基础设施使韩国的大量观众能够在短时间内观看音乐视频，正如热门歌曲《江南 Style》也通过使用社交网络服务，迅速在美国和欧洲的 K-pop 粉丝中流行起来。这是韩国文化公司为克服跨国公司形成的障碍而采取的典型策略之一，跨国公司在全球市场上主导着传统的音乐产品分销体系。

在过去的 20 年中，韩国的文化部门在执行韩国政府对文化产业的政策方面发挥了关键的协调作用。文化部除了从公益角度监督文化产业的传统职责外，还被赋予了产业开发商的角色。特别是，随着文化产业开始产生非恒定的经济价值，其作为产业开发商的角色变得更加关键。文化产业在新的经济发展框架中也有重要的地位，文化部在协调参与电子、信息和通信技术及文化产业发展的各个政府机构提供的支持水平方面也发挥了核心作用。如前所述，韩国政府已经认识到，从电影和电视剧到游戏、动画和音乐等一系列充满活力的文化产业都有可能对其他产业产生连锁反应，因为它们依赖电子和信息通信技术的最新发展。文化产业公司的这种需求反过来刺激和促进了韩国电子、ICT 产业的创新和新产品的开发。

韩国政府在文化产业发展的各个阶段制定并实施了有效的产业政策，从建立产业基础设施到支持劳动力技能和知识的发展，再到支持企业拓展全球文化产品市场。当然，韩国政府的文化产业促进政策也存在一些问题，如导致了不同文化产业的发展差异，出版、漫画和传统艺术，这些被认为不具有高增长潜力的行业，在很大程度上被忽视了。

纵观 21 世纪韩国文化产业政策发展脉络，如图 2-6 所示，有以下几个重点：一是将支持重点放在文化产业价值链的基础工作上；二是大力培养文化产业经营人才；三是不断给相关的文化企业提供发达国家文化产业的发展动向及各类信息；四是及时修改、废止或更新相关条例。

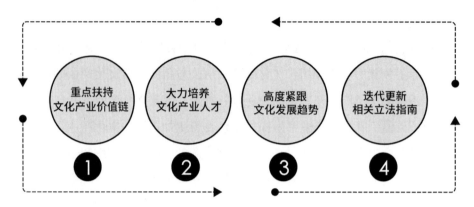

图 2-6　韩国文化产业政策发展脉络

### 2.3.3　新加坡文化产业发展模式

新加坡是亚洲地区最为发达的国家之一，作为过去 20 年来现代化和发展速度最快的国家之一，其文化发展对亚洲地区的文化发展产生了深远的影响。新加坡与韩国相似，一直使用国家主导的发展战略。特别是在自然资源不足和存在安全威胁的情况下，一直推进国家领导的经济政策。它们共同认为，小国要想生存，国家必须发挥强大的领导能力，制定经济发展战略并强力执行。研究新加坡的相关政策，具有重大的意义，因为它作为世界上第一个数字经济智慧城市，为政策管理提供了宝贵的见解。新加坡创意经济融合艺术、技术和商业来营销知识，确保了一个国家在全球经济中的竞争力。

20 世纪 80 年代中期，新加坡的文化艺术领域实际上没有受到关注，只是被认为是减少多文化民族间的矛盾，帮助构建国家认同感的附带因素。新加坡政府尚未做出任何明确的尝试来制定全面的长期文化政策。1978 年 12 月 26 日，新加坡政治领域首次正式提到"文化政策"一词，当时的文化部部长在一份新闻稿中用这个词来指代保护文化遗产，以便为年轻一代提供文化传统和价值观。但保护和促进文化、创造力和知识生产还不是政府直接关注的问题。

直到 20 世纪 80 年代末，政府于 1986 年成立的经济审查委员会（ERC）评估新加坡经济的潜在发展道路后，这种情况发生了变化，该委员会将艺术和各种形式的文化表达确定为新加坡未来的增长领域。1988 年 2 月，新加坡政府成立了文化艺术咨询委员会（ACCA），就如何促进艺术和文化成为新加坡未来增长提出建议。ACCA 评估了新加坡的艺术和文化状况，并制定了一个充满文化活力的制度，其中包括塑造新加坡文化景观等多项建议。ACCA 认识到有必要建立一个新的机构，引领艺术发展。它建议成立文学委员会、国家遗产信托基金，并改善学校的艺术教育。根据这些建议，信息和艺术部（MITA），即信息、通信和艺术部（MICA）于 1990 年成立。其使命是"使新加坡发展成为一座信息发达、沟通无障碍和艺术氛围浓厚的国际化都市，以便在多元文化传统的基础上建立一个拥有创意经济和无限联结的社会"。

20 世纪 90 年代和 21 世纪初，促进知识生产成为政府关注的中心。新加坡政府将"创意产业"确定为未来的战略产业，这显然是新加坡通往知识社会道路上重要的一步。1995 年，新加坡旅游促进委员会（现为新加坡旅游局，STB）制定了新加坡成为全球艺术城市的愿景。从那时起，世界知名艺人（如 Lady Gaga、周杰伦）的流行音乐会、世界知名艺术家的美术展览、流行音乐剧（如《狮子王》《妈妈咪呀！》），以及艺术节都变得触手可及。

新加坡艺术博物馆（SAM）于 1996 年开馆，作为新加坡第一个美术馆，新加坡艺术博物馆是重点展示东南亚现代美术的美术馆。同时，在国际现代美术潮流中，与世界主要博物馆合作，举办囊括国内外美术的展览。新加坡艺术博物馆项目作为与学校美术教育相联系的美术馆教育项目，具备多种形式。根据 2001 年新加坡教育厅发表的《在学校的艺术教育实践》中提及，要形成艺术欣赏的广泛受众基础；为未来的艺术从业者提供认识和提高艺术才能的机会；着重培养国民意识和文化认同感，敦促在学校教育中振兴艺术教育。新加坡艺术博物馆通过教育项目，引导学生自由欣赏、创作、展示、解释作品。以此来培养未来的艺术享有者、艺术家等。另外，通过向公众提供多样的美术教育项目，对扩大现代美术的受众起到了贡献作用。

2000 年新加坡政府为文化艺术发展制定了国家层面的文化艺术政策和综合发展战略"文艺复兴城市规划"（Renaissance City Project）。文艺复兴城市规划的目标是将新加坡发展为"亚洲艺术中心"。其主要内容是为此建立多种文化相关基础设施,为现代美术的发展而努力,从 2006 年开始,新加坡双年展(Singapore Biennale)、艺术舞台(Art Stage)等国际现代美术活动被创建或引进。2011 年成立了最尖端艺术品、珍品储藏中心(Freeport),大型国家美术馆新加坡国家美术馆(National Gallery Singapore)也准备开馆。新加坡逐步形成可持续的现代美术生态系统。

通过追踪新加坡创意产业的演变可以看出,创意产业,包括艺术活动和相关业务,花了二十多年时间才获得足够的知名度和可信度。作为经济发展的独立战略和创新推动力,与信息技术和制造业等传统工业领域的集群相比,其增长缓慢,这可能是与创新高度相关的知识集群的特征。

新加坡创意产业是发展国家创新体系的推动力。创意产业战略本身不仅是一项经济战略,也是国家的创新政策。一个国家的发展不能与艺术的创造力分开,即使其近期目标看起来完全是经济性的。艺术和地方文化的概念必须从一开始就得到认真对待,并尽早通过教育、社会和文化政策纳入创新政策,因为创造力、批判性思维能力和美学敏感性在艺术中占主导地位。

总结各国的文化产业数字化发展情况如表 2-1 所示,可以看出,文化产业数字化受到世界各国政府的高度重视,文化软实力竞争成为国际竞争新常态。北美形成了市场驱动型的发展,欧洲各国形成了资源驱动型的发展,亚洲各国形成了政府驱动型的发展,各国普遍认为未来文化产业数字化发展的工作重点包含:深化供给侧与消费侧协同改革、增强文化的传播力与国际影响力,重视文化科技的融合创新,重视数字内容版权保护,重视挖掘本土特色文化,重视培养文化产业龙头企业,制定高效合理的文化产业发展战略,优化产业结构,促进文化产业转型升级,完善人才吸纳机制等。

表 2-1 各国家文化产业数字化发展对比

| 国家 | | 驱动因素 | 代表地区 | 经验总结 | 代表企业及项目 |
|---|---|---|---|---|---|
| 美国 | | 市场驱动 | 硅谷、好莱坞 | 重视对核心技术和项目的支持,以技术创新带动文化体验创新,通过文化与科技的融合,不断驱动数字文化产业的新型企业、新型业态、新型消费模式的发展 | 皮克斯、梦工厂、迪士尼、好莱坞、奈飞、华纳兄弟、谷歌、脸书、YouTube |
| 欧洲 | 英国 | 资源驱动 | 伦敦西区、伦敦 | 立足区域和城市特色资源,挖掘地方性特色文化资源并进行数字化的升级。将战略性政策扶持与技术性扶持相结合,落实各项政策和实施细则 | "文化奥林匹克"项目、伦敦西区歌剧院产业集群、"大伦敦"计划、"伦敦创意与数字融合项目",Digit 公司 |
| | 法国 | | 巴黎中心区域法兰西岛 | | 出版行业、影视娱乐行业、"数字文化"计划 |
| | 意大利 | | 意大利全域 | | 罗马奎琳娜艺廊、都灵里沃利城堡当代艺术博物馆、"线上艺术马拉松"、佛罗伦萨乌菲兹美术馆 |
| 亚洲 | 新加坡 | 政府驱动 | 新加坡全域 | 文化产业的数字化发展是国家推动发展长期规划中的重要组成部分,在国家层面提供政策支持是发展文化产业数字化的重要保障 | 文化艺术咨询委员会(ACCA)、新加坡旅游促进委员会、新加坡艺术博物馆 |
| | 日本 | | 日本全域 | | 《"智慧东京"实施战略》项目、teamlab |
| | 韩国 | | 韩国全域 | | 韩国文化广播放送株式会社(MBC)、韩国放送公社(KBS,Korean Broadcasting System) |

## 2.4 国际语境下我国文化产业数字化策略

与国外发达国家相比,我国文化产业起步晚,但发展速度较快。2000年 10 月,党的十五届五中全会首次在中央文件中使用了"文化产业"这一概念;2010 年 10 月 18 日《中共中央关于制定国民经济和社会发展第十二个五年规划的建议》首次明确提出推动文化产业成为国民经济支柱产业。2011 年党的十七届六中全会上，专门针对文化体制改革进行了详尽的讨论。我国文化贸易进出口总额从 2008 年的 433.0 亿美元，经过十数年的发展，增长到 2019 年 1114.5 亿美元，文化贸易进出口也逐渐成为我国进出口贸易中的重要组成部分。

　　根据《中国统计年鉴》2015—2020 年度的数据（见表 2-2），全国限额以上的文化零售行业发展相对平稳，变化幅度较小。重点文化服务企业发展比较快速：企业数量从 2015 年开始超过规上文化制造业，2019 年为规上文化制造业的 1.63 倍，达到 31486 家；自 2017 年起，资产总额已超出标准文化产业规模的 2 倍，达到 72694 亿元；经营业绩比率每年都在增长，截至 2020 上半年，已增至 18598 亿元；在招工人数上，主要的文化服务业公司也在逐渐增加[1]。

表 2-2　2015—2020 年间文化批发零售、文化制造、文化服务企业基本情况

| 类别 | | 2015 年 | 2016 年 | 2017 年 | 2018 年 | 2019 年 | 2020 年 |
|---|---|---|---|---|---|---|---|
| 文化批发零售企业 | 企业数量/家 | 8620 | 9604 | 9739 | 9655 | 10462 | 11183 |
| | 从业人数/人 | 535180 | 566966 | 553683 | 524407 | 529797 | 511205 |
| | 资产总计/万元 | 99752141 | 112964776 | 121801153 | 107362488 | 175341700 | 127847327 |
| | 营业收入/万元 | 177073776 | 192930501 | 196840402 | 167281445 | 175341700 | 164535350 |
| 文化制造企业 | 企业数量/家 | 20079 | 20361 | 19803 | 19547 | 19284 | 19479 |
| | 从业人数/人 | 5212161 | 5202723 | 4876696 | 4646465 | 3985188 | 3844794 |
| | 资产总计/万元 | 315342250 | 333990778 | 340144414 | 331205380 | 380443930 | 350962184 |
| | 营业收入/万元 | 459022679 | 494779537 | 466237751 | 380743496 | 380443930 | 381374952 |

---

1　田野. 新基建时代提升大城市群数字文化产业的创新活力 [J]. 同济大学学报（社会科学版），2021,32(3):9.

| 类别 | | 2015 年 | 2016 年 | 2017 年 | 2018 年 | 2019 年 | 2020 年 |
|---|---|---|---|---|---|---|---|
| 文化服务企业 | 企业数量/家 | 20657 | 24763 | 30709 | 30706 | 31486 | 33251 |
| | 从业人数/人 | 2641949 | 2947035 | 3384012 | 3283241 | 3482548 | 3526524 |
| | 资产总计/万元 | 423926919 | 542972809 | 726936256 | 708647447 | 915443850 | 1083204106 |
| | 营业收入/万元 | 205530959 | 252796176 | 318910016 | 344544751 | 434542088 | 488740202 |

数据来源：国家统计局公布的 2015—2020 年《中国统计年鉴》；网址：http://www.stats.gov.cn/ tjsj/ndsj/ 23--31/32/33/

2015—2020 年间，文化批发零售企业、文化制造企业与文化服务企业也在逐步增长，其中 2017 年后均增幅放缓（见图 2-7）。但是 2016—2018 年间，文化批发零售企业营收减少，并在 2018 年后保持稳定（见图 2-8）。2008—2019 年文化贸易进出口总额也呈现先快速增长后稳定增长的趋势（见表 2-3）。

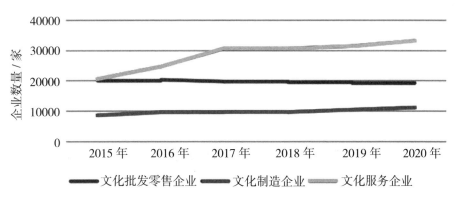

图 2-7　2015—2020 年间文化批发零售、文化制造、文化服务企业的企业数量基本情况

数据来源：国家统计局公布的 2015—2020 年《中国统计年鉴》；网址：http://www.stats.gov.cn/ tjsj/ndsj/ 23--31/32/33/

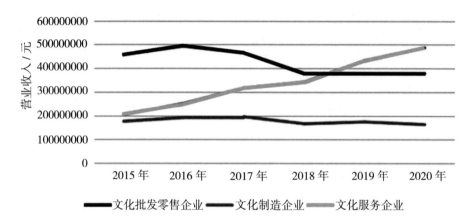

图 2-8  2015—2020 年间文化批发零售、文化制造、文化服务企业营业收入基本情况

数据来源：国家统计局公布的 2015—2020 年《中国统计年鉴》；网址：http://www.stats.gov.cn/tjsj/ndsj/ 23--31/32/33/

表 2-3  2008—2019 年文化贸易进出口总额

| 年份 | 进出口额/亿美元 | 出口额/亿美元 | 进口额/亿美元 | 贸易差额/亿美元 | 增长率/% | | |
|---|---|---|---|---|---|---|---|
| | | | | | 进出口 | 出口 | 进口 |
| 2008 | 433.0 | 390.5 | 42.5 | 348.0 | 13.2 | 11.8 | 28.0 |
| 2009 | 388.9 | 346.5 | 42.4 | 304.1 | −10.2 | −11.3 | −0.2 |
| 2010 | 487.1 | 429.0 | 58.1 | 370.8 | 25.2 | 23.8 | 37.0 |
| 2011 | 671.4 | 582.1 | 89.3 | 492.9 | 37.8 | 35.7 | 53.6 |
| 2012 | 887.5 | 766.5 | 121.0 | 645.5 | 32.2 | 31.7 | 35.6 |
| 2013 | 1070.8 | 898.6 | 172.2 | 726.4 | 20.6 | 17.2 | 42.3 |
| 2014 | 1273.6 | 1118.3 | 155.4 | 962.9 | 18.9 | 24.4 | −9.8 |
| 2015 | 1013.2 | 870.9 | 142.3 | 728.6 | −20.5 | −22.1 | −8.4 |
| 2016 | 881.5 | 784.9 | 96.6 | 688.3 | −13.0 | −9.9 | −32.1 |
| 2017 | 971.2 | 881.9 | 89.3 | 792.5 | 10.2 | 12.4 | −7.6 |
| 2018 | 1023.8 | 925.3 | 98.5 | 826.8 | 5.4 | 4.9 | 10.3 |
| 2019 | 1114.5 | 998.9 | 115.7 | 883.2 | 8.9 | 7.9 | 17.4 |

数据来源：商务部官网；网址：http://tradeinservices.mofcom.gov.cn

## 2.4.1  当下：国内文化产业数字化的发展现状

随着移动互联网的发展，越来越多的互联网巨头加入了文化产业数字化的大军，在其根本业务的基础上，这些数字文化巨头不断地布局生态系统，

占据了重要的位置。当前的国内文化独角兽企业包括腾讯、阿里、今日头条、快手、喜马拉雅等多家企业。同时，新冠疫情的持续发展对我国文化产业的形态和经济运行造成了巨大的冲击，线下的众多主题公园、实体店等也受到了影响，因此催生出了很多线上的"云展览""云旅游"等新形态[1]。

当前我国处于文化产业数字化进程的企业呈现出了不同的层级，首先位于头部位置的文化企业或带有文化产业项目的互联网企业，大多将平台生态与技术驱动相结合，以文化平台的开发促进用户生态的养成和专业内容的生产（PGC）、用户原创内容的生产（UGC），此类企业诸如字节跳动、腾讯、阿里等互联网独角兽。而处于中间层次的文化企业，大多采用面向消费者的平台业务，如淘票票、网易云、各类直播平台等。但是我国数字文化领域的头部企业的所占比重依旧较小，需要进一步增强带动能力，面向文化企业的发展建立起基于数据的广告分发和用户画像服务，提升数字文化品质。

## 1. 国内文化产业数字化相关政策

数字文化产业具备传输便捷、绿色低碳、需求旺盛、互动融合等特点，已经成为我国文化产业发展的新增长点。因此，我国相继出台多项政策推动数字文化产业快速发展。2020 年文化和旅游部印发《文化和旅游部关于推动数字文化产业高质量发展的意见》[2]，提出把社会效益放在首位，实现社会效益和经济效益相统一，顺应数字产业化和产业数字化发展趋势，实施文化产业数字化战略，构建以国内大循环为主体、国内国际双循环相互促进的新发展格局。2017 年，文化部印发《文化部关于推动数字文化产业创新发展的指导意见》[3]，提出数字文化产业已成为文化产业发展的重点领域和数字经济的重要组成部分。为贯彻落实《"十三五"国家战略性新兴产业发展规划》和

---

1　周建新，谭富强.新冠肺炎疫情背景下我国文化产业政策的维度识别与模式建构 [J]. 中国文化产业评论,2021,30(01):117-129.

2　文化和旅游部《文化和旅游部关于推动数字文化产业高质量发展的意见》解读[EB/OL].（2020-11-27）[2021-12-25]. https://zwgk.mct.gov.cn/zfxxgkml/zcfg/zcjd/202012/t20201205_915493.html.

3　文化部 .《文化部关于推动数字文化产业创新发展的指导意见》[EB/OL].（2017-04-06）[2021-02-25]. https://www. mct. gov. cn/whzx/whyw/201704/t20170426_826553.htm.

《文化部"十三五"时期文化发展改革规划》[1]，提出优化数字文化产业供给结构、促进优秀文化资源数字化、推进数字文化产业与相关产业融合发展、扩大和引导数字文化消费需求是数字文化产业未来的发展方向[2]。2019 年，由科技部等六个部门联合发布的《关于促进文化和科技深度融合的指导意见》中提到，面向文化建设的重大需求，重点任务是加强文化共性关键技术研发、完善文化科技创新体系建设、加快文化科研成果产业化推广、加强文化大数据体系建设等[3]。2019 年 12 月，《文化产业促进法（草案送审稿）》面向社会征求意见，旨在推动文化和科技深度融合，提升文化产业科技支撑水平。2020 年，中共中央第十九届中央委员会第五次会议通过的《中共中央关于制定国民经济和社会发展第十四个五年规划和二〇三五年远景目标的建议》中提到发展数字经济，推进数字产业化和产业数字化，推动数字经济和实体经济深度融合，打造具有国际竞争力的数字产业集群[4]。加强数字社会、数字政府建设，提升公共服务、社会治理等数字化智能化水平[5]。2020 年，国务院颁布的《关于以新业态新模式引领新型消费加快发展的意见》提出大力推动线上线下消费有机融合，进一步培育壮大各类消费新业态新模式[6]。2020 年 11 月，文化和旅游部发布的《文化和旅游部关于推动数字文化产业高质量发展的意见》提出要夯实数字文化产业发展基础、培育数字文化产业新型业态、构建数字文化产业生态[7]。

　　2022 年，党的二十大报告中提出"推进文化自信自强，铸就社会主义文化新辉煌"，文化现代化是"中国式现代化"的重要组成部分，新时期文

1　文化部 . 文化部"十三五"时期文化发展改革规划纲要（2017-05-08）[2021-05-08]. https://www.gov.cn/gongbao/content/2017/content_5194886.htm.
2　肖昕，景一伶 . 中国文化产业数字化政策及其策略研究 [J]. 民族艺术研究 ,2021,34(03):130-136.
3　文化和旅游部 . 六部门印发《关于促进文化和科技深度融合的指导意见》[EB/OL].(2019-08-27)[2021-12-25]. https：//www.mct.gov.cn/whzx/whyw/201908/t20190827_845901.html.
4　文化和旅游部 . 文化和旅游部关于印发《"十四五"文化产业发展规划》的通知 [EB/OL].(2021-05-06)[2022-04-23]. http://zwgk.mct.gov.cn/zfxxgkml/cyfz/202106/t20210607_925033.html.
5　傅才武，申念衢 . 当代中国文化政策研究中的十大前沿问题 [J]. 华中师范大学学报（人文社会科学版）,2019,58(01):66-77.
6　国务院 . 关于以新业态新模式引领新型消费加快发展的意见 [EB/OL].(2020-09-06)[2022-04-23]. https://m.gmw.cn/baijia/2020-09/22/1301591462.html.
7　黄永林 . 党的十八大以来我国文化产业政策引导成效及未来方向 [J]. 人民论坛・学术前沿 ,2022(19):72-82.

化的发展应"繁荣发展文化事业和文化产业""增强中华文明的传播力影响力""建设社会主义文化强国""不断提升国家文化软实力"。

2019—2021 年我国数字文化产业相关政策梳理如表 2-4 所示。

表 2-4　我国文化产业相关政策梳理 (2019—2021)

| 时间 | 政策名称 | 发布机构 | 主要内容 |
| --- | --- | --- | --- |
| 2019 年 1 月 | 《关于支持河北雄安新区全面深化改革和扩大开放的指导意见》 | 中共中央、国务院 | 开展文化产业创新实验，研究建立推动数字文化产业发展的有效机制，培育各类新型文化业态，推进文化与前沿科技领域融合发展 |
| 2019 年 4 月 | 《关于征集 2019 年"一带一路"文化产业和旅游产业国际合作重点项目的通知》 | 文化和旅游部公共服务司 | 拓展数字文化产业合作，鼓励企业和研究机构与沿线国家和地区合作，以传统文化资源为基础，合作开发文化资源数字化项目 |
| | 《公共数字文化工程融合创新发展实施方案》 | 文化和旅游部产业发展司 | 充分挖掘数字文化服务发展潜力，广泛吸纳社会力量参与，推动公共数字文化工程全面融合发展，提升工程的覆盖面和实效性，更好地发挥工程对现代公共文化服务体系的支持作用 |
| 2019 年 5 月 | 《关于加强新时代税务文化建设的意见》 | 国家税务总局 | 加快数字文化建设，实施税务网络内容建设工程，做大做强网上正面宣传，营造积极健康清朗的网络空间 |
| 2020 年 2 月 | 《公共图书馆、文化馆（站）恢复开放工作指南》 | 文化和旅游部公共服务司 | 各级公共图书馆、文化馆（站）在逐步恢复场馆服务的同时，要继续通过公共文化云等数字平台，加强内容更新，为群众提供优质公共数字文化服务 |
| | 《关于新冠肺炎疫情防控期间有序推进文博单位恢复开放和复工的指导意见》 | 国家文物局 | 继续利用数字资源，通过网上展览、在线教育、网络公开课等方式，不断丰富完善展示及内容，提供优质的数字文化产品和服务 |
| 2020 年 9 月 | 《关于政协十三届全国委员会第三次会议第 0630 号提案答复的函》 | 农业农村部 | 推动建设覆盖城乡的公共数字文化网络，通过互联网、广播电视网、数字图书馆推广工程专网等载体，将优秀数字文化资源传递到基层，实现共建共享 |
| 2020 年 11 月 | 《文化和旅游部关于推动数字文化产业高质量发展的意见》 | 文化和旅游部 | 要夯实数字文化产业发展基础、培育数字文化产业新型业态、构建数字文化产业生态 |

续　表

| 时间 | 政策名称 | 发布机构 | 主要内容 |
|---|---|---|---|
| 2021 年2 月 | 《对检查公共文化服务保障法实施情况报告的意见和建议》 | 全国人民代表大会 | 深挖公共文化数字服务的巨大潜力，统筹推进全国文化信息资源共享和数字图书馆、博物馆、文化馆等建设，构建标准统一、互联互通的公共数字文化服务网络 |
| 2021 年3 月 | 《关于推动公共文化服务高质量发展的意见》 | 文化和旅游部等三个部门 | 进一步完善公共图书馆、文化馆（站）和村（社区）综合性文化服务中心等建设和服务标准规范，健全公共数字文化标准规范体系 |
| 2021 年4 月 | 《关于进一步加大开发性金融支持文化产业和旅游产业高质量发展的意见》 | 文化和旅游部、国家开发银行 | 积极运用开发性金融支持数字文化产业发展，支持 5G、大数据、云计算、人工智能等新技术的应用，扶持一批文化、旅游与科技融合发展示范类项目和新型文化企业，引导创作生产优质、多样的数字文化产品，提高质量效益和核心竞争力 |
| 2021 年5 月 | 《关于推进博物馆改革发展的指导意见》 | 科技部等九个部门 | 加强与融媒体、数字文化企业合作，创新数字文化产品和服务，大力发展博物馆云展览、云教育，构建线上线下相融合的博物馆传播体系 |
| 2022 年8 月 | 《"十四五"文化发展规划》 | 中共中央、国务院 | 把先进科技作为文化产业发展的战略支撑，建立健全文化科技融合创新体系。围绕产业链部署创新链，围绕创新链布局产业链，建立健全文化产业技术标准和服务标准，参与国际标准制定。引导和鼓励文化企业运用大数据、5G、云计算、人工智能、区块链、超高清等新技术，改造提升产业链，促进内容生产和传播手段现代化，重塑文化发展模式 |

　　我国各省市地区积极响应国家号召，纷纷出台一系列政策推动数字文化产业发展，如浙江省发布的《浙江省人民政府关于下达 2021 年浙江省国民经济和社会发展计划的通知》提出，实施文化产业提升计划，大力发展数字文化新业态，健全现代文化产业体系和市场体系。我国部分地区数字文化产业相关政策梳理如表 2-5 所示。

表 2-5 我国部分地区文化产业相关政策

| 地区 | 政策名称 | 主要内容 |
|---|---|---|
| 北京市 | 《关于促进中国（北京）自由贸易试验区科技创新片区海淀组团产业发展的若干支持政策》 | 建设中关村科学城数字文化产业园，吸引国内外一流游戏企业研发机构聚集，对入驻中关村科学城数字文化产业园的办公企业的办公用房给予补贴 |
| 上海市 | 《上海市基本公共服务"十四五"规划》 | 完善"文化上海云"等平台功能，建设智慧场馆，打造智慧服务，强化公共数字文化内容建设，构建公共数字文化资源库群，方便市民随时随地获取文化资源 |
| 天津市 | 《天津市有效应对新冠肺炎疫情影响促投资扩消费稳运行的若干举措》 | 加快培育电子竞技、互动影视、数字文博等数字文化娱乐新业态 |
| 重庆市 | 《加快发展新型消费释放消费潜力若干措施》 | 支持符合条件的园区创建重庆市数字文化产业园区，并按规定给予政策和资金扶持 |
| 河北省邯郸市 | 《关于支持灵活就业的若干措施》 | 各县（市、区）依托本地特色产业和特色文化，开发具有鲜明邯郸特色和民族特色的数字文化产品 |
| 山西省 | 《制定国民经济和社会发展第十四个五年规划和二〇三五年远景目标的建议》 | 推进文化产业数字化转型，支持新兴数字文化产品和产业发展 |
| 辽宁省鞍山市 | 《鞍山市国民经济和社会发展第十四个五年规划和二〇三五年远景目标纲要》 | 大力发展数字文化产业，做大做强鞍山传媒集团、坚果传媒等本地数字文化机构，培育云演艺、云展览等数字文化新产品新业态 |
| 吉林省 | 《吉林省国民经济和社会发展第十四个五年规划和二〇三五年远景目标纲要》 | 顺应数字产业化和产业数字化趋势，推进国家文化大数据体系建设，支持长春大力发展数字文化和文化创意产业 |
| 黑龙江省 | 《办公厅关于进一步激发文化和旅游消费潜力的实施意见》 | 加快建设数字图书馆、数字博物馆、数字文化馆、数字美术馆等，推进全省公共数字文化服务"居家"共享 |
| 江苏省淮安市 | 《关于精准做好文化场馆恢复开放工作的通知》 | 要指导文化场馆实行线上线下互动，继续推出在线展览展示展演，举办在线培训和公开课，不断丰富数字文化产品和服务供给，更好满足人们精神文化需求 |
| 浙江省 | 《浙江省人民政府关于下达 2021 年浙江省国民经济和社会发展计划的通知》 | 实施文化产业提升计划，大力发展数字文化新业态，健全现代文化产业体系和市场体系 |

续　表

| 地区 | 政策名称 | 主要内容 |
|------|---------|---------|
| 安徽省 | 《安徽省国民经济和社会发展第十四个五年规划和二〇三五年远景目标纲要》 | 优化升级"安徽文化云"和"游安徽"公共服务平台功能，提供公共数字文化和智慧旅游服务，实现"一部手机游安徽" |
| 江西省 | 《"智联江西"建设三年行动方案（2021—2023年）》 | 深入推进数字图书馆、数字文化馆、数字博物馆和数字非物质文化遗产等智慧场馆建设，提升公共数字文化服务水平 |
| 山东省 | 《关于促进文化和旅游产业高质量发展的若干措施》 | 大力发展数字文化产业，建立文化产业新兴业态企业库 |
| 河南省 | 《2021年河南省文化和旅游厅工作要点》 | 实施河南省文化产业数字化工程，强化科技在产业发展中的广泛应用，大力培育数字文化产业、文化创意、新型演艺娱乐等新型文化业态 |
| 湖北省 | 《支持文化旅游产业恢复振兴若干措施》 | 加快公共数字文化建设，完善文化场馆旅游功能 |
| 广东省广州市 | 《广州人工智能与数字经济试验区产业导则》 | 发展数字文化，培育一批具有国际影响力的动漫游戏品牌和电子竞技项目 |
| 广西壮族自治区 | 《广西文化和旅游行业加快全面复工复产》 | 重点加强线上服务，整合数字文化资源，继续推出网上借阅、讲座、展览等服务，进一步丰富线上文化产品供给 |
| 海南省 | 《关于强化知识产权保护的实施意见》 | 开展网络视听、音乐、新闻、文学、动漫、游戏等数字文化产业规范整治 |
| 四川省广元市 | 《广元市加快推进新型基础设施建设实施方案（2020—2022年）》 | 加强公共数字文化、数字文物建设力度，提高信息化、智能化资源共建共享和服务能力，实现文化旅游公共服务、综合管理、宣传推广的全面智慧化 |
| 云南省 | 《关于加快推进数字乡村建设的实施意见》 | 实施公共数字文化工程，提升贫困地区公共文化服务能力 |
| 陕西省 | 《陕西省关于促进文化和科技深度融合的实施意见》 | 加快建设数字文化产品生产和数字文化产业成果转化平台，支持研发、生产能力一体化的科研院所加快文化和科技融合成果从样品到产品再到商品的转化 |
| 甘肃省 | 《甘肃省乡村振兴战略实施规划》 | 继续实施公共数字文化工程，丰富新闻出版广播影视服务内容和手段，积极发挥新媒体作用，使农民群众能便捷获取优质数字文化资源，确保农村群众基本公共文化权益得到全面保障 |

## 2. 文化产业数字化近 10 年研究热点及突显词

中国文化产业政策理论成果大致可以分为集群理论、公共财政扶持理论、人才政策理论、区域均衡发展理论与对外贸易政策理论。文化政策制定的思想来源是把"满足人民群众日益增长的精神文化需求"作为发展文化产业的根本任务,基本原则是为人民服务。同时,注重"以我为主"地学习国际经验,体现了自主开放的原则。强调社会效益与经济效益相统一,提供多样化、多层次、多方面的文化服务,体现了文化民生优先的原则。

此处采用文献定量分析的方式,将中国知网(CNKI)核心数据库和中文社会科学引文索引(CSSCI)作为样本文献来源,检索时间为2021年6月13日。检索主题为"文化产业数字化",检索的时间范围为2011—2021年10年间的发文量,检索共计得到文献773篇,经过人工筛选后去除掉新闻报道、会议征稿等文献,结合CiteSpace进行去重操作,总计得到有效文献625篇。采用文献计量法、内容分析法和比较分析法,借助CiteSpace5.3绘制关键词共现、关键词突显、关键词时区等知识图谱,如图2-9、2-10所示。

根据CNKI数据库来源绘制近10年国内文化产业数字化研究热点的知识图谱(关键词共现图,如图2-9所示),从图2-9中可以看到部分关键词出现的频率较高,如数字化、非物质文化遗产、文化产业、数字文化产业、数字出版、高质量发展、创新等关键词产生较大的集聚效果,其他的节点还没有形成较大规模的研究趋势。在非物质文化遗产热点下,主要关注点在网络消费文化的传播、数字化技术的介入和伴随着5G兴起的新兴文化传播,强调文化遗产的产业化和传承保护。在文化产业的研究热点下,主要关注如动漫、会展、出版等多行业的创新,互联网和新媒体等科技创新带来的改变,以及产业管理模式的转型升级。数字文化产业的热点集中于借助3D打印、三维数字化技术、创意街区、动漫基地等新的技术和管理形态给文化产业发展带来的新契机。在数字化的热点下集中讨论新的人工智能、自然语言处理、区块链等技术驱动的产业创新。

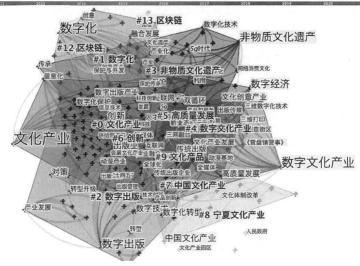

图 2-9　文化产业数字化的 CiteSpace 图谱之关系图

　　根据 CiteSpace 的定量文献分析，可以得出前 25 个影响文化产业数字化发展的突显词，如图 2-10 所示。排在第一位的是三网融合，三网融合是 2016 年的时候提出的，以电信网、广播电视网、互联网相结合的形式实现在网络层面上的互联互通和无缝覆盖。随着科技的发展，目前"四网融合"也被提上了日程，即广播电视网、互联网、电信网和智能电网的智能融合，从而为文化产业数字化的发展打好物质层面的坚实基础。从突显词中，可以看到数字出版和动漫产业是发展较为迅猛的两个子产业，互联网的发展为线上阅读和阅文集团这样的电子文学巨头提供了丰富的场景和资源，而传统的出版集团则面对着深刻的变革，这从一定程度上倒逼传统出版行业的发展。同时，随着国家经济实力的上升所带来的民族自信的高速提升，也促进了国漫和国潮的发展。突显词中也展露了互联网和数字技术的发展对于遗产保护的作用。

| 关键词 | 年份 | 强度 | 开始 | 结束 | 2011—2021 |
|---|---|---|---|---|---|
| 三网融合 | 2011 | 1.94 | **2011** | 2013 | |
| 创意产业 | 2011 | 1.44 | **2011** | 2012 | |
| 创意 | 2011 | 1 | **2011** | 2012 | |
| 数字出版 | 2011 | 3.97 | **2013** | 2015 | |
| 动漫产业 | 2011 | 2.17 | **2013** | 2014 | |
| 产业研究 | 2011 | 1.08 | **2013** | 2014 | |
| 商业模式 | 2011 | 2.07 | **2014** | 2015 | |
| 信息化 | 2011 | 1.05 | **2014** | 2016 | |
| 出版传媒集团 | 2011 | 1.03 | **2014** | 2015 | |
| 利用 | 2011 | 1.03 | **2014** | 2015 | |
| 产业结构 | 2011 | 0.87 | **2014** | 2016 | |
| 保护与开发 | 2011 | 0.87 | **2014** | 2016 | |
| 文化遗产 | 2011 | 2.04 | **2015** | 2016 | |
| 文化科技融合 | 2011 | 2.34 | **2016** | 2017 | |
| "互联网+" | 2011 | 1.55 | **2017** | 2018 | |
| 互联网 | 2011 | 1.19 | **2017** | 2019 | |
| 传承保护 | 2011 | 1.03 | **2017** | 2018 | |
| 健全产业发展体系 | 2011 | 1.03 | **2017** | 2018 | |
| 传统文化 | 2011 | 1.37 | **2018** | 2019 | |
| 新媒体 | 2011 | 1.36 | **2018** | 2019 | |
| 数字文化产业 | 2011 | 3.05 | **2019** | 2021 | |
| 5g时代 | 2011 | 1.71 | **2019** | 2021 | |
| 数字化转型 | 2011 | 1.35 | **2019** | 2021 | |
| 创新效率 | 2011 | 1.28 | **2019** | 2021 | |
| var模型 | 2011 | 0.85 | **2019** | 2021 | |

图 2-10　文化产业数字化发展 CiteSpace 图之 25 个突显词

### 3. 文化产业数字化发展阶段划分（见图 2-11）

我国文化产业数字化发展大致可划分为三个阶段。第一阶段（2010—2014 年），突显词明显的有产业模式、产业结构、产业集群等。2000 年 10 月自党的十五届五中全会首次提出"文化产业"这一概念以来，2010 年中共中央制定的第十二个五年规划中首次明确提出"推动文化产业成为国民经济支柱性产业"，文化产业的研究开始关注产业模式发展、产业结构、产业集群、体制化改革，强调三网融合、文化门户网站建设、搜索引擎的发展。学者刘学文等论证了以集群为主要发展模式的文化创意产业，提出了以高度知识密集、高度产业融合为主的文化创意产业集群特征[1]。傅才武等提出了数字信息技术的平台效应能够抹平传统文化行业之间的专业性差异及边界，有助于进一步廓清文化产业发展的基本思路[2]。

第二阶段（2015—2018年），突显词明显的有互联网环境下的数字化人才培养、文化遗产数字化保护、自媒体行业等。2017年，文化部印发《文化部关于推动数字文化产业创新发展的指导意见》，提出了文化产业已成为产业发展的重点领域和数字经济的重要组成部分，优化数字文化产业供给结构、促进优秀文化资源数字化、推进数字文化产业与相关产业融合发展、扩大和引导数字文化消费需求是数字文化产业未来的发展方向。侧重关注"互联网+"信息环境下的中国传统民俗文化、文化遗产综合保护、数字化文化遗产采集的综合发展。2017年《文化部关于推动数字文化产业创新发展的指导意见》中提出，要促进优秀文化遗产资源数字化建设。在三维扫描和建模渲染、动作捕捉、OCR图像识别、3D打印等数字化技术的影响下，产出了以"数字敦煌"为代表的敦煌文化的数字化研究[3]和凤凰苗族银饰，藏族、羌族、彝族寺庙壁画的数字化保护研究[4]。同时，该阶段大力建设文化创意街区、动漫基地，也对文化产业和文化创意产业的概念做了更加细致的厘清[5]。

第三阶段（2019年至今），突显词明显的有智能文化装备制造、直播与视频平台、文化大数据建设等。由科技部等六个部门联合发布的《关于促进文化和科技深度融合的指导意见》中提到面向文化建设的重大需求，重点任务是加强文化共性关键技术研发、完善文化科技创新体系建设、加快文化科技成果产业化推广、加强文化大数据体系建设等。2019年12月《文化产业促进法（草案送审稿）》面向社会征求意见，制定了"文化科技融合""技

1　刘学文，王铁军，鲍枫. 文化创意产业发展现状及对策探析 [J]. 云南民族大学学报（哲学社会科学版），2013,30(6):20-23.
2　傅才武，何璇. 近代公共文化领域的形成对中国社会现代化进程的影响 [J]. 艺术百家,2015,31(3):6-9.
3　俞天秀，吴健，赵良. 数字敦煌资源库架构设计与实现 [J]. 敦煌研究,2020,180(2):11-13.
4　黄诚，郑发云. 藏羌彝文化产业走廊寺观壁画数字化保护研究 [J]. 淮北职业技术学院学报,2021,20(1):6.
5　单世联，岑光波. 文化产业与文化创意产业理论研究 [J]. 中原文化研究,2017,5(2):40-47.

术创新体系""资源数字化""培育新业态""改造传统产业""装备制造业""技术标准""技术评估"等多项措施。该时期侧重在 5G、人工智能、虚拟现实技术下推动文化大数据平台体系建设、数字化公共文化服务、智能文化装备制造、文化创客、国潮国漫、短视频和直播平台等方面的发展。2020 年中宣部文改办联合发布的《关于做好国家文化大数据体系建设的通知》，提出了我国文化产业资源数字化发展的核心环节及文化产业大数据应用体系建设的基本模式和操作规范[1]。

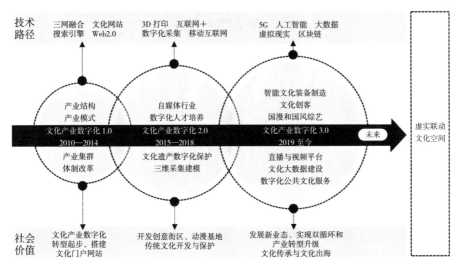

图 2-11　文化产业数字化发展阶段

目前，我国的文化战略和文化政策已形成了三个重要趋势：一是文化建设在国家战略体系中的地位发生变化，实现了从"边缘"到"中心"的转变；二是文化战略和文化政策的目标对象和范围发生变化，实现了从"小文化"到"大文化"的转变、从文化系统内部结构调整到"文化＋""五位一体"的全面建设；三是文化行业的性质定位发生变化，实现了从单纯思想和文化资源、辅助性社会资本建设到国家资本和核心战略资源建设的转变[2]。

1　罗仕鉴，王瑶，张德寅.文化产业数字化内生生长与外生协同创新的进化机理研究 [J].浙江大学学报（人文社会科学版）,2022,52(04):94-104.
2　傅才武，何璇.近代公共文化领域的形成对中国社会现代化进程的影响 [J].艺术百家,2015,31(3):6-9.

## 2.4.2　契机：我国文化产业数字化的内在驱力

我国文化产业数字化发展的驱动力主要包括数字经济发展的要求、中国文化"走出去"的要求、文化消费的市场倒逼、政府新基建发展的要求四个方面，如图 2-12 所示。

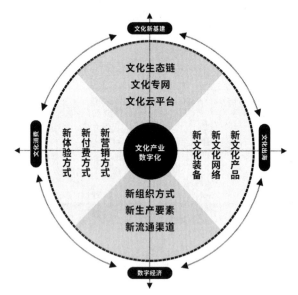

图 2-12　文化产业数字化发展的驱动力

### 1. 数字经济发展的要求

当前，数字经济的发展成为全球经济增长的重要指标项目和战略高地，云计算、人工智能、大数据、区块链等数字技术正在领跑数字经济的发展，需要认识到时代的发展已经由信息化过渡到了数据智能化的时代，数据资源、数据流逐渐成了活化人才、市场、科技、管理、设计的血脉。数字化发展的制胜关键就在于数据，数据的安全和流通是保障数字经济高质量发展的重中之重。2021 年 3 月 12 日，我国颁布了《"十四五"规划和二〇三五年远景目标纲要》，其中数字化是主要方向，提出了要加快建设数字经济、数字社会、数字政府，强调要以数字化转型整体驱动生产方式、生活方式和治理方式的变革。面向"十四五"，在数字中国建设持续推进、数字经济蓬勃发展的背景下，各大中小型文化企业的数字化转型升级势在必行[1]。

在"十四五"发展期间，文化产业的发展要更好地突破限制，发挥好数字化、智能化的带动作用，完善市场准入原则，探索自贸区的发展政策等[2]。2021 年，我国文化产业的数字化逐渐成为热点，强调将文化产业融入乡村振兴、文旅融合，关注数字化潮流下，文化产业的基础理论、文化产业数字化发展的趋势[3]。在"十四五"的发展中要鼓励创新创意成为企业发展的核心竞争力，增加文化产品的附加值，促进对外贸易往来和文化产业的人才培养，完善市场监管体系[4]。

数字经济的发展是技术与战略的协同发展，信息科技的发展带来了传统产业的革新，个体消费的发展带动了产业升级的需求，生产服务和实体经济的边界逐渐模糊化。数字经济变革带来的组织方式转型、生产要素增长、流通渠道拓宽等变化，将给传统文化产业的升级和转型带来巨大的潜力。数字经济驱动生产要素的变革，数据成为新时代的创新资产。随着数据规模的不断增长，数据资源贯穿了设计、生产、运营、消费、销售的整个产业链条，带来了一场生产关系的变革。数字经济的基础在于生产设备的革新，基础设施的数字化带来数字化经济的"大跃进"，当下云计算、大数据、互联网平台的发展带动了数字经济基础设施的完善。

数字文化产业利用文化创意和新技术来提高传统文化的价值。数字创意产业已被列入新发布的《战略性新兴产业重点产品和服务指导目录（2016版）》，互联网巨头和独角兽企业也在纷纷布局数字化文化产业，不断提高其市场占比。同时，人口红利和文化消费的大规模增长，使得数字文化消费成

---

1　史金易，王志凯.加强数字经济认知，推动经济社会迭代创新[J].浙江大学学报（人文社会科学版），2021,51(5)5:149-156.
2　高宏存，纪芬叶.区域突围、集群聚合与制度创新——"十四五"时期文化产业高质量发展的大视野[J].行政管理改革，2021(02):16-27.
3　周建新，朱政.中国文化产业研究 2021 年度学术报告[J].深圳大学学报（人文社会科学版），2022,39(01):69-83.
4　顾江，陈鑫，郭新茹，张苏缘."十四五"时期健全现代文化产业体系的逻辑框架与战略路径[J].管理世界，2021,37(03)：9-18.

为数字经济增长的重要贡献力量[1]。

**2. 中国文化"走出去"的要求**

一直以来，我国高度重视对外文化交流工作，不断提高文化生产和文化对外传播领域的观念和机制创新。文化产业各界人士坚持政府统筹、社会参与、官民并举、市场运作，努力构建全方位、多层次、宽领域、高效率的工作格局，加快推动中华文化走出去，进一步提升中华文化国际影响力，使得中国文化走出去成为潮流趋势，全面服务于中国特色大国外交和"一带一路"建设，为提高文化开放水平、提高国家文化软实力做出积极贡献。[2]现阶段，我国加快建设成为全球文化产品的输出大国[3]，增强文化软实力对全球的影响。TikTok、PUBG、国内热播影视剧、汉服文化等，都印证了我国的文化软实力开始对全球有了初步的影响。

根据2019年商务部公布的按商品类别划分文化产品进出口情况（见表2-6），总计进出口总额1114.5亿美元，出口998.9亿美元，进口115.7亿美元，实现贸易差额883.2亿美元；出口总额同比增长7.9%，进口总额同比增长17.4%；其中包含文具、乐器、玩具、游艺器材及娱乐用品等文化用品的进出口总额最高达到了547.0亿美元。

表2-6　按商品类别划分文化产品进出口情况（2019年）

| 商　品 | 进出口总额/亿美元 | 出口额/亿美元 | 进口额/亿美元 | 贸易差额/亿美元 | 增长 /% | |
|---|---|---|---|---|---|---|
| | | | | | 出口 | 进口 |
| 总计 | 1114.5 | 998.9 | 115.7 | 883.2 | 7.9 | 17.4 |
| 出版物 | 53.7 | 37.2 | 16.5 | 20.7 | 4.8 | 13.1 |
| 图书、报纸、期刊 | 26.7 | 18.2 | 8.5 | 9.7 | 1.9 | 0.9 |
| 音像制品及电子出版物 | 4.0 | 0.5 | 3.5 | −3.0 | 6.7 | 7.6 |
| 其他出版物 | 23.0 | 18.5 | 4.5 | 14.0 | 7.7 | 55.3 |
| 工艺美术品及收藏品 | 354.0 | 317.3 | 36.8 | 280.5 | 5.6 | 100.3 |

1　花建.在线新经济与中国文化产业新业态：主要特点、国际借鉴和重点任务[J].同济大学学报（社会科学版），2021,32(3):54-64.
2　中共文化部党组.持续推进社会主义文化强国建设[EB/OL].(2017-07-02)[2023-11-23]. http://www.qstheory.cn/dukan/qs/2017-07-02/c_1121249484.htm.
3　傅才武.推进文化强国建设的重大战略设计[J].人民论坛,2020(31):46-49.

| 商　品 | 进出口总额/亿美元 | 出口额/亿美元 | 进口额/亿美元 | 贸易差额/亿美元 | 增长 /% | |
|---|---|---|---|---|---|---|
| | | | | | 出口 | 进口 |
| 工艺美术品 | 350.1 | 316.0 | 34.1 | 281.8 | 5.2 | 93.2 |
| 收藏品 | 3.9 | 1.3 | 2.6 | −1.3 | 448.6 | 284.0 |
| 文化用品 | 547.0 | 523.0 | 23.9 | 499.1 | 11.7 | 23.5 |
| 文具 | 1.8 | 1.8 | 0.0 | 1.8 | 5.1 | 26.0 |
| 乐器 | 22.7 | 17.4 | 5.3 | 12.1 | 6.7 | 8.2 |
| 玩具 | 318.9 | 311.4 | 7.6 | 303.8 | 24.1 | 16.5 |
| 游艺器材及娱乐用品 | 203.5 | 192.4 | 11.1 | 181.4 | −3.5 | 38.3 |
| 文化专用设备 | 159.8 | 121.4 | 38.4 | 83.0 | 0.2 | −16.8 |
| 印刷专用设备 | 32.2 | 18.6 | 13.5 | 5.1 | 11.7 | −3.5 |
| 广播电视电影专用设备 | 127.6 | 102.8 | 24.9 | 77.9 | −1.7 | −22.6 |

数据来源：商务部官网；网址：http://tradeinservices.mofcom.gov.cn 根据《对外文化贸易统计体系（2015）》统计，数据来源于海关总署

如何在贸易全球化的时代大背景下，顺应文化强国的号召，将我国文化贸易做大做强，建立和完善"一带一路"发展机制，加强我国文化贸易在全球贸易中的坚实地位，近十年，我国与共建"一带一路"国家和地区文化产品进出口情况如表 2-7 所示。在文化贸易增速放缓、结构性赤字的艰难时期，走好文化出海中高水平文化贸易和传播道路是摆在当前文化产业数字化发展面前的重要议题[1]。比如，作为"一带一路"的重要地点，泰国是一个重要的旅游地，为推动安徽文化走向世界，安徽省文化旅游厅邀请中央广播电视台"蓉知中国"栏目组免费拍摄制作《黄山》《西递》两部专题宣传片，并在泰国电视台播出。2021 年 5 月，该节目首次在泰国的 TNN 电视台播出，并在许多海外媒体平台如 YouTube 和 Facebook 上播出。到目前为止，它已经覆盖了近 300 万电视和在线观众。这也是安徽省文化旅游厅有效加强安徽文化旅游国际交流的表现，是继开展安徽文化旅游海外"云推广"的又一创新举措。

---

1　魏鹏举 . 文化强国战略格局下中国文化贸易的现状与愿景 [J]. 同济大学学报（社会科学版）,2021,32(05):28-34.

表 2-7　我国与共建"一带一路"国家和地区文化产品进出口情况

| 年份 | 进出口总额 /亿美元 | 出口额 /亿美元 | 进口额 /亿美元 | 贸易差额 /亿美元 | 增长 /% | | |
|------|------|------|------|------|------|------|------|
| | | | | | 进出口 | 出口 | 进口 |
| 2008 | 58.9 | 55.4 | 3.5 | 51.9 | 37.7 | 38.2 | 29.7 |
| 2009 | 53.2 | 47.9 | 5.3 | 42.6 | −9.6 | −13.4 | 51.0 |
| 2010 | 71.2 | 64.2 | 7.0 | 57.2 | 33.7 | 34.0 | 30.7 |
| 2011 | 91.8 | 81.1 | 10.7 | 70.4 | 28.9 | 26.3 | 53.3 |
| 2012 | 129.1 | 103.4 | 25.7 | 77.7 | 40.6 | 27.4 | 140.5 |
| 2013 | 157.7 | 125.8 | 31.9 | 93.9 | 22.2 | 21.7 | 24.1 |
| 2014 | 169.9 | 133.9 | 36.0 | 97.9 | 7.7 | 6.4 | 13.0 |
| 2015 | 168.5 | 133.1 | 35.4 | 97.7 | −0.8 | −0.6 | −1.8 |
| 2016 | 148.7 | 125.5 | 23.2 | 102.3 | −11.7 | −5.7 | −34.4 |
| 2017 | 176.2 | 157.9 | 18.3 | 139.6 | 18.5 | 25.8 | −21.0 |
| 2018 | 184.8 | 162.8 | 22.0 | 140.8 | 4.9 | 3.2 | 19.7 |
| 2019 | 229.3 | 203.4 | 25.9 | 177.5 | 24.1 | 24.9 | 17.9 |

数据来源：商务部官网；网址：http://tradeinservices.mofcom.gov.cn 根据《对外文化贸易统计体系（2015）》统计，数据来源于海关总署

在国际竞争压力较大的情况下，数字文化在国际上需要加强其竞争力。文化的原创能力是关键，也是数字文化产业发展的主要驱动力；应当注重挖掘中华优秀传统文化中的核心价值，通过创意设计，将其转化为符合市场消费需求和社会主义核心价值观的文化产品，打造具有"中华内核，全球形式"的新产品、新内容。

我国文化贸易存在较大的逆差，文化贸易的结构仍然有待完善，表现为文化商品和文化制造业普遍处于中低端水平，在文化商品的出口贸易过程中利润率低、附加值小，主要还是因为文化商品贸易和文化服务贸易之间存在着较大的差距；特别是文化产品的输出，在文化消费、文化服务等方面和西方国家依旧存在较大的差距。

增强传统媒体与新兴媒体的文化传播力，寻找新的文化传播途径，着力打造全新的"中国文化网"是我国文化走出去的当务之急。例如在 Facebook 等国外主流社交媒体平台上开设富有中国元素的社交账号，增强与国外友人的亲切交流，拓展中国文化在国外社交媒体平台的影响力。提高文化产品科

技含量，推动文化产品展示方式的多元化。通过高新科技优化文化产品设计、生产、加工、制造的产业链，进行上游下游全链条信息化的打通。

### 3. 文化消费的市场倒逼

2019 年，国务院办公厅发布《关于进一步激发文化和旅游消费潜力的意见》。中国文化产业的发展包括三个层面：一是文化旅游和文化表演，在文化产业发展的早期阶段发挥了重要作用；二是文化体制改革后以出版社、电视台为代表的事业单位市场化发展；三是以大数据、人工智能、区块链等高新技术为基础的新技术带来的变化，这一阶段对过去的传统文化产业发挥了巨大的推动作用。但目前，中国文化消费的驱动力尚未释放，需要认识到尽管狭义上的文化消费占比逐年增高，但是比例仍然比较低，我国供给的文化产品还不足以促进巨大的消费。

通过规范文化治理的方式，发展科技创新来带动文化消费的水平和引领新的消费方式，以数字化的科技创新来推动消费载体和消费方式的创新，拉动城乡文化消费，使用数字化技术改变消费主体、消费模式和消费习惯。

### 4. 政府新基建发展的要求

2020 年起，新基建成为国家和政府发展的重要方向，新基建的主要目标就是向数字化智能化发展，新基建的本质，是通过数字化智能化的手段来革新和赋能传统行业的发展，借助信息网络建设满足新形态基础设施供给、发展智能制造业和数字孪生等先进建设。2020 年，中央全面深化改革委员会会议提到"以整体优化为风向标，协同融合为导向，统筹存量和增量、传统和新型基础设施的发展，打造集约高效、经济适用、智能绿色、安全可靠的现代化技术设施体系"[1]。因此，从本质的关联来看，新基建产生了新经济，而新经济又是文化产业数字化的发展摇篮。

新基建的发展推动了文化产业的数字化建设和新文娱生态的发展，文化产业数字化是在 5G、人工智能、工业互联网等新基建促进下产生的新型文化产业发展业态。例如，文化产业发展中 VR 和 AR 助力旅游、音乐等多个

---

1　田野.新基建时代提升大城市群数字文化产业的创新活力 [J].同济大学学报（社会科学版）,2021,32(3):73-81.

细分场景的发展，而新基建中 5G 的发展为 VR 和 AR 的大规模普及奠定了坚实的基础。5G 收发间隔短、信号延迟低、存储空间大等特点，极大地优化了用户体验。

2021 年，十三届全国人大四次会议表决通过了《中华人民共和国国民经济和社会发展第十四个五年规划和 2035 年远景目标纲要》，此后众多"地方版"新基建"十四五"规划相继出台。纵览当前政府发展，多个省份将文化大数据体系建设纳入新型基础设施建设当中。例如，山东省在其《"十四五"数字强省规划》中提到，要发展数字公共服务新供给的重点工程，大力发展建设中国文化遗产标本库、中华民族文化基因库、中华文化素材库；上海市印发了《上海市社会主义国际文化大都市建设"十四五"规划》，指出要加快建设上海文化大数据库体系，并且将其融入上海的数字基建当中，逐步打造上海市文化云平台、文化专项网络，打造文化内容和数据生产、交换、传播、消费等全产业链生态系统。由此可见，在文化领域的"新基建"涵盖了智慧文旅、智慧广电、数字化公共文化服务等领域，通过文化领域的基础设施、大数据体系、生态环境的打造，为产业发展带来巨变[1]。

### 2.4.3　困局：我国文化产业数字化面临的挑战

随着 5G、人工智能、大数据、云计算、虚拟现实、元宇宙等信息技术在文化领域的影响力逐渐扩大，我国数字文化产业也会有更明晰的发展方向和更宽广的发展空间。数字文化消费逐渐成为文化消费的主要模式，需要重新对文化消费内容进行整理，变革消费渠道与消费场景，创造新的消费体验与消费观念。然而，目前新时代我国的文化产业数字化发展依旧存在诸多方面的挑战，主要包括六个方面，如图 2-13 所示。

---

1　王彦林.我国公共文化服务与文化产业现存问题及其协同发展 [J]. 社会科学论坛 ,2019(05):214-220.

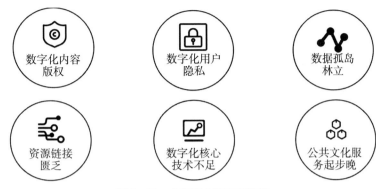

图 2-13 文化产业数字化挑战

## 1. 文化产业数字化内容版权问题

音乐领域、网络文学领域和游戏领域因为其易于传播、可复制性强等特点，成了发生网络侵权事件的重灾区。

在音乐领域，由于易传播、易拷贝、成本低、隐蔽性强等特点，网络音乐侵权极易发生。网络音乐侵权盗版等问题不仅侵犯了著作权人的合法权益，而且严重阻碍了网络文化产业的进一步健康有序发展。网络音乐侵权主要有音乐门户网站实施的侵权行为、网络链接侵权、搜索引擎侵权、P2P 软件侵权。

在网络文学领域的网络侵权方面，2020 年中国网络文学盗版损失规模达 60.28 亿元，同比增长 6.9%，主要原因则是新技术的不规范使用、传播的形式的繁杂以及盗版产业链的覆盖规模大。截至 2020 年 12 月，盗版平台的月活跃用户群体已经达到了 727.4 万，人均使用时长达到了 19 个小时，人均点击次数更是达到每日 115 次[1]。网络文学作品被侵权的主要形式包括无授权被其他平台或账号直接发表、被抄袭、无授权被制成有声书等。

在游戏领域的网络侵权方面，根据《2019 年中国游戏产业报告》[2]，2019 年中国游戏市场实际销售收入 2308.8 亿元，同比增长 7.7%。游戏领域侵权

1 北京日报 .2020 年网络文学版权保护白皮书发布 [EB/OL].(2021-04-26)[2022-03-25]. https：//baijiahao. baidu. com/s?id=1698059093442466180&wfr=spider&for=pc.
2 中国音像与数字出版协会游戏出版工作委员会 .2019 年中国游戏产业报告 [EB/OL].(2019-12-20)[2020-06-11]. https://baijiahao. baidu. com/s?id=1653402516799087310&wfr=spider&for=pc.

的主要形式包括商标侵权、游戏内容侵权、游戏改编侵权、游戏衍生行业侵权、盗版游戏侵权和侵犯共有著作权。最具有代表性的是腾讯科技旗下的《地下城与勇士》向《阿拉德之怒》的母公司上海恺英网络科技有限公司诉讼著作权权属、侵权纠纷案，刷新了网络游戏行业最高判赔金额。

为什么网络侵权行为屡禁不止、如此猖獗？网络侵权行为滋生的根本原因在于社会中存在消费者的广泛需求为侵权人提供了巨大的需求诱因。同时著作权人的维权意识不强，首先是因为侵权主体难以界定，其次是维权人的维权成本高，最后是侵权证据难以搜集和保存。因此，大众对知识产权保护的意识仍然淡薄，即使在知识产权立法及司法已经日趋成熟的当下，知识产权作为财产权的意识远未深入人心。

中国最高人民法院于 2020 年 9 月 13 日发表《最高法关于涉网络知识产权侵权纠纷几个法律适用问题的批复》和《最高法关于审理涉电子商务平台知识产权民事案件的指导意见》两个关于网络知识产权审理的具体问题文件，加强了对网络侵权的审判指导，也体现了我国对完善改革数字文化产业法律法规的决心。

**2. 文化产业数字化用户隐私问题**

伴随着大数据时代的到来、全球化进程的加快和互联网的高速发展，消费者在互联网平台中留下了众多的个人使用轨迹和行为数据、身份数据等，与此同时用户隐私泄露的问题被推上了风口浪尖，消费者的隐私和个人信息面临着极大的威胁和挑战。

人民日报在《保护用户隐私需要"规则之锁"》中评论：他律至关重要，自律也不容忽视 [1]。网络时代的隐私侵权，与过去相比有很大不同，许多情况下是产品服务与隐私保护之间的"零和博弈"。2019 年，因为用户信息被泄露，Facebook 被罚款 50 亿美元；2021 年央视"315 晚会"曝光了 9 大行业乱象，其中人脸识别、简历泄露、手机内存清理 APP 等个人隐私泄露问题受到

---

1　人民日报 . 保护用户隐私需要 "规则之锁" [EB/OL].(2021-04-22)[2022-03-25].https: //baijiahao. baidu. com/s?id=16 97693946727549054&wfr=spider&for=pc.

了极高的关注，一大批知名企业被点名批评。2021 年开始施行的《常见类型移动互联网应用程序必要个人信息范围规定》是近期影响力较大的一纸新规[1]，该规定旨在落实《中华人民共和国网络安全法》对于互联网公司收集个人信息的行为进行规范化整改，保证公民个人信息的安全。比如，2021 年腾讯升级了隐私保护平台，增加了"用户中心"和"产品隐私设计"等栏目，便于用户了解产品、收集个人信息以及增添了是否向产品授权个人信息的权利等。其中的"用户中心"模块集结了腾讯旗下 9 款应用的隐私管理指引，包含了社交、金融、工具、数字信息四大类。用户可以通过隐私管理指引，查看产品隐私保护向导、如何修改隐私设置、了解账号注销流程、管理应用授权等。

**3. 文化产业内部数据孤岛问题**

由于我国所使用的语言与文字区别于计算机所使用的语言与文字，计算机要求一些基础的技术、数据库和可视化的应用必须有相应的中文环境，因此造成了一些技术开发难题。当前我国已经建立起来的或还在逐步完善的统建、自建、共建的文化资源专题数据库之间，关于统一标准的建立、平台接口的打通、平台规范的统一问题有待达成共识，来打破当前"规范到处有，平台无接口"的困局。针对数据更新慢、数据冗余的"僵尸库"要做到整合与转型升级。

同时，存在文化数据服务缺乏统一标准和技术要求的问题；文化体验设施、文化装备技术通用标准尚未明确实施；文化资源数据分类与代码规范尚未形成；文化产业数字化转型还依赖单一的技术路径；单纯以数字化投入、采用新技术来进行自身的数字化转型，而忽略了数字资源和数字壁垒的打通。实现在行业内部的数据的联通和联动，需要构建顶层的数据路径和顶层的设计，避免重复的、冗杂的布局和浪费，关注行业需求和业务的必要性，依靠数字技术和数据资产，对服务进行创新。

---

1　国务院. 四部门联合发布《常见类型移动互联网应用程序必要个人信息范围规定》[EB/OL].（2021-03-22）[2022-03-25]. http://www.gov.cn/xinwen/2021/03/22/content_5594782. htm.

### 4. 文化资源缺乏有效连接和共创

当前，我国的文化资源的数字化转化所形成的数据库案例越来越多，也建立了各种模态的知识图谱，但是目前的知识图谱大多是针对"文化内容"多模态数据的单一存储，缺少全面的"文化产业"生态系统关联的聚合知识图谱的构建，导致"信息孤岛"无法关联难以赋能的产业、动态性内容难以进化，以及活态性知识体系没有组织等问题。特别是面向普通用户的需求端和文化资源供给端还未建立精益高效的文化资源互动模式，面向生产端的各新兴产业还未建立易获取、易利用的数字资源平台，对于文化产业资源的数字身份研究较少，缺少知识产权保护、信息安全意识和评价机制，造成"专家不愿意看，老百姓看不懂，设计师会误用"的尴尬局面。

### 5. 数字化核心技术能力不足

数字化存在核心技术能力不足、缺少技术堡垒和先进技术框架的问题。核心技术能力不足造成了"卡脖子"的现状，因为在底层操作系统、创意设计、虚拟三维技术、嵌入式芯片、文化装备等方面基本是国外掌握主导技术，导致了我国文化产业的装备落后，数字化依旧处于较低的程度，缺少核心专利。同时，在数字化转型的技术框架和商业模式中依旧相对落后，越来越多的文化企业开始思考数字化转型的技术路径。纵观当下，基于数据化的创新仍然是我国文化产业发展的短板，在一些细分领域，数字化的覆盖面和力度依旧不够，在数字文化创新、商业模式创新、设备器材创新等方面依旧具有较大的差距，往往存在当资本冷却、补贴撤退后，行业产业萎靡不振的现象。

### 6. 数字化公共文化服务起步晚

在我国，数字化公共文化服务依旧处于起步阶段。要深刻理解数字化对于公共文化服务的作用与影响，注重文化与服务的紧密结合，充分发挥文化产业在全民社会主义核心价值观等方面的带动作用。并且发挥文化产业在产业互联网中的赋能作用，在传统文化企业中普及和发展新的文化发展模式，包括创意众包、群智创新、生产型社交等。同时充分利用全球创新资源，基于数字化调动以政府为主导的传统媒体，在电视、广播、影视等方面积极弘扬民族文化自信和讲好中国故事，同时积极发挥数字化在民间为主导的新兴媒体中的主流地位，积极利用抖音、直播等方式强调社会发展主旋律。

### 2.4.4 破局：我国文化产业数字化的基本框架

在全新的时代背景下，我国要促进文化事业和文化产业繁荣发展，需提高国家文化软实力，构建国际语境下文化产业数字化策略；梳理文化产业数字化发展趋向，推动数智文化产业模式重构；保护与传承中华优秀传统文化，鼓励促进优秀文化再创新；推动新时代文化产业模式重构，激发文化产业新动能；把握文化产业数字化发展活力点，促进文化产业内外繁荣共生。立足于文化产业内部价值，活化产业内部资源，整合文化产业内外资源要素，激励文化产业赋能其他产业，促进形成多业态蓬勃共荣新模式；激发文化产业数字化发展效益，形成中国范式价值引领导向。顺应区域化、国际化的时代趋势，融入社会主义核心价值观，构建文化产业数字化中国新体系、新范式，讲好中国故事，展示中国形象，弘扬中国精神，传播中国价值。

傅才武先生认为，在文化产业发展过程中，国家需要建立超越行政渠道的社会共识表达渠道，并且从技术层面加强法律执行的刚性约束；在全社会引导和培育鼓励创新、包容失败的社会文化土壤，是政府和学界的重要任务[1]；同时需要突破文化创意人才缺乏的瓶颈，避免制度层面上的"既得利益陷阱"[2]。祁述裕、殷国俊在《中国文化产业国际竞争力评价和若干建议》一文中建立了文化产业竞争力综合评价指标体系[3]，这个体系由核心竞争力、基础竞争力、环境竞争力三个竞争力，五大要素如生产要素、需求状况、相关产业集群、文化企业发展状况、政府行为等构成。他们提出了提高文化企业竞争力、改善需求状况、改进行政管理、加强文化产业发展理论研究与加快对各类文化产业人才的培养五条建议。花建在《互联互通背景下的文化产

---

1  傅才武. 数字信息技术、文化产业发展与政府作用——以《文化产业促进法（草案送审稿）》为中心的考察 [J]. 中国治理评论,2020(02):111-128.
2  傅才武,齐千里. 坚定文化自信，是对当代中国文化现代化道路问题的科学回应 [J]. 华中师范大学学报（人文社会科学版）,2020,59(01):62-72.
3  祁述裕,殷国俊. 中国文化产业国际竞争力评价和若干建议 [J]. 国家行政学院学报,2005(02):50-53.

业新业态》一文中提出四大能力来分析文化产业的竞争力，包括整体创造能力、市场拓展能力、成本控制能力和可持续发展能力，以及七个竞争力指标板块，包括产业实力、产业效益、产业关联、产业资源、产业能力、产业结构和产业环境[1]。赵彦云、余毅和马文涛在《中国文化产业竞争力评价和分析》一文中提出包括文化实力竞争力、市场收益竞争力、文化产出竞争力、公共文化消费竞争力、人才和科研竞争力、政府文化竞争力以及文化资源和基础设施竞争力七大指标的中国文化产业竞争力评价指标体系[2]。

从以上所列举的文献可以看出，面对目前我国文化产业数字化的发展现状与瓶颈，我国学者提出了许多进一步发展的研究对策，包括进一步加强文化改革发展中关键问题的策略设计，健全数字化知识产权法律法规体系和文化产业政策体系，明确中国文化政策研究的前沿问题，构建规范的市场秩序，完善投融资机制，加大数字文化人才培养力度，通过政策引领鼓励和培育文化创新，鼓励数字文化企业发展壮大，制定科学合理的文化产业区域发展战略，推动消费结构升级，进一步解放生产力，以及大力开拓国际文化市场等。

由此，我国文化产业数字化转型的总体思路和主要任务如下。

为了给传统的文化产业发展带来存量增加，需要凭借信息技术实现更大的产业增长和业务扩展。借助数字化的技术发展，打破文化企业发展之间的数据壁垒，健全企业沟通流程和共享机制、完善文化产品交付流程、管控工具的更新和优化，为传统文化产业带来增量扩展。在信息技术的引领下探索出更多的商业模式和场景，形成生产智能化、运营数据化模式，通过数据化平台来帮助文化企业完善管理流程，实现业务协作的高效化和内部管理数据化、体系化；同时，将文化企业的数据资产对接云平台、云服务的应用，不断地提高企业数据资产化的发展。文化产业数字化转型的核心特征表现为：数据成为基本的生产资料，消费者驱动的商业模式创新，敏捷、迭代开放的行业新业态，虚拟文化空间的搭建成为趋势。

1　花建.互联互通背景下的文化产业新业态[J].北京联合大学学报（人文社会科学版）,2015,13(2):24-30.
2　赵彦云,余毅,马文涛.中国文化产业竞争力评价和分析[J].中国人民大学学报,2006(04):72-82.

（1）文化产业数字化发展趋向——模式重构

梳理文化产业数字化发展趋向、推动产业数智模式重构、改造升级传统文化产业业态、健全现代化产业体系是当前文化产业数字化的重要任务。在文化产业数字化过程中，应当认真汲取中华优秀传统文化的思想精华，重视协调传统文化传承和技术创新发展的关系。人工智能、大数据等先进科学技术是发展文化产业数字化的重要推动力，文化的核心价值、先进文化的前进方向、中华优秀传统文化是文化产业数字化发展的核心，三者相互促进，重构文化产业数字化发展新路径。加强文化市场体系建设，厘清中华优秀传统文化内涵，合理运用新技术，从企业、模式到产业业态自下而上改造文化陈旧形式，赋予文化新的时代内涵和现代表现形式，推动新时代文化产业模式重构，激发文化产业新动能。

（2）文化产业发展的活力走向——繁荣共生

把握文化产业数字化活力走向，促进产业内外繁荣共生。在文化产业数字化过程中，立足于文化产业内部价值，活化产业内部资源，激励文化产业赋能外部产业，促进形成多业态蓬勃共生共荣新模式。在文化产业数字化过程中，借鉴国际先进经验，结合国内具体情况，以"以人为本"价值观体系为核心，整合文化产业内外资源要素，以"点—链—网"方式交织构建产业内外良性运行、协调运转繁荣共生的产业结构模型。

（3）文化产业发展的效益导向——价值引领

激发文化产业数字化效益，形成中国范式价值引领导向。在文化产业数字化过程中，顺应区域化、国际化的时代趋势，融入社会主义核心价值观，构建文化产业数字化中国新体系和新范式。"不忘本来、吸收外来、面向未来"，以社会主义核心价值观为指导旗帜，以中华优秀传统文化为坚实基础，以新时代数字技术为手段方法，构建中国文化产业数字化价值体系，不断增强中华优秀传统文化的生命力和影响力，讲好中国故事，展示中国形象，弘扬中国精神，传播中国价值。

第三章
# 文化产业数字化的价值
# 体系与道路范式

**3**

CHAPTER

文变染乎世情，兴废系乎时序

——南朝梁·刘勰《文心雕龙·时序》

　　构建数智时代价值体系，探索文化产业
数字化道路新范式，建立有效的对内宣贯和
对外传播策略和路径，"举精神之旗，立精
神支柱，建精神家园"。

文以数载
数以道明

　　全球范围内，文化产业帮助各区域经济发展起到的作用越来越明显。产业经济"走出去"意味着文化产业的成熟，更意味着文化产业中承载的文化内涵得到了有效传播，这需要借助数字技术的力量，更好地实现中华民族伟大复兴的中国梦。文化产业数字化既是文化产业未来发展的必然趋势，也是关键所在。要通过数字化不断增强文化产业的综合实力和竞争力，需要在全球化的背景下构建中国文化产业数字化的价值体系和道路范式，如图3-1所示。文化产业的竞争逐渐成为大国之间的重要议题，需要在国际舞台上逐渐构建中国话语体系，讲好中国故事，做强世界产品，提升文化软实力，寻找中国文化产业数字化之道路。

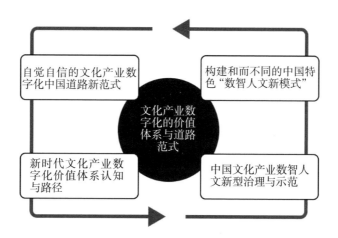

图 3-1　文化产业数字化的价值体系与道路范式框架

## 3.1　新时代文化产业数字化价值体系认知与路径

伟大的哲学家马克思曾指出："任何真正的哲学都是自己时代的精神上的精华。"新的时代孕育着新的思想，新的思想体现着新的时代。中国共产党带领人民把握正确方向，在革命、建设和改革方面成功书写了一番辉煌奋斗历史。我们正紧密联系时代，创新思想，同时也不断探索书写马克思主义中国化新篇章的新路径。

当今，人类文明成就趋于复杂化与多元化，必须通过文化宣传这一有效途径，利用日趋发达的数字媒体系统实现文化价值提升和文化传播，获取文化产业数字化的现代崭新形式。精神文化生产的新成果渗透于人类现有物质生产生活之中，崭新数智时代的到来，催生跨行业、跨要素融合发展的文化产业新业态与新模式。尤其在新冠疫情之后，以信息科技、互联网技术为主导的信息云文化、网络文化进一步发展为以数字智能技术为主导的"数智"文化，文化产业数字化进程得以进一步推进。

现有研究主要以文化产业单一领域的价值理论体系为重点，如非物质文化遗产保护与传承产业、新闻传播产业、出版行业、档案管理学、动漫、文化创意设计等特定文化产业门类的文化价值体系研究，以及从国家治理或从文化建设的角度讨论及构建价值体系，如国家治理价值体系建设、国家治理观、文化产业发展观等。总体而言，现有理论侧重于文化产业的价值体系，而与文化产业数字化相关的研究则侧重于工具性研究或案例研究，对文化产业数字化价值体系的研究仅限于"如何做详细"的方法论考察，缺乏从文化产业数字化的"平均"视角对价值体系的系统思考。因此，如何在数智时代构建具有中国特色的文化产业数字化价值体系，进而形成"数智人文共同体"，是当前亟待解决的重要问题。

### 3.1.1　价值体系逻辑起点：数智人文共同体

研究的逻辑起点将以"人类命运共同体"与"以人民为中心"这两根价值支柱为主要支撑，即超越资本征服与权力逻辑——国际层面上的"人类命运共同体"，以及奠定国家治理的最终方向——国内层面上的"以人民为中心"价值理念，立足于我国国情、中国文化产业数字化的现状语境，探索其价值体系，构建"满足人民精神文明需要的数字智能人文共同体"，如图3-2所示。

图 3-2 文化产业数字化价值体系

随着我国文化产业蓬勃快速发展和文化产业数字化提上议程，精神文化生产在社会经济生活的前沿地位也日益重要起来，国家和社会双重层面的"核心竞争力"已经在文化领域和经济领域形成。在这样的背景下，以习近平新时代中国特色社会主义思想为指导，构建"数字智能与人文社区"成为重要发展趋势。

**1. 以社会主义核心价值观作为价值核心**

坚持以社会主义核心价值观为引领，围绕举旗帜、聚民心、育新人、兴文化、展形象的使命任务，推动文化产业高质量发展。在历史长河中，中华文化发展成较为完整的、多层次、多元化的文化资源系统。中华文化不仅丰富了人民的生活，更是维护人民团结发展的"稳定器"。在中国共产党的正确领导下，中华民族悠久多元的优秀传统文化成为联结社会主义民族关系、促进社会发展的必然精神基础，在文化的基础上共同构建和谐的社会主义大家庭。

经济基础决定上层建筑，创造财富、增加财富后需要塑造和树立文化形象，这是中国特色社会主义文化发展遵循事物发展自然规律的重要过程。挖掘和利用中华民族深厚的传统文化资源，就是要将历史与现实相结合，为建设中国特色社会主义找到深刻的精神指导方向和文化基础。传承传统和当代马克思主义思想，吸收外国优秀文化，创造和谐文化，是社会发展应考虑和谋划的文化视野和精神境界。

**2. 以习近平新时代中国特色社会主义思想为指导**

习近平新时代中国特色社会主义思想本质是对马克思列宁主义、毛泽东思想、邓小平理论、"三个代表"重要思想、科学发展观的继承和发展，是中国特色社会主义理论体系的重要组成部分，是党和人民实践经验和集体智慧的结晶[1]。习近平新时代中国特色社会主义思想，既有扎实的理论传承，也有深厚的文化基础，同时更有开拓创新的革命道路和思想引领，还具有足够的政策性和不断完善的实践补充。

习近平新时代中国特色社会主义思想是在正确的条件下形成、发展和逐步完善的。当今世界格局发生新变化，中国特色社会主义进入新时代，中华民族伟大复兴迈向新的阶段，习近平新时代中国特色社会主义思想是指引中国人民追求幸福和复兴的思想旗帜，是中国人民共同合作与奋斗的精神之魂，也是中华民族伟大复兴圆梦力量的来源[2]。

**3. 以社会主义先进文化为引领**

要想更好地维护国家文化安全、建设和谐文化必须借助文化产业这一重要物质载体的发展。在国际文化秩序方面，当前我国是一个文化资源非常丰富而文化产业发展相对来说较为薄弱的国家，因为这一现状，我国在如今世界文化产业发展格局上正隐隐遭遇现实挑战，受到以美国文化为首的西方文

1  李少军，梅沙白 . 习近平新时代中国特色社会主义思想的哲学基础 [J]. 高校辅导员学刊 ,2018,10(03):1-5.
2  沈壮海，彭鹤翔 . 增强青年一代做中国人的志气、骨气、底气 [J]. 思想理论教育 ,2021(10):4-10.

化产业"文化天堂"隐形力量的威胁；在国家文化安全保护方面，西方国家通过特定的通信运营商并借助新闻、电影、流行文化符号、生活消费等文化产业途径，来构成其对我国文化安全保障方面的威胁。

在国民经济中，文化产业的占比日益扩大。在经济生产、文化艺术的矛盾与分离中，"第二代生产力"以资本主义工业革命和大规模工业生产为代表，而"第三代生产力"则主要表现为"文化"。丹麦未来学家沃尔夫·伦森（Volf Renson）指出，经历狩猎、农业、工业、信息等社会，人们将进入一个梦幻的社会，其特征是关注梦想、冒险、精神和情感生活[1]。

目前，文化产业虽然是新的经济增长点，但我国文化产业宏观而言起步较晚，文化资源整体优势暂时未能转化为实际发展的优势，文化产业的经济贡献率相对较低；但我国历史悠久，文化资源丰富，文化产业发展势头强，前景较为广阔，逐渐在促进中国经济社会发展方面发挥着重要作用。

### 4. 美美与共：文化产业数字化之美

1990年，著名学者费孝通曾提出"各美其美，美人之美，美美与共，天下大同"，被视为"十六字箴言"，用以代表各种和谐文化关系的标准。基于国际的利益共同点、情感共鸣点、人文连接点，构建美美与共的文化发展新格局，着重研究数智时代文化"本土化"与"全球化"的联结、数智人文体系的兼容并包与开放合作、文化产业数字化的价值立场和价值标准的宣传，通过"一带一路"、金砖国家、东盟、中非合作等途径，共同构建美美与共的"人类数智人文共同体"。

数字技术的发展赋能文化产业数字化并加速增加文化产业体量；虚拟文化的内涵能反哺产业创新，加速文化产业的融合，这是文化产业数字化发展的社会必然选择，具有客观性和社会性的美。

文化产业数字化具有如下五个层面的美，如图 3-3 所示：

（1）数字美：文化产业的数字化发展将突破原场景中信息的时空桎梏，使数字信息能够更自由、更及时、更具体地传播并创造更广阔的价值；促进

---

1 金元浦 . 文化生产力与文化经济 [J]. 上海社会科学院学术季刊 ,2000(1):9.

媒体的兼容发展，做大做强主流舆论，为全党全国人民的团结奋斗夯实共同思想基础。因此，新时期文化产业的数字化将进一步延伸到社会的方方面面，为人们提供更好更多的文化和信息服务。它具有"兼容并包，价值共创"的信息数字之美。

（2）技术美：大数据、VR、人工智能、区块链、云计算等技术改变了原有文化产业数字化模式，去中心化的机制能真切地惠及全世界所有国家，它的技术之美，"开放包容，兼容并蓄，平衡共赢"。

（3）关系美：文化产业数字化的进程将重塑文化传播的方式。分布式的分享交流平台实际上重塑了人与他人、人与社群、人与文化、人与社会的多重关系，为文化产业数字化服务，形成文化经济闭环，促进数据资源的整合和开放共享。这对加速神州数字建设，更好地为中国经济发展服务，建设美丽中国，不断满足人民对美好生活的向往，是必不可少的。因此，它具有"和谐"的关系美。

（4）媒介美：文化产业的数字化发展将带来数字技术构建下的媒介演进。作为一个基于数字通信技术的文化共融媒介，元宇宙场景将有利于促进人民的广泛交流，促进不同国家、不同地区之间的文化碰撞与融合，促进全球最优文化的交流互鉴，促进各国人民情感沟通和精神深处沟通，减少价值冲突，促进全球一体化的协调发展。因此，元宇宙场景下的文化产业数字化进程，具有"自由共享"的媒介美。

（5）属性美：文化产业数字化更具创新共生的发展属性。迭代和创新的方式，将重构文化产业数字化的互动流程和属性，重置数字文化主体。有"以数据为纽带，推动数据开放与市场主导，产、学、研深度融合"的属性之美。

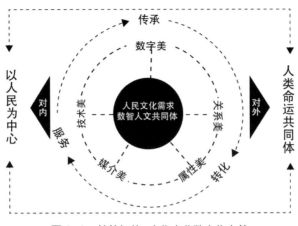

图 3-3　美美与共：文化产业数字化之美

### 3.1.2　价值体系核心内容：一核多维价值体系

无论文化产业如何创新转化，内容如何拓展深化，技术如何转化创新，都需要始终坚持以社会主义核心价值观为引领。中国文化产业必须重视中华优秀传统文化，优秀传统文化的弘扬与传承是核心价值内涵，要防止主流思想泛化、淡化、绝对化现象在文化产业价值导向的发展和引导中产生。比如，学校的思想教育逐步淡化，大众媒体的无序发展，文化产品良莠不齐，这些都会使主流思想在一定程度上受到削弱。

为了构建和谐文化，要始终坚持马克思主义、毛泽东思想、邓小平理论在意识形态领域的指导地位，用"三个代表"重要思想统领社会主义文化建设，牢牢把握社会主义先进文化的发展方向。要实现社会主义，就必须大力发展科学的观念。摒弃片面的思维模式，解放思想，实事求是，与时俱进，求真务实，提倡和谐理念，正确解决"传统"与"现代"的关系。要推动和谐文化的发展，就必须实现国家的优秀文化传统的继承与传承。

### 3.1.3　价值多维体系构建："传承—转化—服务"

以文化产业价值评价体系为基础，兼顾文化产业和数字化技术两个方面，依托内在生长和外在进化两种方式，构建文化产业数字化"传承—转化—服务"价值评价体系，具体如图 3-4 所示。以社会主义核心价值观为引导，坚持先进文化发展方向，坚持文化产业数字化传承发展、文化产业数字化创新，在数字聚合"创意转型创新发展"中坚持文化产业数字化培育、文化产业数字化公共服务、文化产业数字化区域整合的原则。

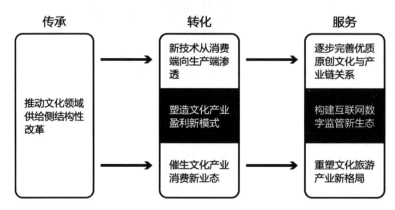

图 3-4　传承—转化—服务价值模式

### 1. 传承：数字化传承与创新发展

供需错位、结构失衡，是近年来文化领域中一个不可忽略的问题，尤其是在传统的生产型社会逐渐向消费型社会转型的过程中。传统文化商品供给方式和人们的实际文化消费需求之间有所错位，要想满足人们日益增长的生活及精神需求，满足人们对美好生活的需求，还要从精神文化及文化产业精进方面上缩小差距[1]。

从供给侧看，文化产业产品的供给需满足人们的消费需求，顺应时代发展趋势，兼顾消费者个性化、多样化需求。以互联网信息技术和数字技术为基础得以发展的数字经济，为个性化文化消费产品定制提供广泛的渠道和模式，使多元化的文化产品在技术实现手段上、生产资料上变得可行且易操作，使其逐渐成为文化领域结构改革的重要改革方面。要培养社会主义核心价值观的文化根系，并通过创造性改造将传统带入生活。

---

1　范周. 数字经济变革中的文化产业创新与发展 [J]. 深圳大学学报（人文社会科学版），2020,37(1):50-56.

## 2. 转化: 数字化聚集与培育

从消费端向生产端的数字化渗透。"宽带中国""创新引领""互联网 +"等战略方针自党的十八大后相继开始落地,中国已成为一个真正意义上的互联网大国。2019 年 6 月,5G 商用牌照发放,拉开了中国 5G 商用元年序幕。在传统文化与现实结合的创意、设计实践活动中,前所未有的变化正在发生,以互联网、云端共享技术为基础的数字科技引导消费端和供应端优化发展。

在消费端,人们的文化消费习惯与行为模式正处于被潜移默化改变的状态。传统领域正在悄然发生变化,例如:广播、电视与书籍等传统传播领域的使用明显减少;人们的精神消费行为从线下转为线上,消费习惯从固定单一化到多元碎片化,消费模式的多元化变化逐渐向用户个性化、定制化发展,消费者不再是单纯的信息接收者,通过数字技术渠道对生产者的逆向影响更加普遍。然而,在供给端,数字技术大大升级传统文化产业内容的供给,传统文化产业开始寻找与用户消费习惯、消费模式相适应的内容和形式,加快与网络产业的融合以达到高效转型升级。随着大数据、人工智能等新的数字技术逐渐渗透到传统文化产业生产中,将发生大规模革命性的变化。

塑造文化产业盈利新模式。我国正在加速推进文化行业向更深度发展的第三次消费升级,"互联网驻民"超过 9 亿,数字技术的广泛应用实现庞大数字红利,加快文化产业经济发展,带动相关行业就业,也加速了服务形式的变革。然而,数字鸿沟和消费者的分层对数字红利的转化与数字革命成果产生了一定的影响,必须在进一步缩小数字鸿沟上下功夫;同时推进数字文化创意产业的可持续发展。如何有效地适应城乡差异,通过发展数字文化创意产业来实现数字红利转化,是当前要考虑的问题。在资源、生产要素、产品生产与服务、仓储、流通、配送服务诸多要素的深度整合驱动下,更复杂的迭代更新与深度融合将在文旅融合中呈现。其中市场作为"看不见的手"起着至关重要的作用[1]。

研究发现,文化产业集聚对城镇居民的文化消费拉动作用在降低,科技

---

1　李炎.现代性驱动:文化与旅游融合的根本逻辑 [J].人民论坛·学术前沿,2019(11):80-88.

创新对城镇居民文化消费的拉动作用则在提高；经济发展水平、居民可支配收入和房产支出对城镇居民文化消费同样具有重要影响[1]。虽与城镇居民文化娱乐消费水平相比还有较大差距，但农村居民用于文化娱乐的消费支出逐年增加，增幅较大。要想重点填补数字文化消费的数字鸿沟，需要在扩大网络访问的基础上重点关注减轻数字资源分布的不均衡问题。可以看到，在网络视频、网络音乐软件等应用类型中城乡网民的差别不大；但在网络购物、业务办理、商务金融类、公共出行类等应用中，农村地区群众参与度明显低于城镇居民，城镇使用率均高于 20 多个百分点。通过教育程度和信息化意识的提升，可以防止"数字贫困"的代代相传，从而使城乡间的数字鸿沟逐渐缩小。在数字经济时代，参与生产、消费等环节的人群角色会不断地发生变化，生产要素也会随之改变，而文化行业的产业链却不仅仅是囿于单一传统的逻辑关系和价值交流形式。在融合创新的大潮流下，通过价值最大化，分享、聚合、组合各种生产要素，从而达到资源的最大化利用的目的，打造一种全新的运营方式。

其中，长尾模式、免费模式、社区模式以及分享模式等是比较有代表性的模式。以吸引更多人、创造市场规模为核心的长尾模式，是一种以互联网为平台，将诸多小市场整合为群体，产生与主流相媲美的市场能量，为文化产品提供更灵活、更庞大的存储和分发渠道的最为常见的运营模式；以图书出版业为例，由于存货和销售成本几乎为零，小众图书的利润累积起来才能与畅销图书的销售利润相媲美。免费模式则是培养潜在的消费群体，以免费形式吸引更多消费者的目光，从而获取商业上的最大利益，免费模式本质上是以网络视频和媒体平台为代表，向平台投放品牌广告以获取收益的注意力经济衍生出来的一种商业模式。而基于口碑经济的社区模式则是充分利用互联网去中心化、扁平化的管理模式，从消费到传播，实现一次脱胎换骨的变革。分享模式是指得益于协同互动式的网络构建，文化内容受到消费群体社会化分享，进一步提升关

---

1 顾江，王文姬.科技创新、文化产业集聚对城镇居民文化消费的影响机制及效应[J].深圳大学学报（人文社会科学版），2021,38(04):47-55.

注度与获利的一种模式。

从量变向质变转变，从传统产业到新兴产业，从物质生产到精神消费，数字经济的总体变化趋势在数字创意产业的发展中呈现积极的局面。面对数字内容生态体系，数字资本与传统资本（例如：经济、文化资本）紧密地联系在一起的现象，社会文化产业界中正在生成并复制一种数字平等现象，以维护理想的社会结构[1]。除了产业升级，还包括信息技术革命、消费市场需求等要素的变化，形成文化产业新业态的原因是多方面的。正在产生或即将产生的新业态，已经形成了信息化发展的产业化、市场化应用。消费需求的不断增长，成为新业态产生的先决条件，除了技术的发展和进步，以促进科技进步、提升消费需求为重点的新业态、新经济发展模式不断涌现。网络技术营造新的行业，将网络技术与各个行业结合在一起，使其生产结构更为合理，同时也推动了生产技术的发展、生产效率的提高，新的产业结构也更为多样化。文化消费作为文化产业发展的内在动力，近年来增速不断加快，与之相对应的产业逐年增加，对文化及相关产业的贡献日益凸显。

### 3. 服务：数字化公共服务与区域融合

逐步完善优质原创文化与产业链的关系。社会主流价值观的承载主要表现在观众接受的艺术形式之中，如戏剧、电影、电视、童话、游戏动漫、舞蹈等形式载体。社会文化的影响取决于技术传播的效率，电影技术创造的视听效果塑造了人们对技术的崇拜，增强了人们对其内容的赞赏和接受度。近百年来，电影行业展现了惊人的发展速度，特别是数字媒体行业飞速发展，使电影这一媒介形式成为文化传播和文化成就的先驱。当人们被各种炫酷的照片打动和迷惑时，他们也会沉迷于其中蕴含的文化内涵[2]。在社会文化发展进程中，作者承担设计责任、文化责任和社会责任的同时，还需将原创性和创新性这两大重要因素纳入文化产品生命周期的衡量中。

文化内容创作方式正在被数字技术简单化。内容版权问题是文化产业发

---

1　赵曙光, 张竹箐. 数字传播治理与新闻媒体的责任 [J]. 现代出版, 2021(05):42-50.

2　李向民, 杨昆. 新时代的文化生态与文化业态 [J]. 深圳大学学报（人文社会科学版）, 2021,38(02):39-48.

展的通病，但不同类型的版权问题因发展阶段、法律环境的不同而呈现出不同的特征。总体而言，优质原创文化内容正在文化产业的各个领域发展。音乐领域中，互联网音乐发展的关键因素是制作成本正在被降低，数字版权合作正在不断扩展。游戏领域中，游戏内容制作的关键是内容专业性和内容完整性。同时，我国网络游戏在海外市场影响力日益扩大，这就需要从战略角度出发来考虑如何让我国网络游戏海外竞争力得以有效提高。

所以，要强化文化创意领域的原创内容供给，就必须以信息技术产业的视角，提高文化产品内在核心价值和创新质量，使"场景化设计"与"个性化设计"理念更加智能地发展，促进"内容一体化"的创新转变为"数据驱动型"的管理，建设具备核心竞争力的完整数字文化创新生态系统。

构建新型互联网数字调控生态系统。应顺应科技革命新趋势和产业变革的迫切需要，加强和改善市场监管。体现在文化消费领域的人们对美好生活的需求，是对更高质量文化消费品的要求。因此，打造互联网新型数字监控生态系统已刻不容缓。游戏、综艺和音乐等领域的侵权现象在数字文化行业的发展中日益严重。从原来的服务器储存模式向 P2P（peer to peer）下载分享、客户端下载模式转换，向热点链接、云盘、手机聚合等方向发展。随着网络盗版的参与者越来越多，侵权行为越来越去中心化，如何有效应对业余网络盗版是我国的知识产权问题。着重说明一点，政府如何提高监管水平，行业如何加强自律，用户如何加大维权力度，都是体现知识产权保护制度智慧的重要因素。

违法、侵权、复制以及传播整个流程的成本较低，很多违法者抱有侥幸心理，这也是我国现在侵权行为如此常见的原因。从技术层面上介入，强化网络版权保护，是增强版权保护能力的需要。同时，要加强版权申请，构建严格的规范和遏制企业不法行为的网络侵权盗版曝光推广机制。

当前，用户安全和网络版权保护受到前所未有的挑战，例如人工智能、云计算和大数据等新兴信息技术的广泛应用，也造成了网络自制内容不确定、网络欺凌、粗口泛滥等问题，需要引起严格重视。监管主体日益复杂多样，互联网监管因此滞后于行业发展，这是数字经济造就文化产业新业态快速演进带来的问题之一。由于利益变化的影响，规划、建设、经营、生产、消费等多个环节的参与者共同推动利益的联合，使其在演化过程中不断变化。从复合的影响来看，要对各种利益关系进行合理的、高效的整合。

重塑文化旅游产业新格局。针对新兴旅游业而言，形成高效内容的消费市场有以抖音、快手、B站为代表的视频平台等，这些新兴平台是新的触点、新的出口，可以满足并挖掘用户的需要，对用户数据挖掘定制出更精准的个性化服务。3D、4D技术的集成，使得可移动、不可移动的展览在博物馆和展馆中焕发出优势；其打破时间和空间的束缚，让人们在移动设备上欣赏现场作品变得更加便捷。随着数字旅游平台的不断完善，数字化重建的旅游场景、景区特色、风土人情等变得近在咫尺，购买旅游衍生品等一系列操作可在线上一并完成，数字革命也逐渐打造了数字化旅游的未来。

注重整合文化旅游行业赖以生存与发展的资源基础，必然会对未来的文化休闲、旅游消费产生革命性的影响。5G通信和分布广泛的互联网接入服务遍布城市和乡镇地区，为当地和外地的消费带来更大的便利，已成为文旅行业的公共基础设施。每到一处景点，无论是本地居民还是外地游客，在第一时间在线点评并与亲朋好友分享，更能即时获取消费场景信息和服务流程信息。

## 3.2　自觉自信的文化产业数字化中国道路新范式

### 3.2.1　融入社会主义核心价值观的文化自觉范式

生生不息绵延五千年的优秀传统文化是中华文明始终屹立世界文明的源泉，是中华人民文化自信的最深厚的底蕴，是民族发展国家富强最强大的精神力量，在全面建设社会主义现代化国家中发挥着不可替代的重要作用。习近平总书记在党的二十大报告中提出"推进文化自信自强，铸就社会主义文化新辉煌"，将中华文化和中国精神的时代精华，融入新时代中国特色社会主义文化产业数字化发展中，为中国式自觉自信的文化产业数字化新范式提供了根本遵循，指明了前进方向。自觉自信的文化产业数字化道路范式包括三个方面，具体如图 3-5 所示。

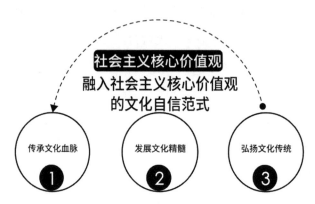

图 3-5　自觉自信的文化产业数字化道路范式

传承文化血脉，是文化自信之源。人类历史发展告诫我们，一个抛弃和背叛了自己历史文化的民族，终究会被岁月无情埋葬，何谈存续？中华文明是世界上最古老的文明，也是人类历史上存续时间最长的文明之一，在这漫长的人类创造中所形成的思维方式、价值观念、生活方式、行为规范、艺术文化、科学技术等构成中华传统文化，是中华民族传承和发展的根本和命脉。经过上下五千年的历史发展，中华民族饱受天灾人祸、战争侵略，历经沧桑巨变、世道劫难，文明不仅没有中断，而是傲然屹立于世界东方，并且正焕发勃勃生机迈向中国式现代化新征程。"书在、人在、国就在"，究其根本是一代代中华儿女"为天地立心、为生民立命、为往圣继绝学、为万世开太平"地传承中华文化血脉而创下的基业。新时代新起点上的每一个有识之士，都是中华优秀文化的传承者、中华民族精神的弘扬者，他们都将在文化产业数字化发展上搭建全方位展现中国价值、中国力量的平台。

发展文化精髓，是文化自觉之基。一个拥有优秀文化基因的民族，一定是一个勇于自我革新不断创新的民族。习近平总书记提出的文化产业建设"创造性转化、创新性发展"思想，集中体现了中华儿女对文化发展规律的认识。绵延千年的中华文化传统，深植于中国人脑海中关于世界和人类经验的价值观、思维模式、行为方式中，构成中华儿女共同的文化特征和特色，不可避免地受到时代变迁、社会形态、制度差异、思想定位、科技水平的局限和制约，成为社会发展的掣肘，这是我们须加认真审视的深层次问题。剔除传统文化中与时代相悖的糟粕，吸收其精华，坚持不忘根本、兼收并蓄，面向未来，推陈出新，这是中华文化基因与中国式现代化文化建设相融合的最高境界。

弘扬文化传统，是文化自觉自信之归属。中华祖辈留下的优秀传统文化具有丰富的东方哲学思想、人文精神、价值理念、道德伦理，维系了中国几千年发展，历经朝代更迭、人道沧桑，蕴含了丰富的人类发展、社会治理规律，对当今中国及世界面临的发展难题仍有启示意义，是社会主义核心价值观的重要来源。赋予中华优秀传统文化时代特征，运用中华优秀文化治国理政，解决人类命运共同体面临的共性问题，是当今中华儿女传承和弘扬中华优秀文化传统的共识。在文化事业发展中，充分运用现代信息科学技术，挖掘、保护、运用中国文化遗产的多重价值，完善文化产业体系，通过数字化媒介形成现代化发展新范式，是增强"四个自信"、讲好中国故事、总结中国式现代化范式，增强中国文明传播力、影响力、话语力的重要途径。

### 1. 提升中华优秀文化的吸引力

文化的核心是价值观，价值观的滋养在文化。中华优秀传统文化里蕴含了中华民族最基本的共同价值观，当下我们首要的任务是把中华传统文化中的具有当代价值、世界意义的文化精髓凝练出来，把因受到当时人们认识自然改造自然的局限性影响而存在的陈旧过时或已经成为糟粕的部分区分出来、剔除出去，赋予其新的时代精神、表现手法，使之与现代社会相协调，激活其生命力，运用现代声、光、电表现手法，借助多媒介平台展示出来，将其融入社会主义核心价值观之中，使之成为时代需要的正能量，并通过数字化产业体系融入世界文明发展之中，成为中国式文化的最强音。如文化产品《中国医生》这部电影，真实再现了 2020 年中国抗击新冠疫情的决心和毅力，充分展现了我们民族的信心，表现了在突如其来的人类灾难面前，中国精神的坚韧和力量！

### 2. 提升文化体制机制的活力

改革创新是提升文化体制机制活力的重要途径，也是文化繁荣发展的动力所在。改什么？怎么改？党的二十大报告指出，"坚持把社会效益放在首位、社会效益和经济效益相统一，深化文化体制改革，完善文化经济政策"。根据这一统一部署和要求，我们首先要解决的是阻碍文化繁荣发展的障碍、难点、堵点，这就要求我们理顺政府文化治理职能与文化产业市场的关系，加强政府宏观管理和文化经济政策的执行力度，加强政府对文化产业和文化市场的支持、激励、引导、调控、监管作用。在增强活力上，我们要遵循文化建设的规律特点，充分发挥现代文化产业体系和市场体系作用，以创新为核心驱动力，推动我国文化产业和文化市场健康发展，健全数字文化产业新业态、新模式，创建市场监管体系和科学信用评价机制，使文化市场既繁荣发展又规范有序，为国家文化软实力的提升营造良好的发展环境。

### 3. 尊重区域间文化多样性

区域文化的多样性构成了世界文明的多样性。文明多样性是世界发展的活力和动力之源，尊重多样性是推进文化繁荣发展的本源要求。在中国近现代历史发展中，中华优秀传统文化与马克思主义基本原理相结合，形成了中国特色、中国风格、中国气派的文化景观，让中华文明的时代风采构成中国式现代化发展的显著特征。当今的世界是相互依存的世界，中国文化产业数字化发展的前景加速了不同文明、社会文化的融合与碰撞，与"文明的共存"相对立的"文明的冲突"是当今世界面临许多重大事件的真正根源。尊重区域文化的多样性、尊重世界主权国家人民对发展道路的自主选择，是对自身中华优秀文化的自觉自信，这种自觉自信，已经内化到现代中国人民的思维和行动之中。

### 3.2.2　文化产业数字化中国道路新范式的价值

文化产业数字化发展是顺应文化产业化和产业数字化趋势而生的新业

态。党的十八大以来，以习近平同志为核心的党中央高度重视文化产业的发展，大力推动现代文化产业体系和市场体系的建设，形成了中国道路新范式，是中国式现代化建设的有机组成部分。它植根于习近平新时代中国特色社会主义思想理论体系之中，在"推进文化自信自强，铸就社会主义文化新辉煌"中发挥不可替代的作用。

**1. 满足人民美好生活需要的基本要求**

随着改革开放 40 多年来的发展，人民的物质生活需求得到了基本的满足，而对于美好生活的价值需要则日益凸显出来。习近平总书记在党的十九大报告中指出，"中国特色社会主义进入了新时代，我国社会主要矛盾已经转化为人民日益增长的美好生活需要和不平衡不充分的发展之间的矛盾"。坚持以人民为中心、江山就是人民、人民就是江山，以满足人民美好生活需要为新时期文化产业发展的风向标，应注重发挥人民群众在文化建设中的主体地位，激发人民群众参与文化建设活动的热情，实现个人全面发展的同时达成文化建设的总价值目标，不断地扩大优质文化的供给，满足人民对于丰富的、形式多样的精神文化生活的需要，推动文化强国建设[1]。

**2. 维护意识形态领域安全的根本保证**

维护意识形态领域的安全，首先需要回答的是文化产业的数字化需要坚持怎样的价值导向和基本原则。答案是坚持马克思主义在意识形态领域的指导地位，马克思主义向我们深刻地揭示了人类社会发展的一般性规律，指明了中国特色社会主义建设的科学性和必要性。以马克思主义作为意识形态的指导地位，决定了我国先进文化的前进方向和发展道路。通过数字化、智能化的开发方式，赋能意识形态领域的宣传，推广学习强国等一系列思想指导工具，坚守马克思主义的思想阵地，坚持社会主义先进文化的前进方向，依托社会主义先进文化理论，推进我国文化体制建设，遵循社会主义先进文化的发展规律，形成符合社会主义市场经济的发展规律，保证文化产业健康发展。坚持培育和弘扬社会主义核心价值观，打造良好的文化环境，推进文化

1　张波，杨佚楠.中国共产党文化使命的生成逻辑和时代意义 [J]. 理论探讨,2019(3):6.

环境的有效可持续发展。

### 3. 扩大中国国际文化话语权的必然选择

扩大中国国际文化话语权需要回答的是以何种态度来同其他文化交融。党中央多次提出要"推进国际传播能力建设，讲好中国故事、传播好中国声音，向世界展现真实、立体、全面的中国"。在对外文化交流中要注重其他文化传统的价值，在尊重其他文化的发展规律中实现"各美其美"；其次，在对外文化发声中要在认同本民族文化的基础上，实现对其他文化的兼收并蓄，吸收外来文化成果以做到"美人之美"；最后，在对外文化交往中坚持"美美与共"，增强不同民族文化之间的和谐关系，促进人类命运共同体的发展[1]。构建对外话语体系，遵循意识形态体系的内在结构，通过数字化、智能化的方式加大文化的宣传力度，创新文化传播的媒介和平台，鼓励国内企业文化出海，打造文化出海的合理营商环境，链接国内外文化资源，而2021—2022 年，我国文化出口前 10 名的重点企业如表 3-1 所示[2]。

表 3-1　国家文化出口前 10 名重点企业（2021—2022 年）

| 排名 | 企业名称 |
| --- | --- |
| 1 | 中国教育图书进出口有限公司 |
| 2 | 北京语言大学出版社有限公司 |
| 3 | 北京师范大学出版社（集团）有限公司 |
| 4 | 中国图书进出口（集团）有限公司 |
| 5 | 中国国际电视总公司 |
| 6 | 中视国际传媒（北京）有限公司 |
| 7 | 中国少年儿童新闻出版总社有限公司 |
| 8 | 外语教学与研究出版社有限责任公司 |
| 9 | 中信出版集团股份有限公司 |
| 10 | 北京大学出版社有限公司 |

数据来源：商务部文化贸易公共信息服务平台；网址：http://tradeinservices.mofcom.gov.cn/TradeGuide_CMS/cultureTrade/searchEnter

---

1　王雪冉，田云刚.关于中国特色社会主义文化理论内涵的几点思考 [J]. 中共山西省委党校学报 ,2022,45(1):5.
2　石美亲.新时代党推进文化强国建设的逻辑向度与实现路径 [J]. 延边党校学报 ,2022,38(1):6.

## 3.3　构建和而不同的中国特色"数智人文新模式"

如何做到新治理中的"新",更要突出数字时代中传统文化产业发生的变化,以及应对变化采取的文化治理措施。广义中文化与经济关系的一部分在文化产业中可以认作是其社会效益与经济效益的关系,也可以当作是分析文化产业诸种效益及其冲突的中心议题,因为其中能看出文化产业强有力地发挥了文化的经济效益作用[1]。

数字智能时代的文化新治理区别于文化产业管理,某种程度上也区别于文化产业政策。这里的文化治理,可以认为是设计一种模式,其中宏观调控思想和治理思路必须由政府主导,目的是充分发挥新型数智文化的独特功能。结合新时代互联网快速传播、广泛传播等特点,号召社会各方参与共同治理,在制度上包含了数智文化的新治理。利用文化数字化转换的方式克服、解决传统文化产业发展中转换效率、传播时效、商业模式开发等方面的问题,也需要社会各界有效联结,弘扬我国优秀文化,发挥我国优秀文化的深层次影响和作用来共同实现愿景,如图3-6所示。

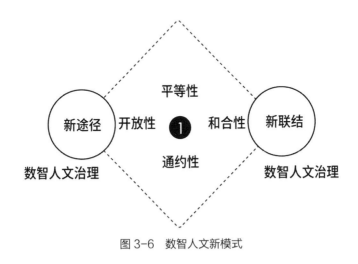

图 3-6　数智人文新模式

---

1　单世联.论文化产业两种效益的逻辑与纵深 [J].贵州社会科学,2021(07):50-56.

### 3.3.1　开辟数智人文治理"新"途径

我国目前正在倡导良好文化治理理念并全面推行"以人民为中心""人类命运共同体"等精神理念，需要全面融入数字技术治理方式，如大数据、云计算、物联网、区块链、人工智能等等，方可体现我国"数智文化"需要"数字化治理"的社会意义价值，方可走出数字化手段与治理手段不对应、数字化手段未有效贯彻的暂时困境。

#### 1. 建立数智文化治理"新"范式

在新的时代背景和科技驱动下，文化的数字化治理方式也在与日趋新，如何使中国的数字化治理继续得到进一步的提高？受人工智能技术迅猛发展的驱动，我国以政府为主导的未来数字治理发展需找到更多新的方式、新的实施办法，进一步达到文化产业数字化的社会效应以及文化产业在政府行政层面实现更深层价值。

目前，要真正做好文化建设，需要具备应对各种文化冲突现象的能力。其中既有传统文化和现代文化的，也有本土文化和外来文化的冲突与挑战，这体现了多元化、多层化的文化冲突。冲突虽然表现为制度的冲突，但同时也需要借助制度来化解。出台数智治理的各种相对应政策，例如，制定一系列人工智能国家战略规划，形成人工智能政策群体和政策链；可以通过现有的快速发展的数字技术如大数据、物联网、云计算、人工智能等手段实现发展。

需适应我国改革发展进入关键时期的客观要求，从传统的文化产业政策中强调的文化物质形态的转化转向数字化时代的智能化发展，与社会主义核心价值观相一致，在文化产业方面坚持"以人为本"和"协调发展"的政治性方针与引导。创造符合社会多样性的管理体系，同时也在创新型文化行业发展方面多下功夫，实现数智文化产业在创新性发展过程中的政策自由性与易传播性。在正确方向保证数智文化的治理需社会各界共同参与。对当下的文化治理而言，需要加快建设以创新和易传播为核心的现代性文化体系。数智文化治理型制度为"数智文化新治理"提供有效的制度保障，建立清晰明确的社会组织体系，做到政社分开、权责分明、依法自治。保障人民的知情权、参与权、表达权、监督权，推动基层民主制度化、规范化、程序化。完善激励制约机制，推动市场主体履行社会责任，鼓励企业主动承担安全生产、合规经营等责任，利用技术、数据和人才优势参与社会治理。

**2. 建立数智文化治理"新"措施**

在整体推进的基础上实现"破"与"立"的统一，也就是在新的文化制度建设中实现文化体制的深化改革，根本目的在于发展创新的"立"，而"破"则是"破"传统的文化管理体制和机制，以及那些阻碍文化生产力发展的传统因素。这些措施都是为了最终形成有利于激发全民族文化创造活力的文化发展环境[1]。社会各界借助国内和国际市场的强大作用，通过显性和隐性的数智文化政策，在世界范围内有力地推动文化数字化传播、贸易交流，以及跨国界、跨部门、跨行业的交流。文化社会治理功能最终还要体现在实际行动层面的社会成员身上，要使多元主体深度协作，使多元主体广泛参与公共决策。

### 3.3.2 建立数智文化治理"新"联结

2017 年 1 月 17 日，国家主席习近平在达沃斯世界经济论坛中发表了《共担时代责任，共促全球发展》主旨演讲，他着重强调将发展中国产业全球化作为新一重大国家战略。"数智人文产业"具有全球化的显著特征，能全面推动我国文化产业"走出去"，宣扬我国文化产业数字化价值的立场和标准，这项文化产业改革正迎来历史上最好的机遇期。

2017 年，英国《金融时报》撰文评论："避免全球贸易体系陷入保护主义和混乱状态，中国政府正作为一支重要的力量，积极诠释其在全球化发展进程中负责任大国的角色。"因此，很有必要从国家战略高度重视数字文化产业价值在全球范围内的推广，在探寻符合中国国情的特色路径中大力宣传我国文化产业中根本内在的价值导向，以文化产业数字化途径为突破口，打开

---

1　贾旭东 . 理解深化文化体制改革的战略任务 [J]. 同济大学学报（社会科学版）,2014,25(03):31-38.

传统文化数字化、创意化、多样化的方式，实现国家战略高度，为中华文化"走出去"、全面提升中国国际软实力奠定坚实基础；从文化产业理论高度上为我国构建文化产业新格局提供最高战略角度的指引，为"一带一路"倡议在数字创意文化领域方面的落地提供实施途径。

2022年伊始，我国为世界奉献了一届精彩、非凡、卓越的冬奥盛会，彰显了我国的大国风采与自信，赢得国际社会广泛赞誉。习近平总书记提出了"体育强则中国强，国运兴则体育兴"的精神口号，冬奥会的成功举办反映了我国综合国力，良好展现了我国国家形象。透过2008年北京奥运会以及十四年后的2022年冬奥会，全世界人民能够一览当代中国日新月异、飞速更迭的变化面貌，感受中国人民日益富足的幸福生活，更能够看见中华五千年文明的博大精深、悠久积淀。

习近平总书记在刚刚结束的冬奥会、冬残奥会表彰大会上总结道，"冬奥梦"和"中国梦"精彩交织。饱含圆融和合等中国理念的开闭幕式，构思独到，匠心独运，二十四节气、黄河之水、中国结、迎客松、折柳寄情、雪花主题歌……，听障演员的圆舞曲、手语版国歌、盲童合唱团的歌声、视障运动员的点火……，这些意蕴隽永的场面在人们心中留下了美轮美奂、直击人心的深刻印象，激发了海内外中华儿女万众一心、接续奋斗的昂扬激情！冬残奥会亦是团结、友谊、关爱的盛会，一项项精准有效的保障举措，让冬残奥运动员们感受到能够独立生活的自信，同样感受到社会对残疾人的关心、理解和关爱。来自世界各国的残疾人运动员以"更团结"的精神凝聚"更团结"的力量，以超越自我的意志、互相关心友爱的无障碍生活形式，助力建设更加和平、包容、友谊、团结、合作的人民交流、沟通方式。"天行健，君子以自强不息"，中华文明历史演进的脉络也深深植入了这样丰富的精神文化内涵。

第一，必须建立国家文化产业战略与文化产业战略体系，从我国博大精深的传统文化宝库中提取精华并高效率展现，结合新时代中国特色社会主义的时代发展方向，形成独特的新文化以及有形的文化形式，更好地维护我国的"文化安全",实行国家产业政策的战略调整,实现对国家文化安全的保护。

第二,做到优秀的文化"引进来",运用国外资金、人才、技术、设备、管理、营销等优势,运用国内外两个市场,大力发展我国文化资源,形成强大的文化产业发展脉络,不断增强我国文化竞争实力。改善我国文化贸易逆差大,文化出海商品利润率低、附加值小的困境(见表3-2),需要通过提高文化制造企业的科技创新性,鼓励广大文化生产企业打造拥有自主知识产权和核心技能的文化消费品,从而增加文化出海的高附加值和利润率。

第三,打造"一带一路"沿线数字化文化产业价值链,加强与邻近国家文明对话,建设一个新型的国际合作平台。在国际合作平台上,国家之间的文化遗产保护运用其有效的载体和渠道,构建多层次、机制性的国际合作平台。对接"一带一路"倡议,构建以文化领域为主的高级别人文交流磋商机制,从文化遗产的可持续发展目标、保护与维修、数据库建构和科技运用、专门人才培养、疫后世界遗产可持续发展方面,推动构建有关文化遗产的国际合作体制机制,优先在区域范围内实现文化遗产国际合作新秩序的局部突破,强化了"文化包容的利益共同体"[1]。一是建立与共建国家的文化遗产数字化合作开发机制,尤其是建立一套符合特定国家文化价值、战略理念的、有利于地方政府和社会接受的、降低"文化折扣"的特定文化资源开发模式;可以根据实际情况构建数创内容联合制作机制,例如数字影视、动漫游戏、网络文学等与"丝路名城"相结合,构建数字创意博览会、"一带一路"沿线展交会等特别形式,形成合作共赢网络。二是增加共建国家间相互联系、相互合作的合适机会,加快构建共建国家数字、大数据、移动通信、VR/AR等新兴技术协同创新战略机制。

第四,针对共建"一带一路"国家环境复杂、投资信息渠道短缺等问题,尊重各区域的意见,以政府为主导,打造和平发展、共赢发展的新秩序,真

---

1 黄永林,李媛媛.文化强国战略背景下的中国文化遗产保护与利用[J].理论月刊,2022(03):68-78.

正为我国数字创意企业走出去打开便捷通道[1]；同时，要加快建设"一带一路"共建国家的数字创意产业联盟，完善"一带一路"价值链的建设，在金融、贸易等方面进行体制机制创新。如波兰马尔沙维克出版集团同我国时代出版集团合作，签订"一带一路"国际出版联盟的战略协议，同时我国时代出版集团与多国成功进行著作权、数字出版的合作，这些例子都是很好的文化产业合作尝试[2]。

表3-2　"一带一路"共建国家和地区文化产品进出口商品情况（2019年）

| 项目 | 进出口总额/亿美元 | 出口额/亿美元 | 进口额/亿美元 | 贸易差额/亿美元 | 增长/% 出口 | 增长/% 进口 |
|---|---|---|---|---|---|---|
| 合计 | 229.3 | 203.4 | 25.9 | 177.5 | 24.9 | 17.9 |
| 出版物 | 8.1 | 3.8 | 4.2 | −0.4 | 31.1 | 109.4 |
| 　图书、报纸、期刊 | 2.7 | 1.4 | 1.4 | 0.0 | 29.7 | 110.0 |
| 　音像制品及电子出版物 | 0.3 | 0.1 | 0.2 | −0.2 | −27.8 | 11.8 |
| 　其他出版物 | 5.0 | 2.4 | 2.6 | −0.3 | 35.4 | 127.0 |
| 工艺美术品及收藏品 | 56.2 | 52.5 | 3.7 | 48.8 | 24.4 | 25.3 |
| 　工艺美术品 | 56.2 | 52.5 | 3.7 | 48.8 | 24.4 | 25.2 |
| 　收藏品 | 0.0 | 0.0 | 0.0 | 0.0 | −75.0 | 36.0 |
| 文化用品 | 120.7 | 115.8 | 4.9 | 110.8 | 35.7 | 7.3 |
| 　文具 | 0.4 | 0.4 | 0.0 | 0.4 | 2.4 | 72.1 |
| 　乐器 | 5.2 | 3.5 | 1.7 | 1.8 | 17.2 | 10.7 |
| 　玩具 | 88.7 | 86.2 | 2.6 | 83.6 | 33.2 | 14.0 |
| 　游艺器材及娱乐用品 | 26.4 | 25.7 | 0.7 | 25.1 | 49.0 | −18.5 |
| 文化专用设备 | 44.3 | 31.3 | 13.0 | 18.3 | −3.4 | 5.0 |
| 　印刷专用设备 | 9.0 | 6.8 | 2.2 | 4.5 | 9.1 | −5.7 |
| 　广播电视电影专用设备 | 35.3 | 24.6 | 10.8 | 13.8 | −6.3 | 7.6 |

第五，构建中国自贸区文化产业数字化通道，从适应实体资本投资环境，到融入知识资本投资的新制度环境，当前中国自贸区策略已经步入了"第二个时期"，这个新时期的制度创新之路应当是一种过渡[3]。中国文化产业

---

1　李嘉珊，宋瑞雪．"一带一路"倡议背景下中国对外文化投资的机遇与挑战 [J]. 国际贸易,2017(2):53-57.
2　花建．"一带一路"战略与提升中国文化产业国际竞争力研究 [J]. 同济大学学报（社会科学版）,2016(5):30-39.
3　王新奎．全球价值链竞争背景下中国（上海）自由贸易试验区的历史使命 [N]. 中国社会科学报,2016-10-11(004).

数字化价值链重构，自贸区或将成为制度创新支持，具体内容有：一是基于自贸区的全球价值链多边、双边或区域合作原则，以自贸区的制度创新为基础，加强对自贸区的备案制管理，强化自贸区在适应与鼓励我国数字创意产业的对外投资方面的制度创新，更好地为国外企业提供合适的投资机会。二是在数字版权输出、中外合作影视制作、广播电视项目境外落地集成播出、工艺美术品数字创意设计服务等各个环节，加强自贸区和区外在适应和鼓励我国数字创意产业对外贸易方面的制度创新，鼓励我国数字创意产业加快构建全球价值链。三是开展数字创意高端设备融资租赁、数字创意产业全球价值链重构等新形式，强化自贸区在适应与鼓励中国数字创意产业重构全球价值链中的金融体制创新，为体制提供支撑。另外，在网络文化市场发展过程中，构建区域供应链和零售网络平台（例如，自贸区跨境电商平台）[1]。

1 臧志彭 . 数字创意产业全球价值链：世界格局审视与中国重构策略 [J]. 中国科技论坛 ,2018(7)：64-73,87.

第四章

# 智能文化产业关联聚合
# 与新形态技术路径

4
CHAPTER

穷则变，变则通，通则久

——殷周—秦汉《周易·系辞下》

创新视角下文化产业资源数字化标准融
合与规范，探索虚拟文化空间的迁移路径，
构建垂直领域知识图谱，实现靶向聚焦精准，
推进文化资源的关联聚合与活化。

文以数载 数以道明

在数字智能时代，物理世界正在数字化，数字世界正在智能化。现实世界的人和物正在与虚拟世界进行映射，虚拟文化空间研究成为学科交叉的重要节点，但是其尚未形成完整的理论体系。本章通过对国内外学者关于虚拟文化空间研究的梳理，尝试构建内容丰富、结构完备的虚拟文化空间理论体系；通过挖掘中国文化基因，构建全面多层次的知识模型，形成中国特色文化产业资源知识图谱，对于实现文化产业数字化关联聚合和高质量发展具有一定的理论创新。

## 4.1 中国特色的虚拟文化空间理论认知及演进

在数字智能时代，新一代信息技术为文化产业的数字化转型带来了重要机遇。中国网络使用量强劲增长，2018—2020 年网络视听用户规模及网民使用率如图 4-1 所示。根据中国互联网络信息中心（CNNIC）发布的第 48 次《中国互联网络发展状况统计报告》，截至 2021 年 6 月，中国网民数量已达 10.11 亿人，比 2020 年 12 月增长 2175 万，互联网普及率达到 71.6%，中国网民的人均上网时间为每周 26.9 小时 [1]，10 亿用户接入互联网，形成了世界上最大、最具活力的数字社会。

---

1　中国互联网信息中心（CNNIC）. 第 48 次《中国互联网络发展状况统计报告》[EB/OL].（2022-03-11）[2022-03-25]. http://www. 100ec. cn/home/detail--6608634. html.

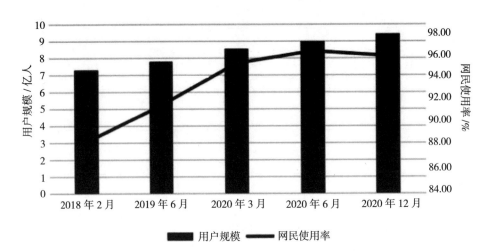

图 4-1　2018—2020 年网络视听用户规模及网民使用率

数据来源：《2021 中国网络视听发展研究报告》；网址：http://tradeinservices.mofcom.gov.cn/
article/wenhua/shujutj/tongjifb/202106/116901.html

数字社会下以人文地理学、空间经济学为代表的空间学科发生"文化转
向"，以文化学、产业学为代表的人文社会学科发生"空间转向"，在数据智
能的驱动下逐渐交叉融合，进化出虚拟文化空间。虚拟文化空间的产生，允
许参与者以虚拟的身份参与文化学习、文化交流、文化需求反馈、文化创作
等虚拟文化活动。

"文化空间"的概念首先由法国学者亨利·列斐伏尔（Henri Lefebvre）在
《空间的生产》一书中指出，"空间和文化"通过人们有意识的活动形成结合
体，虚拟文化空间是信息化技术在物质空间中的介入和再生，从而形成新的
空间知识和组织态势[1]。各种社会群体在独特的社会环境和新技术的驱动下，
相互作用、相互联系，不断创造新的文化表现形式。虚拟空间（cyberspace）
又名为赛博空间、在线空间、网络世界等[2]，当前对虚拟空间的认识具有双重
属性，一是指基于虚拟现实技术衍生出的虚拟空间，如元宇宙；二是指依靠
信息技术形成的线上虚拟网络空间。学者胡杨等提出虚拟文化空间的构建特

---

1　陈波，陈立豪.虚拟文化空间下数字文化产业模式创新研究 [J].中国海洋大学学报（社会科学
版），2020,172(1):105-112.
2　马克·斯劳卡.大冲突赛博空间和高科技对现实的威胁 [M].黄锫坚，译.南昌：江西教育出版社,1999.

征由地域超越性、空间体系的开放性、文化自生产性、主体精神沉浸性构成[1]；花建探讨了虚拟文化空间下产业链、科技链、平台服务链的发展[2]；陈波等探讨了虚拟公共文化空间的形态、运行机制和发展模式，提出虚拟文化空间发展的现状和主要问题[3]。同时，戴雅楠也对虚拟文化空间的划分做出了不同的探讨[4]；贺怡等提出虚拟文化空间对公共文化服务体系建设的影响、挑战及发展路径[5]。目前的研究大多从具体机制与模式构建层面探讨我国"虚拟文化空间"、虚拟文化空间与公共文化服务的范式构建和发展趋势，而针对虚拟文化空间条件下文化产业数字化转型中的切入点、发力点等则缺乏系统探讨。因此，需要更加深入地探讨虚拟文化空间对文化产业数字化转型的支撑作用，增强虚拟文化空间下文化产业数字化转型中的针对性、全局性、系统性、协同性等。

### 4.1.1　虚拟文化空间的认知机制

#### 1. 物理文化空间

在工业经济时代，文化产业处于 1.0 时期，以文化馆、博物馆、文艺演出等实体活动为传播媒介，文化空间主要是依赖于实体的物理空间，表现为博物馆、文化馆、电视广播媒体等传统媒体和场景，并基于公共文化服务的单向的（从高向低）文化价值输送。产品的形态主要是实体的产品和广播电视等，消费者作为被动的文化接受者存在，个人价值需求主要集中在对于文化的单向吸收。而对于文化企业来说，更加关注的是文化功能的生产加工和塑造文化品牌。

物理文化空间是具有固定时间与地点的文化场所，诸如孔庙和黄帝陵等，它们都是典型的物理文化空间。祭祀黄帝是中国人民的文化遗产，黄帝陵已成为一种特殊的文化景观。在祭祀黄帝的过程中，服装、道具、舞蹈等

---

1　胡杨 , 董小玉 . 数字时代的虚拟文化空间构建——以网络游戏为例 [J]. 当代传播 ,2018,25(4):37-40.
2　花建 . 互联互通背景下的文化产业新业态 [J]. 北京联合大学学报（人文社会科学版）,2015,13(2):24-30.
3　陈波 , 穆晨 . 互联网条件下虚拟公共文化空间模式研究 [J]. 艺术百家 ,2019,35(01):61-69.
4　戴雅楠 . 虚拟社区的传播特征浅析 [J]. 东南传播 ,2009,6:106-108.
5　贺怡 , 傅方武 . 数字文化空间下公共文化服务体系建设的创新方向与改革路径 [J]. 国家图书馆学刊 ,2021,30(2):105-113.

各个方面都体现了中国文化的传统风格，实地感受体验也是物理文化空间的优势所在。另外，物理文化中心的另一个代表是各级文化活动中心，文化活动中心是县、市两级的大众文化机构，有些地方也称其为文化中心。文化活动中心是组织群众性文化娱乐活动的场所，开展文化交流活动，举办文化展览、讲座和培训活动，普及科学文化知识的地方。

物理文化空间的文化资源大多是以文献、古籍、信息系统等孤立的文化形式存在，彼此之间缺乏双向连接，形成了一个个的数据孤岛；传播大多采用现场表演、实地演出、电视广播等传统方式。在链路层面上主要体现为因为物理空间和生产要素（人才、技术、机构、市场等）的多样性而形成的分散状态。在场景层面上，主要是以线下的物理空间的展示和传播为主，如传统的博物馆、文化馆等实体空间。在交互层面上，主要是依靠"供给—媒介—受体"单方向的自上而下的文化交互，如政府为主导的广播新闻报纸等传统媒介。在组织层面上，主要是依赖政府和社区等层面的文化输送如文化馆、美术馆等实地活动场所。在传播的速度上，表现出文化传播的速度较慢、用户的吸收成本较高等特点，信息的时效性表现出一定的滞后。在媒介网络上，主要是依靠中心化的方式，由单一的组织生产和加工文化资源，再进行地域性的投放，因此文化的内容也表现出巨大的地域性差异。

### 2. 虚拟文化空间

现实世界是实体存在的物理环境，它只能以一种所见即所得的形态出现，但是人类的想象力总是能够代替他们的肉体突破时间和位置的局限，其更多的想法在虚拟的世界中达到了"是其所不是"，虚拟一直是人类的一种底层能力，是想象力大放异彩的空间。

新一代信息技术促使了虚拟文化空间的应运而生。目前，行业内从具体机制与模式构建层面探讨我国"虚拟文化空间"的研究不足，针对虚拟文化空间条件下发展实践中显现的传统文化产业与数字文化产业间创新发展的新景象更是缺乏系统的探讨。

虚拟文化空间是在信息革命时代产生的虚拟在线文化资源交流、扩散和应用的空间，其在数字层面上形成了以元数据、用户数据、物理设备数据、UGC 数据（User Generated Content）等多种方式的数字文化产品，形成以"端（智能终端设备）—边（边缘计算）—云（云计算）—网（5G 和高速光纤网络）"为代表的链路体系架构。在场景层面上，主要是以线上的虚拟数字空间的新消费场景为主，倡导产品场景化体验。在交互层面，主要借助虚拟现实、混合现实、语音识别、图像识别、数字虚拟人等技术，从单模式智能发展到语音、文本、图像等多模式智能。在组织层面，主要是通过云和网络传输文化数据和文化信息。在传播速度上，它表现出文化传播速度快、用户吸收成本低、信息时效性强、信息容量大等特点。在媒体网络方面，主要依靠云计算和边缘计算提供普适计算能力，利用 5G 网络推广不同应用环境所需的虚拟专用网络，如图 4-2 所示。

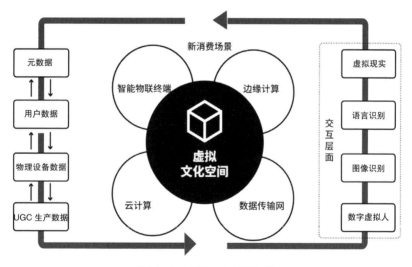

图 4-2　虚拟文化空间构成

　　以元宇宙概念下的一款基于虚拟 VR 场景的多人聚会游戏——Cluster 为例，用户可以在虚拟空间中进行自由创作，制作虚拟分身和虚拟场景，借助 3D 虚拟分身在虚拟场景中实现漫游。在演出活动中，用户可以在线上虚拟空间中与虚拟偶像进行连麦对话、同台演出、播放幻灯片等行为。同时，也可以发送评论、表情和虚拟物品来进行双向互动。其为主要目标用户提供多人聚会的 VR 空间，目前的活动包括粉丝见面会、生日会、讲座、演唱会等多个活动。2018 年，Cluster 与虚拟偶像"辉夜月"等举行了 VR 付费演唱会，挖掘出一个"直播 +VR 技术 + 虚拟偶像 + 粉丝互动"的全新商业模式，设置入场费和物理物品订购打赏活动，在"VR 演出 + 社交"上探索出了新场景。其优势在于由于处在虚拟空间中，因此省去了线下物理环境中治安和人员的支出，同时观众可以 360° 观看演出和自由活动，并且在活动结束后可以对直播活动进行前进、后退、暂停等自由操作。用户可以通过 VR 设备参与活动的演出，通过荧光棒等功能参与虚拟空间的互动。

**3. 虚拟文化空间与物理文化空间的异同**

虚拟文化空间与物理文化空间的异同主要如表 4-1 所示。

表 4-1　两种文化空间的异同

| 分类 | 物理文化空间—传统文化产业 | 虚拟文化空间—数字文化产业 |
| --- | --- | --- |
| 数字层面 | 以文献、古籍、信息系统、现场表演、实地演出、电视广播等孤立的文化形式存在 | 形成了以元数据、用户数据、物理设备数据、UGC 数据等多种方式聚合的数字文化产品 |
| 链路层面 | 物理空间和生产要素（人才、技术、机构、市场等）处于分散状态 | 形成以端—边—云—网为代表的智能生态体系架构 |
| 场景层面 | 以线下物理空间的展示和传播为主 | 以线上的文化新消费场景为主 |
| 交互层面 | 依靠供给—媒介—受体的单方向的自上而下的文化交互 | 依靠 VR、混合现实等技术，实现从单模态向多模态智能交互发展 |
| 组织层面 | 依赖政府和社区等层面的文化输送 | 云端、网络端的文化大数据和文化资讯的输送 |
| 传播层面 | 文化传播的速度慢，用户的吸收成本高，信息的时效性表现出一定的滞后 | 文化传播的速度快、用户的吸收成本低、信息时效性强、文化信息容量大 |
| 媒介层面 | 中心化的文化生产方式，由单一的组织生产和加工文化资源，再进行地域性的投放，因此文化的内容也表现出巨大的地域性差异 | 主要是依靠云计算、边缘计算提供无处不在的计算力，同时 5G 网络带来了数据传送速度与容量的巨大提升 |

### 4.1.2　虚拟文化空间的演进趋势

虚拟文化空间的演进趋势如图 4-3 所示。

### 1. 第一阶段：Web1.0 时代（1994—2000 年）

主要形态是各种传统互联网下的文化网站，主张"内容为主，服务为辅"的主要业务形态，提供的主要是信息块，有部分是信息流的样式，通过静态的网站来实现文化咨询、文化活动预告等内容的展示。其缺点在于这个阶段中用户和文化网站之间存在一种割裂，要么是用户找网站，要么就是网站找用户；同时由于信息流的缺失，导致文化消费者的沟通成本提高，内容作者与消费者缺乏及时的沟通互动。对于文化提供商来说，抢注域名也成了一种常态。

### 2. 第二阶段：Web2.0 时代（2000—2008 年）

主要形式是 Web 端文化资讯网站和社交网络，仍然倡导"内容第一，服务第二"的主营业务形式。该阶段用户可以通过多账户分别管理社交网络，通过搜索引擎更加实时和快速地获得文化资讯，豆瓣、天涯等一批早期虚拟文化空间聚集地已经出现。由于统一的账户系统，它为用户、文化制造商和内容制造商提供了良好的沟通机制；其缺点在于该阶段移动属性较弱、信息流的弱化导致了交互不足，服务倾向于工具，社交属性不强。

### 3. 第三阶段：移动互联网时代（2008—2018 年）

随着智能手机成本逐渐降低，市场的覆盖率逐渐增加，也带动了移动 APP 和社交媒体的兴起，如 QQ、微信等成了用户文化资讯和文化消费的主阵地。这一阶段的主要内容形式是内容与服务并重，倡导"信息第一，内容第二"。在此阶段，出现了一大批具有代表性的文化巨头，如微信的诞生开启了以官方账号为主要代表的文化生产模式，导致了柔性文化生产的变革，也潜移默化地提高了文化咨询的覆盖能力；今日头条的诞生，改变了传统报纸和新闻媒体的传播方式，给新闻服务、报纸信息服务、广播电视信息服务等传统行业带来了冲击和变化。现阶段，网上购票、网上购书等文化消费行为应运而生，培育了新一代消费者的网上购物行为，满足了人们对文化、美学、艺术等个性化消费的需求。

### 4. 第四阶段：工业互联网时代（2018—2020 年）

工业互联网是以互联网的形式为工业主体提供相关服务的一种商业形式。工业互联网是互联网信息技术的下沉，以企业的数字化建设为主要目标，致力于提升企业生产经营活动的高效化、便捷化，提高企业资源的利用效率和优化配比。工业互联网浪潮的兴起为文化企业的数字化转型带来了巨大的机遇和技术支持，这是改变文化服务企业服务范围、组织模式和运营模式的重大机遇。

### 5. 第五阶段：元宇宙时代（2021 年至今）

元宇宙是一种全新的文化生产和消费的空间，它在基于虚拟现实的技术上实现了时间、空间的多尺度转换，此外，元宇宙还运用数字孪生技术，搭建与现实世界的镜像虚拟空间，利用区块链技术实现虚拟空间中的资源交换和流程的经济体系的建设。它还允许每个用户制作内容和编辑世界。清华大学报告提出，支持元宇宙体验的两大路径是沉浸式路径，通过 VR、XR、虚拟人等技术实现足不出户游遍山川大河，以及沉浸式的交互陪伴，同时叠加式的路线是在增强现实的基础上，借助仿真机器人等提供基于现实的体验维度增加。

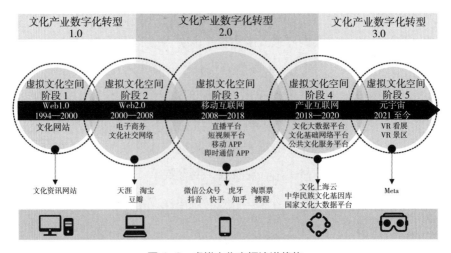

图 4-3　虚拟文化空间演进趋势

## 4.1.3 虚拟文化空间的转型架构

文化旅游消费对物理文化空间依旧具有较大的依赖性，2019 年暴发新冠疫情以来，疫情给基于物理环境的实体文化旅游消费产业带来了重大的冲击，行业损失较大，面临着漫长的恢复时期。与此同时，可以观察到，疫情期间民众的出行受限，也从侧面催生出了线上虚拟文化空间的发展，各种云端旅游、云端展演、云端演唱会、云端博物馆等如雨后春笋一般出现，带来了以互联网平台和云计算、人工智能为基础的虚拟文化学习、文化交流、文化创作活动，逐步完善了以文化旅游资源为基础、以科技为支撑的虚拟文化空间活动。而 2023 年革命式的 AIGC（生成式人工智能）闯入时代视野后，GPT（生成式预训练 Transformer 模型）等具有涌现性特征的技术手段进一步延伸人的思想与创意。新智能将以"情动于中而形于言"这样的方式，投入自信繁荣的数字文化的常态化建设，赋能数字文旅新场景，唤醒城市魅力。AIGC 得益于强大训练模型与算力的支持，为云端虚拟文化空间所需要的巨量内容提供了保障。内容生产边际成本也将受 AIGC 规模递减优势的助力，而无限下降。并且 AIGC 的触角可深入文本、图像、音视频、3D 模型等不计其数的虚拟空间元素的创作中，在人与机器间架起一道共创的桥梁。进一步地，推动虚拟文化空间活动的升级转型。

当今世界已经从二元空间即物理—人类（Physics-Human，PH）进化至四元空间即信息—物理—机器—人类( Cyber-Physics-Machine-Human )[1]，云共生背景下基于群智的虚拟文化空间促进了数字文化消费活力。大数据、人工智能等技术的快速发展，带动了与数字经济、数字文化消费密切相关的各类基础软件云化转型，企业纷纷进行云端虚拟文化空间中的产业布局和业务挖掘，文化消费需求的变化进入了数字共生的新纪元[2]，数字文化消费需要从现实世界向虚拟世界再到虚实结合的虚拟文化空间过渡，实现基于群体智能的文化创作，充分挖掘个体作为文化创作者的潜力和可能性，实现文化创作、

---

1　吴朝晖 . 四元社会交互运行，亟须深化数字治理战略布局 [J]. 浙江大学学报（人文社会科学版），2020,50(2):5-9.
2　李飞飞，蔡鹏，张蓉，等 . 云原生数据库：原理与实践 [M]. 北京：中国工信出版集团 ,2021.

文化消费等领域的人机协作，实现跨界、开源、贯通、多模态、自组织的新型文化活动形态。而当 AIGC 为数字文化产业注入新活力后，跨模态内容生成与人机共创生产，更预计成为未来主要的文化内容生产方式。AIGC 纵向的深度与横向的广度，助力数字文化消费进一步展现出"私人定制""大昌盛大繁荣"的闪光点，数字文化共同体时代趋势也会愈发明显。

进入数字共生时代，以数据驱动、需求导向为主的数字文化消费发生了深刻变化，智能载体的类型和数量日趋多元，人类的交互手段更加普及、多样，在云共生虚拟空间中利用群体智慧来解决文化活动的需求问题是一个新的方法路径。云共生，是指利用云端资源池重构虚拟空间中资源数据的层次结构，使计算、存储、网络等资源彻底解耦，从而达到灵活运用资源池的资源来适应各类业务的变化，其具备弹性、灵活性、高可用性的特点，并能够基于云端服务提供强大的创新能力、丰富多样的产品体系、经济高效的部署方式和按需付费的支付模式，实现个人及各组织在动态环境中对云数据、云服务的共用、共惠、共生。当前阿里、腾讯、华为等多家公司纷纷布局云产品开发、云服务供给业务，助力多行业业务发展。

### 4.1.4　虚拟文化空间的多元创新

#### 1. 虚拟文化空间驱动数字化转型模式创新

虚拟文化空间的发展为传统的文化产业发展带来存量增加和增量扩展，凭借信息技术带来更大的云端产业增长和业务扩展，将文化企业的数据资产对接虚拟云平台、云服务，如图 4-4 所示。在基础层上，带动文化大数据平台和文化资源网络所需的基础算法、算力和大数据服务优化。在应用层上，构建虚拟文化空间下文化企业数字化转型的云平台、AI 中台、知识中台以及针对场景的平台和其他组件，从而搭建虚拟文化空间的多媒体平台、云原生开发平台等。在管理层上，借助云端虚拟文化平台提高企业数据资产化的管理效率，在信息技术的引领下实现文化生产智能化、文化运营数据化，通过虚拟数据平台来帮助文化企业完善管理流程，完成云端业务协作和内部管理。在生产层上，有助于打破文化企业发展之间的数据壁垒，在云端虚拟文化空间中优化企业在线即时沟通流程和共享机制、完善文化产品交付流程、管控工具的更新和优化。

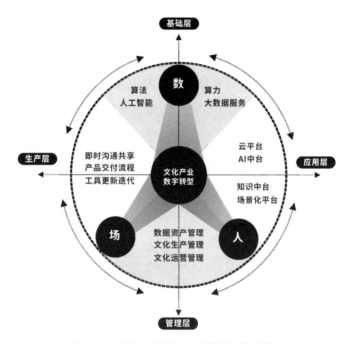

图 4-4　虚拟文化空间驱动数字化转型模式

### 2. 虚拟文化空间驱动数字化转型生态创新

在基于"5G+ 互联网 + 大数据 + 人工智能 + 物联网 + 区块链"的发展基础上，形成基于虚拟文化空间的文化产业数字化"人—数—场"智慧生态体系，如图 4-5 所示。人是指人工智能激活文化生产过程中的人力资本，带来的是虚拟文化空间生产中生产要素和生产率的改变，吸引了海量的文化"零工"，使得越来越多的用户既是文化产品的消费者也是生产者，在虚拟文化空间中消费者以更加柔性的工作方式进行创作和传播，通过网络形成个人的传播圈和文化组织。同时，人也包括虚拟数字人、机器人，如 2020 年百度旗下的好看视频、百度大脑 DuMixAR 和中国天气，创造了以岳云鹏形象为蓝本的首个国内明星 IP 虚拟形象"小岳岳"。通用性 GPT 进一步丰富了虚拟人的形态与能力，使其由内而外更像是人的一面镜子，有更强的语言理解能力与丰富的情感，摆脱语言生硬或是恐怖谷效应。人这个元素的全新定义，不仅活化了虚拟文化空间，也为多场景提供了多元的解题路径。例如办公场景的群聊助手、电商行业的虚拟主播、传媒新闻中的虚拟主持人等。数是将数据作为新型的虚拟文化空间中的生产要素，以大数据为代表的信息资源向生产要素进行转化，数据已经融入了文化消费的发展之中，可以关注到数据在虚拟文化空间的构建中具有倍增作用。场是指"文化创意＋场景"型用户生产场域模式，将内容、技术等创新生产要素在空间中流动和集聚，打破了传统的实体空间只能建构在"在场"或"在地"、交往互动主体处于同一物理空间下的局限性，打造一种独特的社会空间和"文化环境"，形成一个"在线"的互动世界或生存状态。

图4-5  人—数—场虚拟生态模式

### 3.虚拟文化空间驱动数字化文化创作创新

在云共生时代的推动下，众多文化主体汇聚一堂，他们利用互联网、大数据、区块链和人工智能等先进技术，借力于云化数据库的动态特性，在虚拟文化空间内展开了一种新型业务模式。这种模式以立体网络化的形式，促进了协同共创的文化创作活动。群体成员或机器，或人机间均有互相协作但各自较为独立，在解决复杂文化问题时所展现出高于任意文化主体的能力。云共生群智协同文化创作活动更强调人工智能等先进技术与群体智慧、群体智能共创的共生融合，强调感性认知与理性高效的辩证统一，在以用户为中心设计的基础上注重群智创新生态构建及其社会效益，尤其是商业创新、模式创新和社会创新等。第一，文化创作的环境的改变，全球化和文化走出去的要求，拉近了文化创作需要立足全球、立足网络时代和青年群体特性的距离，对于用户需求的采集和精准把握成为文化创作的重要因素。第二，文化创作设计对象的改变，突破了传统的文化创作的形式，采用基于扩展现实（Extended Reality，ER）技术及交互技术进行深入的创作，利用高新科技打造灵活性、高沉浸、跨时空的展演空间，带领观众走入虚拟空间，并且进行跨时空维度的虚拟交互，打破现实空间与虚拟空间的界限，实现跨空间的无缝融合，采用动作捕捉系统，实时记录观众的动作、地理位置、形态等，实现观众与虚拟影像元素的在线互动。第三，文化权益保护的改变，面对虚拟文化空间中的各类云展演、云设计等服务，数字文化产品在传播过程中的确权、登记、流通、交易、侵权等方面的发展也基于区块链技术产生逐步完善的方案。并针对 2023 年火爆的 AIGC 产业发布规范性政策《生成式人工智能服务管理暂行办法》，提出国家坚持发展和安全并重、促进创新和依法治理相结合的原则，对生成式人工智能服务实行包容审慎和分类分级监管。第四，文化创作的媒介改变，在文化创作中融入基于深度学习的智能文本创作、智能语音文化、智能绘画等方式，在文化创作工具使用体验中结合眼动、语音、多种传感器的智能多模态技术。随着多模态技术的发展，多模态的生成式 AI 能够在理解与处理人的文化创作需求时便显出更高的数据融合度、更高的价值观匹配度的能力，建立多元、多边联系，跨模态执行数字文化创新。文化创作的媒介交互上也会带来更拟人的方式，可以让用户使用自然语言来对话、沟通，更直接简单地挖掘隐性的文化创作期待，颠覆式重塑数字文化、虚拟文化空间。云共生时代下基于群智的虚拟文化空间文化创作的基本框架和关系，分为以下三大模块。

（1）文化设计资源的采集和数据化处理，充实虚拟文化空间中文化旅游消费核心产品，采集和收集文化图案、纹样、色彩、造型是进行文化知识数字化转型的基础性工作。做好数字化采集，同时建立文化风格资源数据库、文化资源数据库、中国文化遗产标本数据库，建设中国国家文化基因库、中华文化素材库。以文化遗产的数字化成果为对象，整合运用各种新技术，进行文化资源的清洗、标记、检索、建模存储，为数字虚拟文化空间提供素材。国家文化数字化战略中明确指出，各级各类文化机构要把数据的采集、加工和数据服务变成一种常态化的工作。且国家文件当中也传达了文化数据应该向社会进行公开释放的信号。由此使得象征中华优秀传统文化的元素、符号、标识等多形态的数字数据，能进一步为公众平等地使用，结合 AIGC 等新方式进行传统文化的转化与创新性发展，降低公众参与构建虚拟文化空间的门槛，推动虚拟文化空间的发展进程。虚拟文化空间中的数字化文化消费是一种基于互联网的新型的文化消费模式，需要充实线上虚拟文化空间中的核心产品，满足消费者尤其是年轻一代消费者的文化消费需求和核心利益，在市场引导、政府督导的基础上，以消费者为中心，借助互联网信息技术与新媒体技术，开发线上虚拟文化空间的消费产品，夯实虚拟文化空间的核心产品供给基础，关注代表性文化旅游品牌的打造和基于群体智能的文化旅游创作[1]。

（2）虚拟文化空间文化知识网络与知识图谱构建，文化产业资源历史文脉及文化 DNA 脉络知识图谱研究。进一步研究和提升文化大数据知识体系，包括知识元数据、知识图谱和网络语义进化结构，通过研究中国历史文脉，挖掘中国文化基因，构建全面多层次的知识模型，为创意产业等新兴产业的文化智造提供活化和进化的资源素材。文化产业数字资源的"活化"知识体系构建，既能够适应文化事业的活态流变性规律，又能在不断进化中促进文化产业的"再生产"，进而为文化产业资源的国际化传播提供有力的实

---

1  李向民，杨昆．新时代的文化生态与文化业态 [J]．深圳大学学报（人文社会科学版），2021,38(2):39-48.

证支持和中国风格特色。结合大数据分析技术和"内容—技术—场景"知识元数据结构，面向供给端、生产端、需求端、云端建立文化产业资源的知识图谱；基于机器学习等大数据挖掘技术，结合用户浏览轨迹，分析用户画像，进而为用户提供知识服务，如知识可视化、知识检索和知识推荐，关联各类知识图谱，形成文化产业资源的语义进化网络；通过网络开放式交换机制，促成信息的统整和动态进化，促使更多的商业场景落地，不断衍生出新业态、新理念、新模式，促进文化产业高质量发展。

（3）虚拟文化空间文化创作知识服务平台，研究文化创作活动中多模态数据感知的方法，促进文化知识和文化创意方案的自动生成、衍化、修改、补充和完善。研究群智知识生成机器学习模型和数据挖掘算法，提升群智大数据知识发现的深度、广度和质量，解决融合想法流（Idea Flow）、数据流与知识流的文化创作模型求解问题，实现群体智慧文化创作方案的智能生产。构建基于云共生群智协同的需求特征映射系统，在利用自然语言处理（NLP）技术、群智知识生成的深度学习模型和数据挖掘算法的基础上，建立融合想法流、数据流与知识流的用户"需求提炼—特征生成—设计提取"匹配模型，实时地完成创意方案修改、衍化、补充、完善及迭代间的多感知交互[1]。形成云端"实时生成—实时修改—实时再生成"的迭代式三维设计方案生成系统，在生成的过程中为系统添加鉴别器及辅助分类器，以检验生成效度，确保生成方案的可行性、易用性。研究文化产业数据在物理世界和虚拟文化空间的协同关系，利用建模、大数据分析、机器学习、模拟仿真等关键技术使"文化数据"具备智慧，从而提高虚拟文化空间效率、降低成本优化物理实体；研究如何在文化产业数字化各环节采用群智协同促使供给端、生产端、需求端、云端多维深度融合，构建全面的生态系统、动态性内容进化以及活态性知识体系组织，推动"文化产业数字化2.0"向更高质量的"文化产业数字化3.0"迈进。

---

1　罗仕鉴,沈诚仪,卢世主.群智创新时代服务设计新生态[J].创意与设计,2020,4:30-34.

### 4. 虚拟文化空间驱动数字化用户需求创新

列斐伏尔提出，人在空间中的消费已经超越了空间的实体价值而发展到了空间的象征意义，空间应当具备可以被大众所感知到的空间情感属性。虚拟文化空间的建设应以用户为中心，以需求为导向，具体则可以分为以下几种需求，如图 4-6 所示。

基本型需求：文化消费者对于虚拟文化空间中服务和产品的基本要求，如 VR 场景的搭建可以帮助用户实现某一个景点的 360° 远程游览参观，用户在文化消费中满足了基本的功能要求。基本型需求包括用户期望在虚拟文化空间中获得对个体有用的观点、资讯等多媒体信息。

期望型需求：在满足文化消费者对于基本功能的要求上超出用户的思想预期，提供超乎用户所想的体验模式，这是用户满意度之间的一场博弈，如在 VR 环境下提供实时的信息反馈功能。这是超越了产品必需的属性，提供超过用户预期的需求满足，从而提高用户的满意度。期望型需求大多是超过用户原有情感需求的，提供用户在情感方面的慰藉和支撑。

兴奋型需求：也是用户在文化消费中的体验峰值，峰终定律包括四个关键的要素，提供用户超过以往体验的感受，让用户在活动中感受到专注、惊喜和心流体验的流畅。认知时刻大多同用户在虚拟文化空间中的低谷时刻相关联，如在 VR 游戏中，用户在未通关时候产生的焦躁、挫败等情绪，这是后期情感曲线的重要阶段，或在关键的里程碑的时刻，用户获得认可和挑战成功的喜悦感。

社交型需求：满足用户在虚拟文化空间消费中与人建立交际互动需求，在虚拟文化空间中进行自由表达，如合法的观点、欲望、情绪等，进行高效的沟通和交流，如即时通信、网络交友等。

基本型
需求　期望型
需求　兴奋型
需求　社交型
需求

图 4-6　用户需求分类

## 4.2　虚拟文化空间下文化产业数字化转型的突破

　　虚拟文化空间分别对应文化产业数字化转型的不同阶段，文化产业数字化转型 1.0 对应虚拟文化空间发展的第一、第二阶段，以传统互联网、电脑网页引擎作为活动入口。文化产业数字化转型 2.0 对应虚拟文化空间发展第三、第四阶段，以移动互联网和初级的 VR、AR 等为传播媒介。文化产业数字化转型 3.0 阶段更加纯粹地突破了物理时空界限，走向了元宇宙场景，在真实的物理时空里创造一个平行的"虚拟的真实"。这个新场景被广泛认为是一个和现实平行的数字空间，在场景中人们通过自身的虚拟化身进行文化交流活动，突破了以往文化与艺术活动的物理限制，此时的文化与艺术活动将变得更广泛、更多元、更自由、更沉浸。

　　虚拟文化空间的搭建成为文化企业数字化转型的重要选项，如图 4-7 所示。虚拟文化空间助力数字 IP 的呈现和互动，将数字文化 IP 植入虚拟文化空间，形成特色化、定制化文化消费场景。虚拟文化空间赋能文化事件的体验升级，将文化赛事、节庆、展览、活动、俱乐部等搬上云端，同时联动线下物理空间，落地在实体园区和景区，打造"在场、在地、在线"结合的文化体验。虚拟文化空间发展将文化场景进行延伸，云平台的构建围绕数字闭环、业务闭环进行，方便文化企业搭建舆情监控平台。同时，虚拟文化空间的发展推动了数字文化产品的认证，通过区块链技术实现文化生产过程中数据安全和保护、数据产权交易的制度和技术保障。

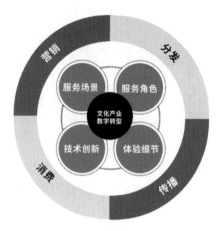

图 4-7　虚拟文化空间赋能文化产业数字化转型

## 4.2.1　虚拟文化空间重构数字化转型服务场景

　　传统的实体空间是建构在"在场"或"在地"基础上的，交往互动主体处于同一物理空间下。虚拟文化空间是一种独特的社会空间和"文化环境"，它本身就形成了一个互动的世界或生存的状态。简单的数字化存储常常忽视文化资源赖以生存的文化空间特性，缺乏对文化内容的深度挖掘。APP 产品的研发、场景规划注重体验设计和交互逻辑，文化产业的商业化已经演变为数据的生产、挖掘以及数据之间的竞争与合作。虚拟文化空间的场景开发是从用户需求和痛点出发的解决方案，其背后是文化体验和文化传播方式的变化，以及文化接受生活方式的调整。因此，有必要捕捉更多消费者的需求，从而衍生出更多、更丰富的文化解决方案[1]。

　　**1. 模块组件化**

　　针对不同的用户群体，打造不同的文化体验元素，以积木式进行组件的拼装，从而支持多元文化空间构造的丰富性和场景的快速迭代升级。增加针对性的虚拟文化场景的输出，在细节方面体验个性化的用户需求。数字时代特有的游戏化运营和体验逻辑，能够做到更好地吸引用户，做到用户高留存率和高转化率，从而提高文化产品变现的能力。

---

1　吴声 . 场景革命 [J]. 中国经济信息 ,2015,18(11):7.

### 2. 虚拟文化空间场景设计的四个要素（见图 4-8）

场景痛点：以用户为导向，深度挖掘场景的痛点和用户的需求点，挖掘用户在使用场景下的需求点、期待点。

场景芯片：针对细分、离散、流动的场景，以系统性方案设计场景的关键环节和服务触点。

场景接口：利用数据打通场景存储和场景规划之间的关系，捕捉数据的生产、挖掘和数据之间的流动，协同文化多场景联动发展。

场景生态：识别出若干场景的关联节点，通过这些节点绑定其他场景，形成场景生态化网络，生态是全场景的总和。

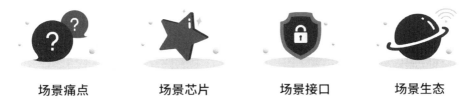

场景痛点　　　　场景芯片　　　　场景接口　　　　场景生态

图 4-8　虚拟文化空间场景设计四要素

### 3. 虚拟文化空间下新型文化生活方式

在虚拟文化空间下，可以构建一种基于数字化场景的新型文化生活方式。这种文化生活方式是建构在大数据、人工智能等前沿的技术基础上的，能够通过新的"人—货—场"的构建，重新编排文化体验的呈现方式和更新软硬件，从而带来全新的文化体验。新型文化生活方式的 4 大创新场景：

（1）结合虚拟现实挖掘更多的现实和虚拟之间的文化体验；

（2）结合文化基因知识图谱构建智能文化问答的场景；

（3）结合大数据的文化知识检索和文化智能推荐场景；

（4）虚拟文化空间下的数字文化审美。

数字文化审美重新定义个体符号，在算法等助力下形成用户文化体系的重构和全面认知更新。不同平台上出现的人物 ID 和虚拟 IP 都是全新的身份认证方式，同时数字文化审美也意味着接受瞬息万变的文化场域和潮流的变更。对于不确定文化潮流的接受和更新迭代，需要认识到数字化文化生产者的角色变化。逐渐凭借个体的审美和感受，在真实物理文化空间和虚拟文化空间不断地切换，建立全新的文化叙事逻辑和体系，包括新的文化交互方式。

### 4.2.2 虚拟文化空间重构数字化转型服务角色

"虚拟数字人"这一名词最早来源于1989年美国国立医学图书馆发起的"可视人计划"（Visible Human Project，YHP）。虚拟数字人是一种存在于非物理世界中的，不同场景实现难度不同的，以计算机图形学、深度学习等多种技术为手段的，创造出的具有多重人类特征的综合产物，其开发关键技术如图4-9所示。虚拟技术的发展在实现技术上主要分为：（1）真人驱动型，使用动作捕捉设备记录真人动作实现实时渲染，其优点在于可以极大地降低影视行业门槛，推动动画、3D影视特效、虚拟偶像、大型直播等多个场景发展；（2）计算驱动型，指的是对设计形象或者真人进行打点扫描，通过深度学习模型进行训练，学习语音表达、面部表情等，主要应用于虚拟人内容生成、虚拟客服、虚拟助手等。

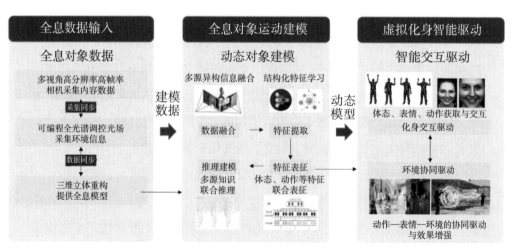

图4-9 数字虚拟人开发关键技术

身份型虚拟数字人主要用于社交娱乐，虚拟偶像成了真人偶像的辅助分身，成为个体在虚拟世界中的第二分身。为虚拟文化空间提供以人为核心的交互中介，降低了虚拟文化空间的虚拟内容制作门槛。虚拟 IP/ 偶像是文化数字化产业在文娱领域发展的重要趋势，创造全新的虚拟数字人 IP，将漫画、小说等 IP 立体化运营，主要助推力来自新时代对虚拟化内容的向往，解决真人 IP 在数字虚拟空间风险大的问题，同时为虚拟文化空间中定制品牌代言人提供了新的方式。虚拟数字人满足了消费者对于虚拟身份的需求，为社交、娱乐、元宇宙设计脱离于现实世界的第二分身，可以预见到，XR 设备规模化出现，5G 技术成为其推动因素。

为了使虚拟文化空间中的服务角色多样化，结合角色表达的智能生成和云渲染技术，MHC 推出了虚拟角色视频智能方案。在一般的虚拟现实创作中，创作者通常需要使用数百个摄像头 360° 采集精细数据，进行全方位的"点"扫描，然后生成角色模型。虚拟人具有高度的定制性和定制能力，例如实现选择基于毛发束的大约 30 种发型、一系列的样品衣服和多种不同比例的体型。MHC 软件允许创作者随意修改数字人物的牙齿和骨骼，具有"武装到牙齿"的视觉感觉。

2019 年，上海浦东银行联合百度推出数字虚拟员工"小普"共同打造数字"超级员工"，这是一个可以 24 小时提供面对面银行服务的虚拟人角色，希望为每个用户提供一对一的服务和个人数字金融解决方案。国内首个"天地融屏"访谈，在 2022 年全国两会报道实现了"裸眼 3D"般的"全实景、真融屏"交流。全球首位数字航天员——新华社数字记者"小净"，2021 年在中国空间站完成若干航天工程重大报道。国内首个超写实数字人"筱竹"，2022 年以"中华文化推荐官"的身份首秀。国内首个元宇宙校园，是国内最早的元宇宙场景应用开拓场景之一，如图 4-10 所示。2023 年国内头部虚拟人公司魔珐科技指出虚拟人乘着承载生成式 AI 等前沿技术的东风，将由"数字人"迈向"数智人"的 3.0 时代。

图 4-10 数字虚拟人的实践案例

### 1. 虚拟数字人 + 影视

近年来，我国影视数字人体特技取得了快速发展，一些特技大片得到了市场的认可。2019 年初在我国上映的《阿丽塔：战斗天使》，充分地将影视与数字人物技术结合，剧中合理运用了面部捕捉技术，将人物表情展现得淋漓尽致，更为逼真。2020 年，国家电影局等出台《关于促进科幻电影发展的若干意见》，指出要在大力发展科幻电影特技效果的基础上，全面提升我国电影特技水平，对电影事业进行财政扶持。

### 2. 虚拟数字人 + 传媒

在 2019 年的调查中，中国的直播行业营收已经达到了 1082 亿元，大约有 3.9 亿的中国人已经开始关注虚拟偶像，洛天依、2233 娘都是年轻人喜欢的虚拟偶像。现在，国内年轻人最喜欢的二次元网站 B 站月直播用户已经达到了 1140 万人，更是有 bilibili 特色虚拟主播，占直播总收入的 40%。虚拟舞台效果也渐渐开始进入了公众的视野当中，在 2019 年央视的网络春晚舞台上，AI 虚拟主持人"小撒撒"首次亮相，它是以央视著名主持人撒贝宁为原型设计的，并在舞台上与撒贝宁本人并肩展示了自己的技能。这次网络春晚的表演不仅在业界引起了广泛关注，也在网络用户中引发了热议。2020年5月21日，在全国两会召开之际，新华社和搜狗公司联合推出了全球首个3D虚拟主播"新微"，为观众带来了两会独特、生动、有趣的信息传播体验。全国甚至全世界的用户都称赞虚拟人在现实世界中工作的能力，具备了高效、零差错、全天候在线的优势。2023年5月，内容科技公司魔珐科技在《AI的礼物》的品牌短片中，展示了业内首个虚拟人智能体JING"复活"故人，拥有理解、表达、实时互动的能力，体现了虚拟人的科技温度与情绪价值。同年8月的AIGC消费级产品发布会上，JING担任了发布会开场演讲人，逻辑表达、理解响应、肢体形态能力等都得到了在场观众的一致赞誉。

### 3. 虚拟数字人 + 游戏

2019年，游戏市场营收已达2300亿元，其中约有30%的角色扮演游戏（role-playing game，RPG）运用了数字人物，用户相较于2018年已经增加了1000万人，这还是在我国对于游戏严格监管的情况之下。随之而来的是游戏市场的激烈竞争，对游戏品质也有了更高的要求。于是，很多公司开始将游戏与数字人物相结合，吸引了很多的用户，对于游戏内非玩家角色（non-player character，NPC）与角色的细致构造，为玩家带来了前所未有的体验。例如，网易公司推出的《逆水寒》，在很多游戏场景中都运用了数字人物，这样可以在无人参与的情况之下自动生成过场动画，使很多虚拟人物更具有动作流畅感。

### 4. 虚拟数字人 + 文旅

2019年前三季度来自中国旅游研究院的统计显示，文旅产业同比增长7.6%，已经达到了62187亿元，在数字文旅方面尤为显著，使其成为文旅产业转型的重要支柱。数字文旅在新冠疫情期间充当了我国文化传播的主要窗口，且现在数字文旅概念产品已经开始有了雏形。在2020年的世界人工智能大会（WAIC）上，商汤科技展示了最新的智能数字人"小糖"，它可以通过屏幕向观众朋友们讲解其中的内容；它不仅能展示和讲解，还解决了人力不足的问题，其展示出来的科技性与人性化，给文旅的未来创造了很多可能。

### 4.2.3　虚拟文化空间重构数字化转型技术创新

虚拟文化空间的建设是基于人工智能、物联网、云计算等先进科技发展的。以互联网为代表的数字技术推动了虚拟文化空间的发展，通过新的软件、硬件和网络通信在不同文化场景中的落地，以及人机交互模式的创新，将给虚拟世界带来变化和更新，在这些技术演进的基础上，虚拟与现实将实现无缝融合。

#### 1．人工智能带动多模态融合

人工智能技术如深度学习、机器学习、自然语言处理、计算机视觉等的发展将带动人脸识别、古文字识别、文物三维重建、OCR 数字化扫描、文化咨询主题提取、智能推送等多应用场景的发展，不断地渗透入媒体、设计、动漫、影视、出版等多个文化细分领域，针对行业内的具体问题开展智能化的解决方案研究。

人脸识别技术。在虚拟信息发达的时代，人脸识别技术能有效地保护用户信息和隐私。作为一项新技术，通过扫描人脸成像，获取人面部特征，目前应用于员工考勤、信息安全、交易支付、移动互联网、娱乐等领域，如泛娱乐领域，通过人脸检测、人脸特征点定位、人脸融合、人像分割等技术，创建适用于多个场景的泛娱乐人像特效应用程序，并提供各种独特的 AI 视觉效果和娱乐体验。

深度学习技术。通过深度学习技术从语言、文字、图像等单模态的交互方式，转化成为基于味觉、心理、嗅觉等多个方面的多模态融合设计，开展计算机的高级智能挖掘，是迈向超人工智能的重要途径。在深度学习技术下打造虚拟文化空间中智能机器人的拟人化学习，开展多服务场景、多细分产业的专业化机器人服务。

多模态融合技术。通过实现虚拟形象的智能创建，基于语音、表情、动作等多模态的感知技术，打造高度拟人化的数字虚拟人，应用于多行业多场景，替代真人服务完成内容生产，适用于多模态的助手，提供虚拟主播、虚拟老师、虚拟关怀师、虚拟陪伴助手等。对于现有文化产业的发展可以降低服务的成本，为存量市场降本增效，提升并挖掘文化消费场景下 AI 助手的接受度和多场景。

### 2. 沉浸式文化体验场景演进

沉浸式媒体提供了真实场景和虚拟场景之间直接连接的可能性。2021 是元宇宙的第一年，基于 VR（虚拟现实）、AR（增强现实）、MR（混合现实）等技术，推动虚拟文化空间的云构建，将现实世界的文化体验空间与虚拟文化空间无缝融合。虚拟现实技术构建的虚拟文化空间包括模拟文化环境、文化感知、自然技能和感知设备。构建立体逼真的文化形象体系，添加基于五种感官（视觉、听觉、触觉、嗅觉和味觉等）的多感知虚拟空间；同时，结合自然技能，即以人的头部旋转、眼睛、手势或其他人类行为动作为控制条件，得以实现在虚拟文化空间中漫游。

文艺演出《敦煌灵境》是一场现代展演艺术与传统文化的巧妙结合，整个展演现场由七块不同的 LED 显示屏组成，使用超大的显示屏、天幕 LED 屏幕以及中心的圆柱体屏幕，形成一个封闭的屏幕空间，组建一个有立体感的全方位互动空间，12 分钟之内的展览内容带给观看者更加沉浸式的体验，如图 4-11 所示。在第一篇章《智慧锦囊》中，通过不同的字眼连接古今历史，使用科技的手段展现了敦煌文化遗产保护的演进和发展。第二篇章《敦煌诗巾》采用了大量的敦煌壁画元素，如九色鹿、三耳兔等，以这些敦煌壁画中的神灵异物作为内容的引领，进入敦煌壁画的世界，将洞窟的藻井纹样、壁画纹样进行了艺术化的加工。第三篇章《王者飞天》，将游戏《王者荣耀》同敦煌文化相结合，围绕《王者荣耀》中皮肤所展现的色彩呈现沉浸式的演绎。

图 4-11 《敦煌灵境》展演

### 3. 软硬结合驱动文化算力

文化算力在量子计算机、云端存储、大数据挖掘的基础上，满足文化行业内部大规模计算的需要，将推进文化投资组合优化、文化高频交易、文化资产管理、安全加密等技术的应用，为开发更加优质和稳健的文化服务产品拓展新的空间。

智能搜索则打破了文化数据的孤岛，通过智能搜索技术创建了虚拟文化知识管理平台。文化资源数字化转型形成的虚拟云数据库和各种模式知识图谱，打破了原有知识图谱单一存储"文化内容"多模式数据的困境，连接了信息孤岛，如中华民族民间文艺资源库、中国古典数字工程、古籍辞典等。

3D/4D 打印技术，则使民众制造进程加快。制造众包给民众，文化装备制造业整体效率进一步提高。目前，正在研究使用增强现实技术所见即所得的制造体验，减少专业设计师和非专业设计师的差异，使设计变得更加容易，推进了文化产业制造众包。浙江大学王冠云团队利用 3D 打印的"翘曲"缺陷，将材料劣势转化为材料优势，开展了一系列可定制的 4D 打印技术研究，揭示其变形机理，并应用于变形设计中，极大地降低了 4D 打印的技术门槛，拓展了其在个性化设计与制造领域的应用前景，如将 4D 打印运用在手工艺的创新设计研究中，扩宽了手工艺研究的范围，如图 4-12 所示。

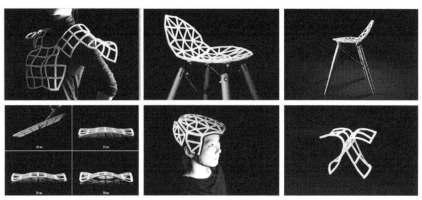

图 4-12　4D 打印成果展示

通过大数据挖掘，结合文化消费用户浏览轨迹，分析文化消费用户画像，进而为用户提供知识服务，如知识可视化、知识检索和知识推荐，关联各类知识图谱，形成文化产业资源的语义进化网络，如图 4-13 所示。通过网络开放式交换机制，促成信息的统整和动态进化，促使更多的虚拟文化商业场景落地，不断衍生出新业态、新理念、新模式，促进文化产业高质量发展。

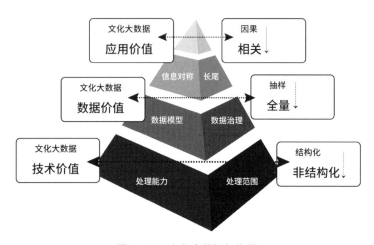

图 4-13　文化大数据架构图

## 4.5G 推动文化"云—网—端"发展

5G、传感器和物联网设备的广泛部署，将分布式的场景解决方案提上了日程，以分布式价值为底层逻辑，虚拟文化空间的发展与 5G 技术的发展相辅相成，互相赋能。边缘计算是 5G 的核心技术，是算力协同和高效赋能的应用。5G 带宽更高，具有较高的频谱效率，有更加广泛的无线电信道、载波聚合，为消费者提供了更加流畅的观看体验。同时将整个演示做到 15 毫秒内，这意味着 VR 互动中的眩晕感和交互能力将得到大幅提升，5G 可以有效地提升文化装备的性能，从而降低设备的消耗、提高设备的利用率。

智能云计算、云存储的发展对文化产业的信息存储和交换产生了极大的促进作用，作为强大的外部推动力，带动着虚拟文化空间中算力、计算能力的云端化。基础云平台的发展是虚拟文化空间线上和线下纵向打通的关键环节，在基础云业务的架构上，实现更多文化产品、文化场景和文化服务的整合创新，形成以云主机、云存储、云安全为主体的发展体系。

### 5. 区块链推动文化数据资产化

区块链（Blockchain）是借由密码学与共识机制等技术创建与存储庞大交易资料的区与块链接的点对点分布式网络系统，是一个共享的、去中心化的、不可窜改的账本，且交易过程全记录和可追溯。目前区块链技术最大的应用是数字货币，典型的如比特币等。其他应用于如金融行业供应链金融、贸易融资、资金管理、支付清算、数字资产、延伸领域等环节，为质押、融资、项目管理等环节提供可信平台服务；也有应用于数字身份平台、政府审计平台、数据共享平台、涉公监管平台、电子票据、电子存证、出口监管等政务场景，大幅提升操作便捷度与记录安全性。

NFT（Non-Fungible Token，非同质化代币）和数字藏品是近几年流行起来的基于区块链的一类应用，且与数字文化密切相关。NFT 是在区块链上认证的数字对象，并具有独特性和非同质化（唯一性）等特点，它是一种不可替代的通证，而比特币是一种同质的资产，常以艺术、音乐的形式，以及作为基于区块链的电子游戏和视频中的物品出现。

数字藏品，可以理解为本土化的、本质上为受监管的一类 NFT，是使用区块链技术进行唯一标识的经数字化的特定作品、艺术品和商品，比如数字画作、图片、音乐、视频、三维模型等。每个数字藏品都拥有自己独一无二的一段身份密码，即一系列映射在特定区块链上的带有身份标识的特殊序列，可以实现数字藏品的不可修改、不可分割。

数字水印（Digital Watermark），是将特定的数字信号（水印）嵌入数字产品中以保护数字产品版权和完整性。若拷贝带有数字水印的数字产品，所嵌入的水印信息也会一并被拷贝。不能防止非授权复制，但可以通过检测水印信息，确定数字产品的所有者或者授权信息，可以为侵权追责提供依据。

数字版权管理（Digital Rights Management，DRM），是一个专门针对数字作品保护的平台，在该平台上可以实现针对数字文化产品的便捷付费阅读和订阅，同时对消费者下载或者缓存的数字文化内容进行加密管理。通常用于控制数字内容和设备在被销售之后的使用过程，以实现版权保护。但它依然不能完全杜绝侵权可能性，反而会造成正版用户不便，且维权追责成本高。

在虚拟的文化空间中，复制绘画、照片、音乐、游戏以及其他数字化或物理介质数字化的创作已经司空见惯，NFT 就像数字化的印章或数字证书，它们随着区块链技术而出现，产生了数字技术稀缺性。2019 年，几位艺术家、创作者和投资者以 NFT 格式创作作品，并且销售额达到了惊人的数字。著名的 Nyan Cat 艺术，被称为"飞行小猫"，以 300 以太币的价格作为 NFT 出售，按目前的价格来计算相当于超过 70 万美元。艺术家 Beeple 在佳士得以 6930 万美元的价格出售了名为 *Everydays: The First 5000 Days* 的图像拼贴艺术品，成为有史以来在世艺术家售出的最昂贵的艺术品。

## 4.2.4　虚拟文化空间重构数字化转型体验升级

体验细节是技术的赋能，也是内容的创新，是推荐算法和流程的体现，是用户在虚拟文化空间中的场景体验。在体验经济时代，消费者的需求逐渐从表面的感官体验向更深层次的服务质量和服务价值的身心体验过渡，他们需要在文化消费空间中寻求价值感和沉浸感。用户体验维度由单一维度的五感体验（视觉、听觉、味觉、嗅觉、触觉）提升为身心的意义联结追求，虚拟文化空间中的体验包括消费者的感官体验、情感体验、思维体验和关联体验。

百度 AR 和百度地图在沉浸式文化消费场景中进行了深入探讨，率先在物理场景中实现 AR 交互。通过 3D 图像内容的采集、处理、传输、显示和交互技术，百度 AR 和百度地图在文艺演出、文化场馆引导、文化解读、文化营销、文化内容制作等多个方面逐渐有所突破，通过高精度拍摄和智能拼接、三维仿真恢复、图像识别和精确图像分割技术，借助 VR 头显硬件构建身临其境的场景体验。基于 AR/VR 的文化内容创作，成为当下的主流，这意味着消费者参与文化消费的交互方式发生了改变。如基于人脸人体的环境一体化的交互系统，可以基于高精度的人脸关键点检测识别用户的表情，进行人脸表情的实时捕捉和互动；基于人体关键点检测的行为分析技术，可以进行人体活动和游戏场景的融合。2021 年，微软发布的 Mesh 虚拟显示平台主题演讲中充分展现了沉浸式空间感：当艾利克斯·基普曼（Alex Kipman，微软人工智能与混合现实技术研究员）讲到海洋时，所有听众都可以"参与"到演讲中，挑选喜欢的"虚拟鱼"在演讲中游来游去。提高用户的空间计算参与度的关键之一，就是让用户亲身参与并切实影响用户自己身临其境的体验。

（1）感官反馈

在虚拟现实系统中，用户不仅可以看到虚拟物体，还能通过安装在手套内层的振动触点体验到模拟的触觉和振动反馈。这种技术为用户在虚拟环境中提供即时的感官体验，进而显著提高沉浸感。

（2）语音交互

在虚拟现实系统中，虚拟文化空间中的对象可以通过语音输入输出进行操作，达到实时交互的目的。根据用户当前的意图，通过语音语义识别等智能技术，识别用户的文化消费意图，虚拟人等文化空间服务提供者据此提供随后的声音和行动反馈，推动下一轮互动。

（3）眼动技术

通过用户虹膜两侧的眼线和瞳孔放大程度控制交互操作。眼动技术主要包括眼睛识别和眼球跟踪；眼球跟踪技术主要是通过眼睛转动来获取信息，除了红外设备，获得眼球转动信息的设备也可以用来采集图像，甚至可以连接手机和电脑支持"眼球跟踪技术"。

（4）体感技术

可以通过体感设备和体感交互软件有效识别人体肢体运动，通过肢体运动实现虚拟文化空间的交互控制，再通过摄像机捕捉人手动设备，将捕捉到的动作与软件的作用相结合，实现一些基本功能。这种设备支持人手在空中做动作以此来控制图片缩放、移动、旋转、命令操作、精确控制、隔空书写等。

虚拟文化空间场景化设计带动文化产业数字化转型中的集成式创新，在虚拟文化空间中数据成为基本的生产资料，消费者带动商业模式创新，体验驱动文化消费增长，综合运用多种技术手段打造个性化文化服务，配适更多的潜在消费场景，发展出敏捷、迭代开放的文化产业数字化行业新业态。

## 4.2.5　虚拟文化空间的存在缺陷以及发展方向

以移动互联网为代表的虚拟文化空间将全世界的人联系在一起，虚拟社会信息具有即时性、高效性、资源广泛性、创造性等突出特点。但在网络世界中，人类文化的冲突也空前严重，不同文化融合既有和谐也有矛盾。其中可表现为中心文化与边缘文化的文化冲突，也可以是资本主义与社会主义的文化冲突，如下内容将虚拟文化空间的潜在风险进行概括：

（1）"信息伤害"的潜在危险

虚拟文化空间承载着大量的即时信息，信息形式的即时"创新"是其重要特征，然而为创新而创新的形式亦有其缺点，例如内涵单一等；其次，网络舆论的监督功能被无限放大，任何信息可以被随意附上特定标签，导致信息伤害，例如虚拟文化空间的信息针对和网络暴力，将给网民造成不必要的困扰。

（2）文化安全问题

虚拟文化空间文化信息有着隐蔽性更强、形态更模糊、监管难度更大的特点。一直以来，来自网络安全方面的挑战是虚拟文化空间治理面临的大挑战之一。其中网络犯罪、信息安全以及社会意识形态方面的监管与把控较为重要。其次是虚拟空间伦理道德正在失衡，亟须形成约束机制。

（3）文化知识侵权问题

虚拟文化空间平台具有信息共享性与实时性特点，使得它的知识产权保护有着特定的挑战与难度。同时，虚拟文化空间运营有着技术难度，涉及软硬件建设、算法设计等多方面技术统筹，且技术更迭速度非常快，知识产权保护需要涉及诸多方面协同，难度非常大。

（4）文化权力结构差异

文化价值观可能导致不同的权力概念建构与行为。在互联网时代，虚拟文化空间平台中承载着社会意识形态，其代表的文化价值观更为多元，存在着自身的权力结构差异。

虚拟文化空间的下一步发展方向包括两个方面。首先，需要形成虚拟文化空间的安全约束机制，主流部门应掌握文化领导权。如今仍存在着主流意识形态安全问题，在虚拟文化空间中亦是如此。例如西方资本主义文化以各种新形式进行渗透、霸权主义文化意识形态进行入侵，动摇我国主流文化形态，对我国主流意识形态造成潜在的威胁与破坏。我们需要掌握虚拟文化空间的文化领导权，建立防范与监督机制，加快虚拟文化空间领域的立法进程，确保我国虚拟文化空间的和谐与安全。而参与虚拟文化空间的我们正在积极参与世界历史的生产活动，面对多元信息需养成独立思考、谨慎参与的行为习惯。

其次，主动占据虚拟文化空间的技术进步权。如今大国之间的竞争也是技术安全与技术人才的竞争，政府应加快速度进行核心虚拟平台技术产品的研发与应用，争取独立自主科技知识产权；加强网络虚拟空间安全风险监管、防护系统建设；积极培养技术创新人才，加强高校间合作与交流，完善学科建设，形成专业团队；不断健全完善我国网络法治体系，建立特别审查机制，加大相关部门监管力度、惩罚额度，营造保护文化空间知识产权的网络环境，依法严厉打击各种侵犯知识产权行为，特别需要时需政府监管、法律介入。

## 4.3　文化产业资源数字化标准融合与规范适用

2022年5月，中共中央办公厅、国务院办公厅印发《关于推进实施国家文化数字化战略的意见》，其中明确，到"十四五"时期末，基本建成文化数字化基础设施和服务平台，形成线上线下融合互动、立体覆盖的文化服务供给体系。到2035年，建成物理分布、逻辑关联、快速链接、高效搜索、全面共享、重点集成的国家文化大数据体系，中华文化全景呈现，中华文化数字化成果全民共享。《意见》提出了8项重点任务：……关联形成中华文化数据库，……发展数字化文化消费新场景，……在线在场相结合的数字化文化新体验，……提升公共文化服务数字化水平，……在文化数据采集、加工、交易、分发、呈现等领域，培育一批新型文化企业，引领文化产业数字化建设方向……

2020年中宣部文改办发布的《关于做好国家文化大数据体系建设工作的通知》指出，国家文化大数据系统建设是新时期文化建设的重大基础工程。从供给侧、生产侧、需求侧、云端进行系统建设，明确中国文化遗产标本库、中国国家文化基因库、中国文化素材库、国家文化大数据平台等重点建设任务。涵盖国家文化大数据标准体系、文化数据服务中心技术要求、文化数据服务平台技术要求、文化体验设施通用技术要求、文化体验馆技术要求、文化体验设备技术要求、文化体验门户技术要求、文化资源数据分类与编码、文化数据服务监管系统技术要求、文化遗产数字化采集技术要求、文化体验设施数字内容管理系统技术要求以及11个国家文化大数据系统建设的其他相关标准。此次标准的发布填补了我国文化产业数据规范缺失的不足，有效地整合了现有技术和产业资源，明确了产业生态的构成，具有广大的市场支撑作用[1]。

中国公共关系协会文化大数据产业委员会于 2021 年公布《国家文化大数据标准体系》，该标准体系首次规范了构成国家文化大数据体系的产业体系、术语体系、技术体系、标准体系和组织体系等 5 大体系。在产业体系方面，规划了文化数字化产业的供给端、生产端、云端和需求端各组成环节，以及国家文化专网，如图 4-14 所示。在术语体系方面，规范了文化大数据的 18 个基础术语。在技术体系方面，该体系中明确了云计算、大数据、物联网、移动通信、人工智能、区块链等各类数字化技术在支撑国家文化大数据各环节提供服务中的作用。在标准体系方面，涵盖了文化大数据通用标准、文化大数据监管标准体系、文化大数据供给端标准体系等 6 个子体系构成的国家文化大数据标准体系。

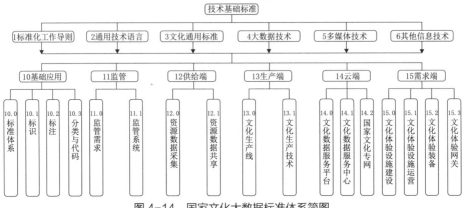

图 4-14　国家文化大数据标准体系简图

### 4.3.1　关联形成资源驱动的中华文化数据库

我国文化产业资源统计框架包含文化领域和相关领域两个部分。文化领域包含六个部分：A. 文化和自然遗产，B. 表演和庆祝活动，C. 视觉艺术和手工艺，D. 书籍和报刊，E. 音像和交互媒体，F. 设计和创意服务。相关领域包含两个部分：G. 旅游，H. 体育和娱乐。如图 4-15 所示。

---

1　黄永林 . 数字文化产业发展的多维关系与时代特征 [J]. 人民论坛·学术前沿 ,2020,17:22-29.

文化资源数据的特点体现为：文化产业中的数据具有很长的时间跨度，尤其是文物、艺术品和非物质文化遗产；它的形式是无形的，存在收集困难的问题，文化信息服务的交互性和即时性需要用时间序列构建文化资讯的演进和传播轨迹；文化大数据存储形式多样，需要统一、标准化处理，文化数据也存在跨域性，因此不同地区的文化具有较大的地域差异。

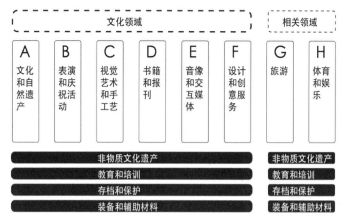

图 4-15　我国文化产业资源统计框架

我国文化资源非常丰富，文化产业资源数字化的重要抓手就是关联形成中华文化数据库，汇集文物、古籍、美术、地方戏曲剧种、民间音乐等多种多样的数据资源，以此来赋能文化旅游、文物保护、网络文化、新闻出版等多个行业发展，如图 4-16 所示。

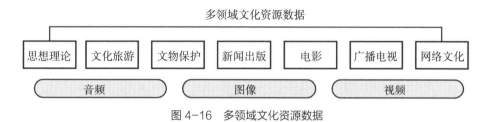

图 4-16　多领域文化资源数据

我国文化遗产种类丰富、数量庞大，包含古籍 6541261 册，戏曲 348 个剧种，国家级非物质文化遗产代表性传承人 3068 人、国家级非物质文化遗产代表性项目 1372 项，美术馆藏品 592663 件、藏品图片 820288 幅，美术馆数据总量 6.9TB，可移动文物 10815 万件 / 套、数据总量超过 140TB，不可移动文物 766722 处，如表 4-2 所示。

表 4-2 我国文化产业资源统计框架

| 对象 | 数量 |
| --- | --- |
| 古籍 | 普查数据 672467 条 6541261 册 |
| 戏曲 | 全国有 348 个剧种 |
| 非遗 | 国家级非遗代表性传承人 3068 人<br>国家级非遗代表性项目 1372 项 |
| 美术馆 | 藏品 592663 件，藏品图片 820288 幅，数据总量 6.9TB |
| 可移动文物 | 10815 万件 / 套，数据总量超过 140TB |
| 不可移动文物 | 766722 处 |

我国民族民间文艺资源包含六个部分：民歌和民间故事（民歌 30 万首、民间故事 30 万篇），民间歌谣和谚语（民间歌谣 44941 首、民间谚语 576546 条），舞蹈（舞蹈节目 26995 个），戏剧（戏剧剧种 394 个、唱腔 17402 段），曲艺（曲艺曲种 591 个、唱腔 11108 段），器乐曲（器乐曲曲目 20698 首），如图 4-17 所示。

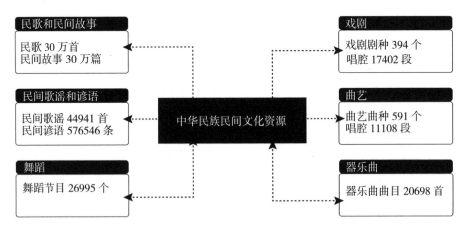

图 4-17 我国民族民间文艺资源

## 1. 文化资源数据库建设

文化资源数据库建设包括中国文化遗产标本库的建立；新中国成立以来文物普查相关数据的收集，以及数据清理、数据结构和数据建模均应按照国家文化数据标准存储在中国文化遗产标本数据库服务器中。建立中国国家文化基因库，对于具有爱国主义精神内涵的展品、文物和纪念物等进行数字化的采集和存储，文化资源数据库建设方案如图 4-18 所示。

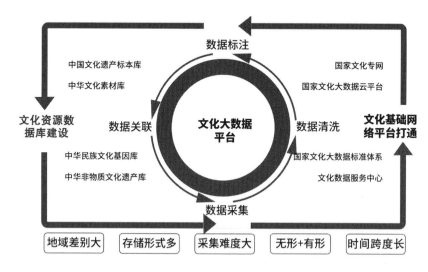

图 4-18　文化资源数据库建设

我国当前已建成的文化产业资源数据库包括：中国百年影像档案库、中国文物志、中华经典古籍库、中国生物志库、中国建筑全媒体资源库、中国传统农具图鉴等等，如图 4-19 所示。文化数据资产化是文化产业数字化的重要实现方式，将丰富多样的文化数据转化成为可交易、可溯源的数据资产。

图 4-19　我国已建成的文化产业资源数据库

**2. 文化大数据建设的难点**

（1）我国文化资源因为中文语境的特殊性，要求在汉字多义性与机器分析中实现多元化，在相关的文化资源数据库和采集工作中存在一定的挑战和技术开发困境。

（2）近十几年来，我国各个领域、各个方向统建、自建、共建的文化资源专题数据库不断涌现，数据库的内容存在一定程度的重复和无组织管理的现状，各自为政，数据库之间缺乏统一的接口，数据库之间缺少内容的链接，造就了"规范到处有，平台无接口"的窘境。

（3）部分数据的更新速度慢，或者建立之后就陷入了无人管理、无人运营的困境，逐渐成为"僵尸库"，数据的更新和运作陷入了困境。

（4）多源异构的文化资源跨地域性、跨时间性、跨系统性的特征导致文化资源数据检索效率低，各数据库之间联通未打通。

（5）多源异构的文化资源的版权保护存在风险，有些文化作品存在创造者难寻难找的现状，文化作品的版权相关记录不完善，文化作品溯源困难。

（6）文化资源的标注过程费时费力，存在效率低的问题，文化对象的数据特征差异较大，依靠人工标注无法实现大规模的数据资源统一化，需要探索更加高效的基于人工智能的文化资源标注方案。

**3. 文化大数据建设的准则**

文化产业资源数据库建设准则包括（1）技术层发掘物联网、云计算、5G、人工智能、VR/AR、物联网、虚拟人、语音识别、图像识别、区块链等技术。（2）数据层促进文化版权交易数据、文化需求消费者数据、文化内容审核数据、文化知识产权数据、文化资产版权认证数据的结构化和模型化，推动重要内容数据的存储和取用。对文化资源数据进行标签化，关联数据内容，推动精准化营销发展；使文化资源采集规范化、体系化，创建文化资源数据超市，方便文化资源的随取随用。（3）基础层推动大数据标准体系、文化数据服务平台规范、文化体验设施通用技术标准、文化体验网关技术规范、文化资源数据分类与代码、文化数据监管体系、文化数据采集技术体系、文化数字内容管理体系建设。（4）应用层推动文化数据服务平台、智能文化生产软件、智能文化分发平台、文化产业知识图谱、文化消费者标签库等平台建设。

### 4.3.2　智能文化产业数字互联数据开放规范

2022 年 5 月 22 日，中共中央办公厅、国务院办公厅印发了《关于推进实施国家文化数字化战略的意见》，针对文化产业的数字化发展提出了指导意见，指出构建中国文化产业数字互联空间，需要从供给端和需求端两侧协同发力，最终实现供给两侧的闭环流通[1]。

**1. 搭建文化数据服务平台**

在供给端中，要紧抓传统文化基因的数字化挖掘和数据库的建立。首先，需要提取隐性和显性文化基因，针对表面材质纹理的数字化提取多采用色谱、光谱、质谱分析来获取表面的材质数据。针对纹饰图案的符号化提取多采用计算机视觉算法辅助分析纹饰造型，实现自发预测和重建消失的图案特征，也可在纹饰的自动化临摹和深度学习的基础上，实现纹饰风格迁移和破旧面修复。针对传统色彩的数字化提取多采用红外光谱的方法生成色彩真实还原的图像。针对静态文物图片，使用颜色特征提取法、颜色切分量化法、聚类算法等进行主题色提取。针对造型轮廓的智能化提取，对于表面材质镜面反射弱的对象，可采用结构光相机进行三维成像；对于表面材质镜面反射强烈的对象，采用激光扫描仪三维成像，获取完整的文物的三维信息和纹理信息，经过三维重建，形成文物的三维立体模型，同时可采用深度学习与计算机视觉相结合，进行文化资源的自动形状特征识别。其次，需要进行文化大数据的互联和规范化存储，构建如中国服饰文化集成库、中国地方历史文献数据库、中国百年影像档案库、中华经典古籍库、中国生物志库、中国建筑全媒体资源库等资源供给库。

在需求端中，要做好数字文化消费新场景的挖掘和完善，鼓励发展"多

---

1　高书生.国家文化大数据建设：加速文化界"新基建"促进文化产业转型升级 [J]. 清华金融评论 ,2020,10:29-30.

场景—跨终端—跨平台"的多模态文化交互方式，在手机端、电脑端、电视端开发优秀的文化资源产品，加强文化教育和公共文化的投放力度，注重在学校、公共图书馆、地方文化馆、博物馆、美术馆等多场所的文化体验。增强线上和线下的文化体验交融，以线上推动线下，以线下赋能线上。通过数字化"内容＋场景＋体验"的深度融合，带动沉浸式、交互式的新体验，让优秀文化在守正创新中实现活化转化，为广大群众提供更加精彩和多元化的文化服务。通过情境故事法建立以用户体验为中心的文化体验，鼓励发展沉浸式演艺、沉浸式展览、沉浸式娱乐体验、数字艺术展示等"沉浸式"新业态，将文化遗产植入丰富的数字人文情境中，形成完整的"文化场"，注重关联感、沉浸感、亲历感、参与感、传播感的塑造，让人们系统地、全面地、深度地理解文化遗产的文脉、内涵和价值。

　　利用云端平台和数据服务打通供需两端的资源流通，实现基于云端的文化数据池服务、基于云端的文化数据生产服务、基于云端数据超市的文化资源交易、基于云端的多终端数据分发，这也是国家现在正在积极打造国家文化专网的重要内容，如图 4-20 所示。

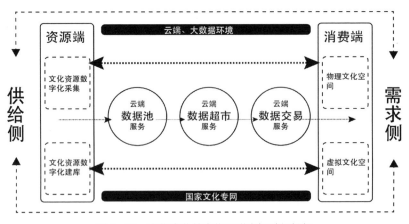

图 4-20　文化产业数字化互联空间升级框架

　　充分使用 5G、区块链、大数据、云计算等新兴技术，搭建文化资源数据标准广告，统一文化数字化资源、完善文化数据化监管标准，进行文化资源的系统化解构和重组，完善文化资源素材库的采集、清洗、标注、关联等工作。将数据资源逐渐转化成为支持文化产业发展的关键资本要素，在文化产品与服务的生产环节，通过数据管理实现降低生产成本、简化交付流程、优化发行和营销等。同时，数据平台产生的任何数据形式都可以转化成为图形、图像、音频、交互媒体等，数据本身成为文化创意创作的材料。如今日头条的推荐算法通过输入内容特征、用户标签、环境标签这 3 个维度的变量，基于几百亿特征和几十亿的向量特征的在线训练模型给出一个预估，即推测推荐内容在这一场景下对用户是否合适。通过推荐算法将咨询与用户的喜爱和兴趣进行更好、更快速的匹配，同时通过点击率、阅读时间、点赞、评论、转发量这些可量化的指标进行评估，进而分析得出用户转化率高、商业变现率高的内容[1]。

### 2. 文化产业数字文化遗产版本保护

中华大地上灿若星辰的文物资源，是承载灿烂文明、传承历史文化、维系民族精神的重要载体。习近平总书记强调："让收藏在博物馆里的文物、陈列在广阔大地上的遗产、书写在古籍里的文字都活起来，丰富全社会历史文化滋养。"[2]

据统计，我国目前有不可移动文物 76.7 万处，国有可移动文物 1.08 亿件 / 套。守护并利用好这些文物资源，意义重大，责任重大。经过十数年的数字化建设，我国已拥有大规模种类多样的珍贵数字文化遗产资源。这些珍贵数字文化遗产资源中也同样蕴含了丰富的历史、文化、艺术与科技等价值信息，如何充分利用好这些数字文化遗产资源，弘扬中华民族五千年悠久辉煌的历史和文明，增强我国的文化软实力，是一个亟待解决的重大问题。

而目前的状况是：只有少量的数字文化遗产对外开放，而绝大多数的数字文化遗产都没有得到充分利用。究其原因，首先是数字文化遗产在形成过程中，包含了所有者的劳动和创作，一般认为所有者拥有知识产权，但由于

---

1　左惠 . 文化产业数字化发展趋势论析 [J]. 南开学报（哲学社会科学版）,2020(6):47-58.
2　习近平 . 建设中国特色中国风格中国气派的考古学　更好认识源远流长博大精深的中华文明 [J]. 当代党员 ,2020(24):3-5.

缺乏完整的技术支撑体系，基于互联网传播使用的数字文化遗产，其知识产权无法得到充分的保障，导致数字文化遗产的所有者因为担心被盗用、滥用而不愿意，也不敢把大量的数字文化遗产资源对外开放。因此，亟待研究构建完整的知识产权保障技术体系，为数字文化遗产的安全传播和利用保驾护航。

数字文化遗产侵权行为发生后，对于侵权行为的发现具有一定困难，通过法律手段维权时存在维权难度大、周期长、维权成本较高的问题，亟需完整充足的证据链为维权提供有力的支撑。授权数字文化遗产去向不可控，授权发生后，该部分资源是否按照约定使用是不可控的。因此，需要及时掌握授权资源的去向。同时也有内部管理问题，无法有效掌控内部人行为，无法杜绝内部窜改信息。在互联网上流传，假的数字文化遗产难以完全规避，导致产权单位的潜在失信（丧失权威性）问题。在中心化管理模式下，因无法有效确权，各参与共享的产权单位担心自己所拥有的文化遗产资源权属不清，无法以技术手段来构建互信，特别是当有经济效益产生时易发生纠纷。

区块链技术可以帮助实现文化创作权益、共享产权的保护和激励机制的优化，区块链技术是一种用分布式节点共识算法来验证、存储、更新数据的去中心化计算范式，通过去中心化、匿名化、难以窜改等特性，推进新 IP 的建立、共享和推广，构建链条经济，融合了智能合约和数字水印技术，进行知识产权确权、交易、共享、假冒检测及侵权鉴定，推进专利审查周期的压缩和纠纷快速处理，提高知识产权保护效率，共享利用降低成本和风险，协同维护数字设计内容产业规范化运营，优化创新机制。同时开展知识产权保护与激励技术研究，通过交易语法来保证所有参与人员和节点都遵循相应的交易规则，利用数字水印的方法对创意和设计方案数据进行处理；采取区块链技术，动态协同地对群智协同创新方案进行产权保护，计算贡献量与报酬分配额，建立合理的激励机制与可回溯机制。利用基于区块链的零知识证明，对"需求提取—设计—评价—迭代"提供全面的认证与设计者权益认定，使得设计认证和权益体系具备统一监控能力、精准权益定位能力[1]。

2020 年由中国艺术科技研究所邀请中钞金融科技研究院张崇轲副院长举办的"区块链技术原理及在艺术上的应用研讨"学术讲座上，张院长提出，区块链通过技术架构提供了一种信任机制，能有效提高协同效率，促成多方协作。在具有离散程度高、管理链条长、涉及多主体参与特征的各个行业拥有巨大的应用潜力，区块链已在金融领域、保险领域、公益领域、跨境支付领域、互联网领域、监管科技领域等众多领域开展应用。目前在我国区块链存证已具有法律效力，最高法院认可"区块链"作为电子证据的存证取证平台。张院长还结合中国艺术科技研究所艺术品鉴证的职能，介绍了区块链在艺术品领域中的应用场景。该讲座充分体现了区块链在文化领域具有巨大的发展潜力[2]。

作为一种分布式分类账技术，区块链基于加密学和点对点网络概念，其中数据被组织成块的特定结构。共识算法和密码技术确保了数据的完整性和安全性。各个区块的动态创建和验证取决于业务逻辑，该逻辑使用自动可执行拼图机制实现分布式计算的验证、同步和防窜改。

第一，构建"设计认证—产权保护"双线性映射：构建区块链实施设计认证机构（CA），后者负责创建数字证书并将其分发给链接到区块链网络的实体。设计者使用的公钥由 CA 生成，以规范分散在网络上的信息共享，CA还负责从系统中检测和删除恶意节点。

第二，建设基于区块链的云平台认证权益架构，以提高信息透明度和去中心化。在这个架构中可以随时使用智能合约实现用户和服务提供者之间的直接协商，对涉及产权的信息进行实时认定，构建全链路的设计认证与权益体系。区块链的云认证权益架构包括以下"用户层"和"处理层"两层。

用户层：此层包含所有设计提供者，当设计者提供任何设计服务记录时，都将利用私钥存储相关记录于设计链上，并通过使用公钥加密数据并通

1　李景平 . 人工智能深度介入文化产业的问题及风险防范 [J]. 深圳大学学报（人文社会科学版），2019,36(5):59-68.
2　文化和旅游部 . 区块链技术原理及在艺术上的应用研讨 [EB/OL]．（2020-01-10）[2022-05-25]. https://www.mct. gov.cn/whzx/zsdw/zgyskjyjs/202001/t20200110_850223.htm

过私钥对数据进行签名，将有关设计产权的所有信息存储在设计区块链上。

处理层：该层的组成包括服务器和数据库。与设计者对应的数据，如以前的设计记录、修改记录、分发记录等都存储在这些服务器上，而这些数据的散列以加密形式存储在区块链网络上。设计区块链网络是由这些记录形成的链条线结构，其中每条记录代表特定设计数据。

同时，在每一次设计服务完成之时，为了及时标记设计产权并标记设计结果，减少区块链传播延时，可以通过验证区块链节点的计算能力、节点数量，测算区块链平均延时时长，演算链路平均通道容量后，得到单次块平均扩展，最后测算区块链的分散程度。

数字文化遗产区块链技术的应用，主要体现在三个方面。第一是遗产确权，将数字文化遗产本体特征、版权所属机构的数字签名等信息构成文化遗产数字指纹信息加密记入区块链，给予唯一的数字产权标识。第二是使用登记，将系统各个环节嵌入区块链技术，对数字文化遗产使用过程中所涉及的数据与操作信息全程记录，随时可以回溯追踪。第三是授权追溯，是给带有数字指纹的资源数字副本嵌入使用者身份 ID 等标识信息，加密加入区块链网络，并采用智能合约技术进行使用授权；同时，在区块链节点中完成使用行为的记录，实现使用行为的追踪与溯源。

区块链的数字水印技术应用对象主要是因购买等交易而脱离系统的数字文化遗产资源，采用数字水印技术，给每件数字文化遗产资源打上盲水印，水印信息包括用户在系统使用过程中所产生的区块链密钥等唯一数字标识信息，如图 4-21 所示。该数字水印在应对常规的如涂抹、剪切、放缩、旋转、压缩、加噪、滤波、截屏、屏幕拍照、线下高清打印等攻击手段后，仍可以有效检测出水印信息。

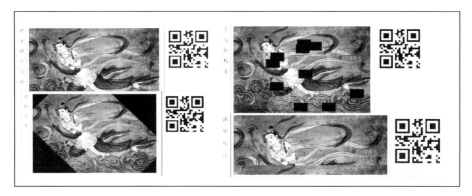

图 4-21 数字水印技术示例

　　数字文化遗产区块链关键技术，主要包括：基于超级账本 Fabric 区块链的数字文化遗产服务体系架构设计、链上链下融合存储访问技术、数字文化遗产可信共享服务智能合约技术、数字文化遗产访问控制技术、SGX 安全保护技术、跨链数据保护技术，是综合抵抗各类常规攻击（涂抹、剪切、放缩、旋转、压缩、加噪、滤波、截屏等）的鲁棒性水印的一体化解决方案，实现实时动态数字水印、数字水印标识与自动检测、抗图像打印，如图 4-22 所示。

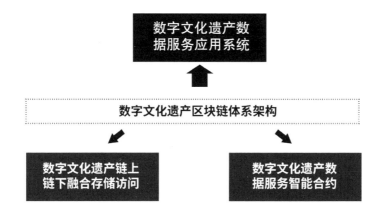

图 4-22 数字文化遗产区块链关键技术

　　由浙江大学许端清老师团队研发的数字文化遗产利用可信共享服务系统，其服务架构图如图 4-23 所示，从联盟链层将博物馆、高等院校、研究院和其他参与节点组成超级账本 Fabric 联盟链，在数据层打造了区块链数据库、IPFS 星际文件系统、资源文化系统、关系型数据库的基础上，在服务层提供智能合约访问接口，通过链上链下两部分访问，将链上的区块链和链下的数字水印有机融合，可有效追踪数字文化遗产的去向，为侵权追踪提供完整可信的证据链。最终开发成为成熟应用来支持考古、出版等行业发展。

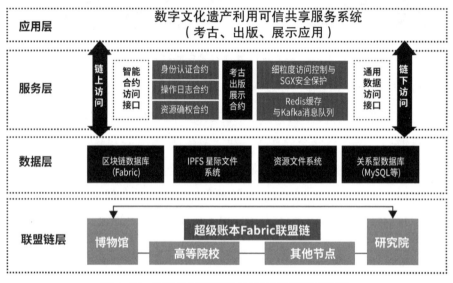

图 4-23 数字文化遗产利用可信共享服务系统架构

要实现智能文化产业数字互联，有以下几方面的要求。（1）在组织模式上依托现有的设施、行规、技术系统打造文化专网，开发面向文化供应链的文化智能评价决策体系和文化内容安全监管体系；并针对不同文化大数据的分级特征，制定文化数据安全组织流程。（2）在管理模式上打造文化数据平台，为文化资源和文化数字的数据进行确权、检索、匹配、交易、分发打下坚实的基础；并促进文化大数据认证、对文化生产的机构和文化内容的认证，规范文化大数据体系，同时兼顾文化资产认证、生产能力认证、数据质量认证。（3）在生产模式上基于文化风格、传统文化的智能挖掘与分类技术，多行业文化符号特征多模态提取技术，多行业文化作品智能生成技术。（4）在营销模式上建立文化消费者标签库和虚拟文化空间的大数据平台，实现全场景跨平台多源异构技术的大数据文化消费智能分析与构建精准用户画像；打造云端虚拟文化空间，进行文化资源上云等工作。

## 4.4　文化产业资源知识图谱与关联聚合构建模式

### 4.4.1　文化产业资源数据化脉络知识图谱

从根本上说，"文脉"就是一种"图底关系"。文化 DNA 是历史的载体，它含有大量的历史、地理、文化、环境等方面的知识，构成了一个"底"的联系，新的文化序列应该把这些信息传承下来，适当地插入这个基层的联系中，从而在"图"面上构成新的联系。同时，新的历史文化线也会与过去的历史脉络共同构成一个新的"底"面，并由此将这个信息的内容传承下去。这种历史信息或文化基因的传承关系，实质上是一种鲜活的文化脉络传承关系。因此，发展更新后的文脉观念或者说文脉的本质在于有关联、有意味、有发展的文化关系继承结构。

文化基因的设计数据互联和文化基因的设计图谱互享是产生优质文化创意的重要环节，2020 年中宣部文改办发布的《关于做好国家文化大数据体系建设工作的通知》中要求建立健全如中华民族文化基因库、中国文化遗产标本库、中华文化素材库等文化大数据体系，并提出了文化产业大数据应用体系建设的基本模式和操作规范。创新设计的数据互联旨在提供创新设计内容创作和宣传的基础，如罗仕鉴和董烨楠提出面向创意设计的器物知识库和文物元素素材库，基于文物的分类特点，通过图像增强、聚类、边缘提取、平滑、细化和矢量化，对于知识库中提取的文物素材进行知识检索、智能处理和提取表达[1]。学者苟秉宸等在收集半坡彩陶文化素材的基础上，搭建图案基因库、色彩基因库、形态基因库[2]。设计知识图谱的互享，旨在搭建设计资料语义网络，将设计大数据中存在的设计信息转化成为互相联结的设计知识，

---

[1]　罗仕鉴，董烨楠.面向创意设计的器物知识分类研究 [J].浙江大学学报（工学版），2017,51(01):113-123.
[2]　苟秉宸,于辉,李振方,等.半坡彩陶文化基因提取与设计应用研究 [J].西北工业大学学报（社会科学版）,2011,31(04):66-69+104.

如文化风格语义知识图谱、可移动文物的知识图谱、清代祭祀礼器知识图谱等，以实现文物数据的关联和可视化检索，以此赋能媒体、设计、动漫、影视、出版等多个细分领域。

在文化基因的设计数据互联互享中，应做到在数据层搭建底层文化基因内容库、水印库、指纹库等功能模块，在应用层实现文化基因数据的分类管理和增删改查，在接入层提供外界访问服务接入能力，在服务层可拓展文化基因使用场景及用户使用数据，这是从数据展示到智能应用、从单向传播到精准投放的突破口。开发文化资源的数字化"活化"体系，既要能够适应市场发展的活态流变性规律，又要在迭代更新中实现高效利用，但是，也需要认识到设计大数据在很多文化领域初现端倪，尚不足以抽象成某种理论范式，各领域设计对象的差异性造成了设计过程、设计工具与设计知识的复杂化，使得抽象某种普遍性的设计范式更加困难。

### 4.4.2　文化产业资源高效关联聚合模式

跨入新时代，高质量发展已经成为中国文化产业发展的主旋律。数字经济给文化产业的共生链、创新链、价值链带来了深刻变化，也给未来中国区域文化产业的升级提供了重要的前提条件和发展动力。一个区域要推动文化产业的集聚发展，要充分发挥数字经济的全空域、全流程、全场景、全解析和全价值的特点，推动三大链条的对接。从供给侧看，加强集聚要把握技术进步的前瞻趋势，驱动创新链和共生链精准对接，形成价值链上的优势；从需求侧看，加强集聚要以城市和城市群为中心，适应消费升级带来的市场变化，以推动高质量发展与高品质消费相结合。

**1. 文化产业资源数字化的创新链、共生链、价值链关联聚合**

新时代中国文化产业发展的主旋律已经转变为高质量发展。从追求规模化增长为主到强调以高质量发展为主，是中国文化产业自 20 世纪 90 年代后期正式起步以来的一次深刻转型。这一转型的重点在于，随着中国跨入全面建成小康社会的历史阶段，中国文化产业将从相对粗放式、低效率、注重文化用品和相关周边产品为主的发展模式向高质量、专业化、注重文化核心内容和以知识产权为主的发展模式转换。这种深刻的升级过程受到了数字经济的强有力推动。

数字经济是基于数据资源开发利用而形成的经济活动的总和，它与相关前沿科学技术的快速发展紧密相连。联合国贸易和发展会议的有关文件指出，七大前沿技术（云计算、物联网、机器人、3D 打印、人工智能、大数据、区块链）与数字经济的发展密切相关，是助推数字经济的"捆绑式火箭助推器"。每一项重大技术成果都有可能释放出巨大的变革能量，促进其他科技成果的迭代更新，从而形成一个由前沿科技推动的数字经济能量矩阵。

当前，数字经济正在迈向模式重构和经济范式重构的重要阶段，上述的七大技术正在加速从局部到全局、从单一部门到整个共生链的扩散和应用，成为引领数字经济发展和推动产业升级的先导力量。正如有关专家所指出的，在前沿科技的推动下，数字经济形成了与历史上其他经济形态所不同的"五全基因"——"全空域、全流程、全场景、全解析和全价值"[1]。这意味着数字化打破了区域和空间的限制，把过去文化产业中的在地生产、在场生产、在线生产都融合在一起；数字化渗透到人类生产和生活的每一个节点，不间断地进行信息搜集和数据处理；数字化跨越了行业界限，正在打通几乎所有的人工场景以及人类需要观测的各类场景，包括微观世界和外太空；数字化通过 5G、大数据和人工智能可以分析、判断和预测人类的行为，可以形成人类活动与地球乃至太空关系的动态解析模型；数字化通过大数据的海量流通和高速处理，打破了单个产业链的单线条和封闭性，穿透各种自成一体的价值体系，整合成为高度融合的巨大价值链。

数字经济的上述"五全基因"逐步转化成五力合一的强大"冲击波"，给文化产业的共生链、创新链、价值链带来深刻的影响。在全球化深入发展的大背景下，国际文化产业正在形成互联互通的大格局和大市场。只有把握国际文化产业链中可以创造最大价值的战略性环节，才能最终在全球文化产业

---

1　黄奇帆 . 数字化重塑全球金融生态 [J]. 探索与争鸣 ,2019,11:5-8.

的大格局中形成竞争力优势。

　　国际知名的战略研究学者帕拉格·康纳指出："互联互通是当今时代的元模式，我们所生活时代的最核心的事实就是，每个国家、每个市场、每类通信媒介以及每种自然资源都相互联系。"[1]多年来获得产业界关注的区域性文化产业集聚发展问题，在数字化背景下获得了新的动力，也呈现出新的变数。英国国家科学技术和艺术基金会的研究报告《英国创意活动的地理研究——创意集群、创意人群和创意网络》更加具体地指出，创意人才的供给、相关产业的联动、创意网络的延展，成为推动创意产业集聚发展的三大决定性要素。这三者的关系为，创意人才的供给，特别是伦敦地区的大学为创意集群提供了源源不断的创新活力，相关产业的联动使得创意集群能够形成可持续发展的产业链，而创意网络向国内外的广泛延展，使得创意集群可以占据最有价值的环节，并且打破单个产业链条的封闭性，穿透地区和国家的边界，形成更加灵活和更大规模的价值链[2]。

### 2. 文化产业资源数字化的供给侧创新场景关联聚合

　　从世界范围看，一个区域文化产业的竞争力与它的集聚规模是密切相关的。近年来，在数字经济的背景下，文化产业的创新链、价值链和共生链向供给侧和消费侧两端集聚的趋势越来越明显。这种两端集聚的模式和形态也日益多样化，成为诸多地区和企业争相探索的重点。

　　从供给端看，其重点是要敏锐把握技术进步的前瞻趋势，以管理驱动创新链和共生链精准对接，并且通过价值链的重组，形成相关产业的联动发展。首先，要加强政策设计和落实，依托政府出台精准度高、效率高的产业促进政策，细化落实责任，发挥政策的效益。其次，建立健全区域创新机制，将区域的创新能力构建纳入顶层思考，构建创新力和服务力的对接。最后，倡导创新的文化理念，鼓励突破，宽容失败，把各个领域的人才集聚到

---

1　帕拉格·康纳.超级版图：全球供应链、超级城市与新商业文明的崛起[M].崔传刚，周大昕，译.北京：中信出版集团,2016.

2　Mateos-Garcia, J. & Bakhshi, H. The Geography of Creativity in the UK em dash Creative Clusters, Creative People and Creative Networks[R]. Nesta, July,2016.

一起，在跨界交流中激发创造的火花，这样才能在供给侧形成创意和创新的集群，成为占据共生链和价值链前端的"头部"环节，并且带动整个产业链的拓展和延伸。

从全球范围看，虽然一个城市或者区域的人口和面积很有限，但是它如果形成了创新驱动的高质量发展模式，把创新链、价值链和共生链进行有机结合，就可以在供给侧形成强大的竞争力，吸引国内外的优质资源在本地进行整合，形成优质的产品和高端的服务，并且向全球的细分市场辐射。这些城市也能在文化创意产业形成吸引力和辐射力相结合的创新极。比如瑞士，不但是知名的发达国家，而且是创意经济的强国之一。2012 年以来，世界经济论坛的《全球竞争力报告》（*The Global Competitiveness Report*）通过进行 12 大项指标的综合比较，认定瑞士为全球最具竞争力国家。欧盟委员会工业与产业总署"创新优先欧洲计划"（PRO INNO EUROPE）框架下的"创新学习平台"年度报告，也多次认定瑞士为欧盟创新力最佳国家。2017 年，世界银行颁布了"世界竞争力十强经济体"，瑞士排名第一位。瑞士的创意产业集中在苏黎世、日内瓦、巴塞尔等城市。它在结合创新链、价值链和共生链中的有效举措是，依托 12 所大学形成了先进的训练课程，建立了与商业和展览密切相关的联系，形成了向全球拓展的网络，建立了"瑞士创意杯"等赛事，造就了许多中小型的"隐形冠军"（在某个细分市场绝对领先，并在自身领域成为世界前三强之一，但年销售额不超过 50 亿美元，公众知名度比较低的企业）。它们以创新研发和高端制造为两大支柱，渗透到瑞士的贵金属及制品、首饰、光学、照相、音响设备等领域。以上经验均值得中国城市认真地借鉴。

中国作为全球最大的发展中国家，文化产业从 20 世纪 90 年代中后期开始正式起步，近 30 年来文化产业的规模增长幅度逐渐变缓。20 世纪 90 年代以来的数据表明，文化产业的增长与国内生产总值的增长密切相关。2004—2012 年，中国国内生产总值现价平均增速为 16.2%，同期文化产业增加值平均增速为 20.9%，这一阶段的高速增长来自经济发展、文化体制改革、文化政策和对外开放四大红利；2012—2018 年，国内生产总值现价平均增速为 8.9%，同期文化产业增加值平均增速为 11.9%，呈现换挡式急剧下滑。随着中国经济进入中高速增长的新常态，经济上"三驾马车"的能量变化，要求中国把下行压力尽快转化成为向新经济转型的强大动力，也要求各区域的文化产业建设寻求新的增长红利，形成新的集聚发展模式，使创新链、共生链和价值链形成精准对接。在这方面，深圳市南山区提供了有启发的样板。

深圳市南山区陆域面积仅为 187.47 平方千米，是中国对外开放的最前沿。南山区文化产业的集聚发展，鲜明体现了创新链、价值链和共生链有机结合的规律。2018 年深圳文创产业增加值为 2622 亿元，其中南山区的文创产业增加值占比达到 40% 以上，其汇聚的文化产业领军企业和骨干企业数量之多、规模之大、创新活力之强，在全国各城市的区一级单位中名列前茅。南山区是最早提出和实践"文化＋科技"模式的地区，以数字网络技术为代表的创新链，与以文化内容开发为主的产业链进行了精准对接，南山区构建起一个上下游产业配套完善、国际双向流通迅速、产业融资快速便利、先行先试文化氛围浓厚的价值链体系。

南山区的文化产业集聚不仅突出了高集聚性，也显示了高成长性和高辐射性。在这里建设的 OCT-LOFT 华侨城创意文化园、南海意库、深圳设计产业园、深圳动漫园、南山数字文化产业基地、蛇口网谷、深圳南山互联网创新创意服务基地、南山互联网产业园、深圳大学城创意园、T6 艺术区、OCT-BAY 欢乐海岸、香年文化创意广场、百旺创意工厂、世外桃源创意园等都成为辐射粤港澳大湾区和海内外的重要平台。特别值得一提的是，为了引进、培养文化产业集聚发展最急需的人才，1997 年深圳市高新办提出了创建"虚拟大学园"的设想，并且后者在 1999 年正式成为由北大、清华、港大等五十多所高校联合建立的产学研平台[1]。

### 3. 文化产业资源数字化的需求侧消费场景关联聚合

以数字网络技术为代表的创新链，与以文化内容开发为主的共生链进行

---

1　曹赛先，李凤亮．风起南山——文化科技融合创新的深圳之路 [M]．北京：中国社会科学出版社，2017,10.

精准对接，依托数字经济突破原来的价值链边界，这不仅仅在供给端是非常必需的，在消费端也大有可为。以城市和城市群为中心，推动相关文化产业集聚发展的升级，推动产业高质量发展与居民高品质消费相结合，已经成为新时代中国文化产业发展的方向。

新兴经济体的城市化进程大大加快，中等收入群体规模快速增长，成为推动消费升级的直接动力。大量实践证明，新兴经济体城市中人均国内生产总值的提高改变了居民的消费结构。由于文化创意产业提供的产品和服务是具有象征意义的价值符号系统，这些符号系统可以融入大量消费产品和服务中，从而推动了文化创意产业在城市的集聚发展。

有鉴于此，许多新兴经济体中的城市，从上海、深圳到墨西哥城、孟买，从曼谷到布宜诺斯艾利斯，都在积极谋篇布局，针对中等收入群体的消费需求，形成不同集聚模式的文化经济消费区。正如托马斯·A.赫顿指出的，这种文化经济的空间集聚区具有后工业化时代的鲜明特色，它把象征符号的创造与商业文明融合在一起，形成了创意生产、文化区域和新兴工业区的结合，而且形成了多种多样的品种[1]。

由于全球人流、信息流、商品流、资金流的快速运转，通过集聚和辐射，形成规模化的文化产业，在日益增长的消费市场中抓住重要机遇，这已经成为当前中国许多城市所面对的重要课题。《国务院关于积极发挥新消费引领作用 加快培育形成新供给新动力的指导意见》指出，我国已经进入消费需求增长的重要阶段，通过消费来拉动经济的效应逐渐明显。所谓新消费显示了三大特点。第一，中国居民的消费重点，正从追求数量和实用功能的满足向注重质量和品牌效应转化、从追求有形物质产品的消费向注重更多的服务消费转化、从追求温饱型生活向追求健康幸福生活转化，这些新消费的实现需要文化产业做出巨大贡献。第二，中国消费市场的形态正在以数字内容、智能设备、信息服务等新样式作为龙头，快速渗透到工业装备、先进

---

1　托马斯·A.赫顿.城市与文化经济[M].上海社会科学院，公共文化服务与文化治理研究创新团队，译.上海：上海社会科学院出版社,2019,150-152.

制造、基础设施和公共服务等领域，这给文化产业提供了具有巨大发展潜力的新空间。第三，中国居民的消费需求，正在越来越强劲地影响世界消费市场；2018 年中国居民出国超过 1.49 亿人次，中国居民在文化消费领域的"全球买、世界卖"已经成为新常态。

从中国消费升级的直接动力来看，中国的中等收入群体迅速扩大，这既体现了全面建成小康社会的成果，也成为追求更高质量文化消费的直接动力。中国重视扩大中等收入群体规模，以形成更加合理的经济和社会结构，避免陷入中等收入陷阱。习近平总书记 2016 年 5 月 16 日在主持中央财经领导小组第十三次会议时指出，扩大中等收入群体，关系全面建成小康社会目标的实现，是转方式调结构的必然要求，是维护社会和谐稳定、国家长治久安的必然要求。麦肯锡《2020 年中国消费者调查报告》指出，把中国进入温饱状态以上的人群细分为 7 个层次，其中富裕小康即年可支配收入在 13.8 万元以上的家庭已经占到 49%，富裕小康这一层级的人群从 2010 到 2020 年增长了 9 倍。

随之而来的是中国消费者信心的逐渐提升。自中美贸易摩擦以来，尽管中国零售额的增长幅度在减缓，但是消费者信心指数从 2016 年的不足 100，上升到 2019 年的 125。与此同时，消费行为正在分化，由过去的跟风消费转变为追求"个性化"与"差异化"，在各种生活消费更注重质量和体验的同时，中国本土的高端消费品牌正在强势崛起。

鉴于此，中国城市文化产业在消费端的集聚发展，必须把握好这种大规模、多样化、快迭代的特点，不但要汇聚国际上的各种文化品牌和文化产品，而且要推动本土品牌的强势崛起；不但要对国际上各种文化消费潮流进行"追风"和"跟进"，而且要大力开发具有本土特色的优质文化产品和服务。有关专家预测，到 2030 年，中国消费者对全球消费支出的贡献将超过其他任何国家 [1]。"有可能是悉尼的动物园，时下热播的韩剧，伦敦的高级超市，身价千万的足球运动员，在线支付应用程序，机器人，或者电动汽车，"

---

1　敦临 . 中国消费者是如何影响世界经济的 [N]. 经济日报 ,2017-06-28(6).

汇丰银行发布的关于中国消费的报告指出，"它们的共同点是，最终，它们都走向了中国。"

作为 21 世纪的新兴全球大国，中国的大城市在文化内容方面既要集聚世界的优质文化资源，又要着力发展本土的文化品牌，形成国际化与本土化的有机结合，在文化设施方面既要建立现代化的硬件设施，成为集聚文化内容的载体，又要建设辐射海内外的平台，形成文化高地和网络枢纽的有机结合。在这方面，上海打造"亚洲演艺之都"的举措提供了非常有价值的案例。上海在 2017 年末正式确立了打造"亚洲演艺之都"的目标，强调以演艺创作为核心，激励创作、鼓励演出、繁荣市场，推动全市文艺创作从"高原"走向"高峰"，向世界呈现中国元素、贡献中国正能量 [1]。而要实现这个目标，必须将打造自主品牌与汇聚国际资源"两手抓"，实现创意"源头"与国际"码头"的有机结合。近年来，上海大力建设"演艺大世界—人民广场剧场群"等八个演艺集聚区，明确了新的空间布局，使得专业演艺场馆达到 150 多家，计划在 3 年内再发展除大中型专业剧场之外的演艺新空间 200 家，推动演艺产业的各项指标稳步攀升。

上海演艺产业在演出场馆、市场化主体、观众人次、票房收入等可量化统计的"硬指标"方面正在逐步逼近伦敦西区和纽约百老汇的水平，而且在内容开发、自主品牌、专业平台、国际化合作等"软创新"方面开创出别具一格的"上海模式"。它包括把世界级的演艺集聚区与国际化的大型节庆、演出交易等相结合，形成创新链、价值链和共生链的精准对接。如中国上海国际艺术节是中国第一个国家级的综合艺术节，已经成为具有世界影响力的大型艺术节。2019 年第二十一届中国上海国际艺术节历时 31 天，邀请来自 65 个国家和地区的 1.5 万名艺术工作者，举办演出和各类活动 350 多项，线上线下惠及观众 560 多万人次，共献演 42 台中外剧目。艺术节的演出交易会已经成为中国最大的演艺交易平台，吸引了 53 个国家与地区的参会机构

---

1　中共上海市委，上海市人民政府 . 关于加快本市文化创意产业创新发展的若干意见 [EB/OL]. （2017-12-14）[2022-05-22]. http://shzw.eastday.com/shzw/G/20171222/u1ai11088984.html.

近 460 家，参会人员近 800 人。

### 4.4.3　文化产业数字孪生智慧创新协同

数字孪生（Digital Twin）是一种特殊的实体或程序，其通过与数据相联，可以确保在物理和虚拟的情况下保持同样的速度，同时也可以为实际对象和流程的全生命周期提供全面的观察，这有利于实现总体的性能最优。在工业生产、智慧城市、医疗大数据等方面，数字技术具有广阔的发展潜力。

随着物联网的应用更加广泛，各个领域越来越多的企业开始计划数字孪生的部署。Gartner 的研究显示，截至 2019 年 1 月底实施物联网的企业中，已有 13% 的企业实施了数字孪生项目，62% 的企业正在实施或者有计划实施。工业互联网是数字孪生的实体化应用，而数字孪生则拓展了工业互联网在应用层面的可能性。其中，在企业方面，许多企业积极关注并开展数字孪生实践，将数字孪生技术作为付诸实现的研发手段，提供数字孪生相关的技术咨询和数字孪生技术的应用。

数字孪生技术在建筑领域的应用实现了虚拟与现实的交互。这种技术结合物理建筑模型和传感器数据，全方位模拟并在三维虚拟空间中映射建筑，创建了一个对应的"虚拟世界"。这样，数字孪生技术使得物理世界的建筑与它们的数字副本在虚拟空间中共存，实现了虚拟与现实的融合。物理世界的动态变化会通过传感器实时反馈给数字虚拟世界，在虚实之间不断地转化迭代。

2021 年 3 月 10 日，沙盒游戏平台 Roblox 正式挂牌上市，作为首家将"元宇宙"理念写入招股说明书的公司，其首日市值超过 400 亿美元，引发了整个技术与资金领域的轰动。扎克伯格于 2021 年 10 月 28 日公布了 Facebook 的名称，命名为 Meta（"元"），其业务将转向以"元宇宙"为主的新兴计算。2021 年，韩国首尔市政府通过了《元宇宙首尔五年计划》，宣布将打造公共服务"元宇宙"平台，并将其命名为"元宇宙首尔"，希望借助这一平台提供全新概念的公共服务，计划耗资 39 亿韩元，从 2022 年起分三个阶段、约 5 年时间完成建设和扩充，在经济、文化、旅游、教育等领域打造"元宇宙"行政服务生态。

关于"元宇宙"的定义尚无定论，清华大学新媒体研究中心发布的《2020—2021年元宇宙发展研究报告》称，"元宇宙"是基于扩展现实技术提供的沉浸式体验，基于数字孪生技术生成真实世界的映射，基于区块链技术搭建虚拟世界的经济体系。在这个崭新的世界当中，人具有数字身份，包括人的孪生体、脑机接口、人的数字生活记录等，共同创造人的新身份，而且这个身份也随着人的发展和场景的变化而随时变化。虚实相通是"元宇宙"的关键特点，包括沉浸感、虚拟身份、数字资产、真实体验、虚实互联以及完备的社会制度六个要素。

每当站在时代更替的关键时刻，每当处在历史的十字路口，时代更替所带来的红利是我们不能不关注的。文化和旅游产业与"元宇宙"的联系甚是紧密，"元宇宙"也将为文旅产业的发展带来前所未有的机遇。这个关键时刻，也是文化和旅游产业顺应时代发展，快速调整自我和发展自我的关键时刻。食、住、行、游、购、娱是旅游活动的六大要素，这些方面均将受到"元宇宙"的深远影响，场景消费、体验消费将成为"元宇宙"中的重要消费方式，如图4-24所示。

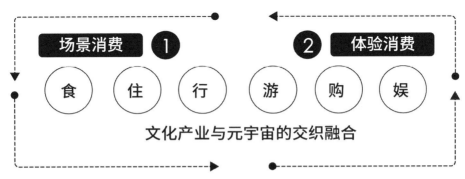

图4-24　文化产业与元宇宙的交织融合

食。"元宇宙"可以为人们提供更优越的饮食环境、更健康的饮食结构、更新颖的饮食特色。特色饮食环境，比如宇宙飞船环境、非洲草原环境、宫廷环境等一系列虚拟背景环境，让顾客在品尝美食的过程中收获非同寻常的体验。虚拟美食发展，比如 Tiger Street Food 美食节就选择以线上虚拟的形式举办，用户只需到网站设计一个 3D 人物形象就能进入这个虚拟世界，进行个性化营养套餐定制，通过打造个体的数字孪生体，结合个体长期身体指标的监测数据，模拟和预测个体未来的身体状况，并结合个体近期的饮食数据，量身定制个性化营养餐。

住。"元宇宙"可以为人们提供超现实的住宿体验。在"元宇宙"所强调的场景营销中，酒店、民宿从业者要围绕为用户提供超越期待的体验，发挥想象力，才有可能赢得市场先机。围绕场景这一核心，实现主动链接和匹配，在凭借流量赋能商业的同时，也借助营销实现流量的留存，并最终构成生生不息的循环生态。实际上，民宿行业已经开展了相关实践，在木鸟民宿平台上，电竞民宿、滑梯民宿、婚纱民宿都拥有大量忠实客户，住宿的场景化消费逐渐形成趋势。

行。"元宇宙"将深刻影响交通运输业、汽车行业的服务质量。法拉利在《堡垒之夜》推出了第一款虚幻引擎汽车。韩国现代汽车公司开发了名为《现代出行探险》的趣味互动"元宇宙"游戏，可在在线娱乐平台 Roblox 上播放，用户可以通过数字化方式体验现代汽车的出行服务产品。数字孪生交通更是覆盖交通管理、交通运输监管、交通运输服务等领域，为人们出行提供决策依据。

游。"元宇宙"为游客提供更多的资源、更多样化的体验。2021 年 11 月 23 日，故宫博物院"故宫考古 XR 项目"荣获 2020 AVICOM 国际视听多媒体艺术节"数字交互装置"单元金奖。基于 2014 年以来在故宫内开展考古活动的发现和研究成果，"故宫考古 XR"项目使用"多视点三维重建技术"，如图 4-25 所示，高精度地记录了慈宁宫花园东侧、隆宗门西侧等考古遗迹。通过"扩展现实（XR）"，专家和学者协同深入遗迹内部开展研究，让观众在线参观受到保护的考古遗迹，为博物馆学术研究和文化教育提供新方案。经过 8 名国际审查员的在线选拔，决定授予该项目"数字交互装置"单元的最高奖项，并获得欧洲遗产学会"最佳遗产项目"推介。

图 4-25　故宫博物院故宫考古 XR 项目

购。"元宇宙"为购物提供更加便捷多样的方式。Facebook 就推出了"虚拟试衣间"，对人的孪生模型进行试装，以呈现尺寸大小、颜色搭配等试装效果。"Digital Light Canvas"是新加坡滨海湾金沙购物中心打造的大型交互式装置，能为顾客提供实时互动体验空间。地面布设有一个直径 15 米的圆形 LED 屏，该 LED 屏幕具有感应功能，当人们进入地面 LED 互动区域时，脚下的行进轨迹便生成为水墨笔迹，形成与参与者的实时互动。位于阿里巴巴旗下的杭州新零售亲橙里购物中心的天猫精灵 X-SPACE 空间，则通过投影技术在墙壁上映射超现实的影像，并布设交互体验场景和环节，创造了一个虚拟的沉浸式购物体验空间。

娱。"元宇宙"为娱乐体验提供更多样的选择。迪士尼乐园计划用人工智能、虚拟现实、机器人、物联网等技术，将虚实共生的园内外整体体验向更高层级的沉浸感和个性化推进。环球影城的虚拟现实体验项目一定程度上折射出"元宇宙"虚拟体验的初步形态。Roblox 公司在积极布局 VR 领域，从 2016 年开始，就已经推出了 VR 技术，并且逐渐向跨平台、跨设备的方向发展，让用户可以通过电脑、手机、Xbox、Oculus 等各种设备来进行 VR 游戏的体验。

　　对于文旅行业，数字孪生最直接地应用在建设虚拟的文旅景区及文旅小镇，通过虚拟现实技术将文化景点直接地呈现在广大人民群众的面前，实现业务与时空的数字化。

　　声网联合超次元推出的"沉浸式实时互动与全 3D 虚拟技术创新文旅应用"，如图 4-26 所示，是数字交互领域在文旅行业中的深度运用，为展现文化内容，提供活动平台，其整合了实时动作捕捉、虚拟角色数据结构化传输、实时互动音视频等多项先进技术，构建了实时虚拟人互动演出、虚拟讲解等多类型实时虚拟交互式活动，将传统文化与二次元文化进行了有机结合。通过虚拟技术将优质的文旅内容传输给更多的年轻用户，以娱乐、社交等应用场景打造了一系列虚拟活动，解决传统文旅项目传播力度有限的难题，以"前沿技术应用＋精准内容投放"的方式助推文旅项目实现品牌年轻化。新一代创新技术全面提升了文化和旅游运行效率和消费体验，加快了文化和旅游发展方式变革。

　　声网实时互动技术可以实现场景内大量虚拟人物的实时语音、表情、动作交互，赋予消费者沉浸式的实时互动交流体验，可以跨空间跨终端随时随地多维度体验虚拟化的文旅内容，还可以进行丰富的社交互动，充分发挥科技优势以满足文旅发展的多元化需求。该技术在突破各种线下限制的同时，也丰富了文化阐释和内容生产手段，助力文化资源和文旅场景数字化，各种创新应用让文旅内容以年轻群体更加喜闻乐见的方式传播，在文旅行业中应用前景广阔。

图 4-26　沉浸式实时互动与全 3D 虚拟技术创新文旅应用

智慧文旅项目数字孪生的难点主要在于不同海拔高度有不同植被覆盖，从原始森林、高山针叶林，再到高山草甸，随着海拔不断升高，植被的环境作用力迫使人们在自动生成中，去匹配不同算法来满足高程变化带来的问题。与此同时，沟壑和天堑等地貌，也带来很大的挑战，倾斜摄影难以完成这些与真实世界相映射的起伏变化。然而，借由高程数据、航拍数据、自动化生成及模型技术，再配合天气变化及自然光照，能够高度还原真实场景；并且，通过云渲染技术，也让场景更容易被大众接受。

智慧文旅的另一个热门应用即虚拟的古建筑数字资产，如各类文化小镇、文化古镇，将以结构化的方式被永久保存在数据库里，便于未来的应用。而相较于业务数字化，在数字孪生应用中，时空数字化能发挥更大的数据价值。

如浙江建德的"寿昌天宫"是以寿昌千年古镇为核心，包含周边寿昌西湖、航空小镇、卧龙胜境等文化旅游场景，结合古镇文化和未来发展愿景打造的"天宫"虚拟数字世界。作为中国古镇数字 IP 先行地，利用数字 IP 为"文·商·农·旅"一体化赋能，构建寿昌古镇文旅数字孪生世界，通过"天宫"开启面向全新未来世界的数字消费体验空间，打造寿昌镇古镇文旅数字 IP 新名片，以数字化手段带动寿昌镇文商农旅产业融合发展，争做乡村振兴数字文旅先行镇。

"天宫"数字世界以寿昌古镇"状元廊及古镇南门广场"为轴心，结合寿昌古镇千年文化底蕴和"千年古镇、航空小镇、温泉小镇、康养小镇、农旅小镇"空间产业发展基础，联动全镇中心街区、夜游场所、周边旅游而建立的无线旅游消费交互场景。

在虚拟的"天宫"数字世界里，有 9 位性格迥异且能力超群的天龙少年，主角"凌霄"就是其中代表寿昌 909 夜街经济的少年。其他 8 位则分别代表民宿旅行、航空运动、文化民俗、健康养生、亲水运动、二月十庙会、特产美食及未来新生。天龙少年可化身为"数字钥匙"，作为每一个消费板块的数字向导，为游客带来消费券、龙玺、龙币和精彩的古镇二次元游戏活动。人们通过手机轻松接入寿昌虚拟古镇系统，化身 NPC 或玩家，一起乐享天宫。

智慧文博则是另一切入点。从本质来讲，博物馆不只是存放文物的场所，更是为人服务的公共文化机构。上海博物馆信息中心副主任刘健老师将博物馆数字化建设定位成一种平台、一种驱动引擎。以此基础，数字化博物馆是新的文博行业的"文化引擎"。文化引擎不仅关系着博物馆业务转型的平台建设，同样也是收藏、管理、研究、展示、教育的业务数字化的平台入口，为人们带来新的工作模式和方法，也注入更多创新的思维与活力。在此指导方针下，2020 年，数字孪生开始应用到博物馆的业务形态中。

智慧文博的概念被宣传了很多年，但常被局限在展现文物的精巧工艺方面，不仅传播难度大，内容也显得单薄。其实，若以文物作为"载体"，探索文物数据的有趣故事，则是更有价值的文化传播。在某博物馆的建设中，通过扫描文物数据，了解背后档案，推动了整个数据中台的建设。借由数据的汇聚，文物得以用数字孪生的方式呈现在世人眼中；不仅如此，数据中台还能助力管理与服务，促进文博知识的传播与教育。

2022 年 12 月 18 日，由故宫博物院与腾讯公司联合举办的"纹"以载道——故宫腾讯沉浸式数字体验展在深圳海上世界文化艺术中心开展，如图4-27 所示。这是腾讯"T-Museum 数字博物馆"计划的又一次完美落地。借助腾讯优图实验室、多媒体实验室、QQ 音乐和腾讯智慧景区团队的尖端技术，实现了海量纹饰的检索和数据优化，沉浸式渲染和纹理镶嵌技术、色调拟合技术、音频空间信息编码技术，给古老的传统文化带来了可感知、可触摸、可把玩的全新多模态体验。在"梦幻江南"展区中，用户可以通过 AR 眼镜，穿越回江南倦勤斋中，一览斋内的场景，感受四季轮转。在"锦绣世界"展区中，更是将束之高阁的瓷器搬到了用户的眼前，呈现出一个高达 8 米的裸眼 3D 装置，以万花筒的样式展现中华纹样的丰富多彩。

图 4-27　"纹"以载道——故宫腾讯沉浸式数字体验展

就人文博物馆而言，通过建设底层的文物资产库，能让文化学者的研究更加丰满，并且也能让每一次文化展览有更全面性的规划。在数字人文这个理念的影响下，诸多博物馆正在走向数字化。然而，目前博物馆研究现状中，普遍存在着数据孤岛现象，为外脑的引入与社会协作创造条件。

数据孤岛现象亟须解决。联通藏品管理、文化教育、观众服务、管理建设等数据，有非常大的价值。从打开移动设备就可以领略名山大川，再到飞入博物馆去领略不同时代下的文化故事，这一切正在通过数字孪生的牵引慢慢实现[1]。

"十四五"规划指出，要实现数字经济、数字社会和数字政府，以数字化转型驱动生产生活方式的变革。以新发展思想为指导，贯通"双循环"的"任督二脉"，加速数字影视、网络直播等数字文化工业的发展。而利用数字孪生技术、新超级平台和生态体系，将线下文旅实体运营和线上虚拟数字 IP 导览打通，让每个文化景点的运营更加智慧化、数字化、IP 化，提升景区服务和品质已成趋势。"元宇宙"文旅产业发展策略包括如下五个方面，如图 4-28 所示：

---

1　李颖，邹统钎，杜烨琳，李娟.文旅产业如何把握"元宇宙"发展机遇 [N]. 中国旅游报,2022-01-24.

图4-28 "元宇宙"文旅产业发展策略

第一，积极构建起文化和旅游世界的数字孪生。构建现实世界的数字孪生世界是"元宇宙"建设的第一步，更是"元宇宙"的基础，没有这个孪生世界，"元宇宙"将无从谈起。而现实世界的数字化是一项非常庞大的工作，需要开展大量的基础工作，其中也蕴藏着巨大的商机。要鼓励旅游企业开展相关领域的数字孪生底层平台建设，逐步增强文化和旅游产业信息基础设施和系统建设，整体提高技术支持和数据安全保障能力。

第二，加快培养既懂文化和旅游又会技术的专业人才。数字化时代越来越呈现出谁掌握技术、谁将更具主动权的趋势。要有针对性地选拔、培育文化和旅游产业领域的科技人才，重点关注文旅产业数字化再现、交互领域，尤其是VR、AR、游戏、社交等领域技术人才的发掘和培养。要针对文化和旅游产业人才就业、人才创业、人才技能提升等给予积极的政策支持。目前，在VR交互领域仍然存在较大的人才缺口，关注人才孵化、培育是"元宇宙"发展过程中文化和旅游产业的重要任务。

第三，加强文化和旅游虚拟创意产品开发。创造出更加符合受众需求的文化和旅游虚拟创意产品。要以动漫、游戏、电竞、潮玩等作为IP的载体或展现形式，积极打造"元宇宙"文旅IP。要关注文化遗产的数字化再现，鼓励支持二次创作生产新的数字产品，发挥用户生成内容的作用。要注重"元宇宙"的文化和旅游产业生态培育，其中包括基础标准、规范和资金配套等。

第四，注重"元宇宙"中人的和谐社会关系的重构。"元宇宙"中人的衣食住行都会重构，人的社会关系自然也会在这个过程中被重构。然而，由于"元宇宙"中人是以数字身份加入，且数字身份会随场景、状态的不同而变化，人的社会关系将更加复杂且更具不确定性。通过设立信用评价机制、第三方协调机制等，重构"元宇宙"中的人际关系原则、市场运作规则，将是"元宇宙"中人与和谐社会关系的基础。

第五，积极引导文化和旅游产业的规范化发展。要加强文化和旅游市场监管的信息化建设，完善"双随机—公开"监管、"互联网＋监管""元宇宙＋监管"等机制，提升对文化和旅游市场的监管能力。要在监管过程中提前做好技术规则和道德伦理标准的制定，促使企业以负责任的态度，在充分尊重隐私、保障信息安全的基础上实现"元宇宙"发展。

尽管元宇宙与数字孪生初看似乎是截然不同的两个概念，但实际上，它们在很多方面都有交集和依赖。从依赖性与独立性，到数据交互，再到价值与目的，它们之间存在着多层次的相互作用。因此，深入探讨这两者之间的关系不仅有助于我们更好地理解每个单独的概念，而且可以推动两者在实际应用中的更好融合。

元宇宙，是一个虚拟的、高度交互的环境，人们能够在其中进行各种社会、经济和娱乐活动，其目标是构建一个自由、开放和充满无限可能的数字空间。数字孪生则主要集中于创建物理世界中事物或系统的数字模型，这些模型旨在准确地模拟和预测物理世界的现实情况。从这一点来看，元宇宙和数字孪生似乎是相反的两个概念：前者是以虚拟为中心，后者以物理现实为中心。然而，在更深入的层次上，两者之间实际上存在许多交集和相互依赖的关系。首先，元宇宙并不能完全脱离物理世界而独立存在，它依赖于物理世界中的硬件设施（如服务器、网络等），以及社会、经济和文化因素，这意味着即使是一个高度虚拟化的环境，也必须考虑其与物理世界的关联。其次，数字孪生的应用并不仅限于模拟物理世界，它也可能在元宇宙中找到有用的应用场景。例如，通过数字孪生技术，我们可以在元宇宙中创建更为真实和准确的模拟环境，这不仅可以提高用户体验，也可能带来全新的应用可能性。再次，从数据和计算需求的角度来看，元宇宙和数字孪生都需要大量的数据处理和高性能计算能力，这意味着在技术实现上，两者有可能会发生某种程度的合作或融合。最后，从价值和目标的角度来看，尽管元宇宙更注重于社交和文化价值，而数字孪生则更注重于科学和工程价值，但这并不意味着它们不能相互补充或互有贡献。例如，数字孪生的准确模型可以用于元宇宙中更真实的场景构建，而元宇宙可以为数字孪生提供更多样化的应用场景。深入地探讨和理解这些交集和相互依赖的关系，可以帮助我们更全面地了解元宇宙和数字孪生这两个概念，还可能推动两者在未来的发展和应用中实现更有效的融合和互补。

## 4.4.4　面向文化创意的群智设计高效创新协同

世界已从二元空间即物理—人类（Physics-Human，PH）空间演变为三元空间即信息—物理—人类（Cyber-Physics-Human，CPH）空间，并进入四元空间即信息—物理—机器—人类（Cyber-Physics-Machine-Human，CPMH）空间[1]。在四元空间和数字经济时代，工业设计面临着如何转变思维，创造新的想象空间、新的场景体验和新的科技美学，并借助新的平台、技术、工具而升级发展的问题。随着互联网和人工智能技术的快速发展，人类社会由信息化时代步入了智能化阶段，社会的群体性已经在互联网上以群智方式呈现，网络信息空间智能体的类型和数量日趋多元化，如图 4-29 所示。人类的创新设计从强调与追求个体智能，转化为重视基于网络的群体智能，群智涌现模式不断出现，形成群体智能的互联网服务。借助互联网的飞速发展，文化生产和创造进入了群智创新的阶段。

---

1　吴朝晖 . 交叉会聚推动人工智能人才培养和科技创新 [J]. 中国大学教学 ,2019(2):4-8.

图 4-29　数字时代新体验

群体智能是指通过特定的组织结构，吸引、汇聚和管理大规模自主参与者，使自主参与者以竞争或合作等自主协同的方式共同应对挑战性任务[1]，目前主要分为群智感知和群智计算。需结合群体智慧与机器性能来解决快速增长的人类难题，群智计算按难易程度分为 3 种：实现简单任务分配的众包模式、支持较复杂工作流模式的群智协作及最为复杂的协同求解问题的生态系统类群智计算模式[2]。

群体智能最早出现在计算机领域，被应用于细胞机器人系统的描述中，特点是群体具有自组织性[3]。到了人工智能 2.0 时代，群体智能是一类超越个体智力的智能形态的总称，这类智能形态出现的目的是通过互联网组织架构和大数据驱动的人工智能系统，吸引、汇聚和管理大规模参与者，以竞争和合作等多种自主协同方式来共同应对复杂的挑战任务[4]。

目前，群体智能的研究主要集中在计算机科学领域，但同时关注商业、医疗、保险、社交网络、网络监控等行业。随着群体智能的进一步发展，群

1　中国人工智能 2.0 发展战略研究项目组 . 中国人工智能 2.0 发展战略研究 [M]. 杭州 : 浙江大学出版社 ,2018.

2　Michelucci P, Dickinson J. The power of crowds[J]. Science, 2016,351:32-33.

3　SMITH E. Swarm intelligence: from natural to artificial systems[M]. New York: Oxford University Press, 1988.

4　罗仕鉴 . 群智创新 : 人工智能 2.0 时代的新兴创新范式 [J]. 包装工程 ,2020,41(6): 50-56,66.

体智能给社会形态带来更加深刻的变革，人类社会的创新模式也会进入到群智创新时代，这将会给文化生产模式以及文化传播生态带来方法论与价值观的变化。

相比群体智慧，群体智能更加注重技术，特别是人工智能技术对于最终智能形态的影响，同时也会更加注重其本身对于社会产生的效益，旨在驱动整个信息社会的各个方面的创新，特别是应用创新、体制创新、管理创新以及商业创新。

数字共生时代下的虚拟文化空间中，文化创作者可以通过群智协同的方式，借助云化数字资源池、链接实体、虚拟空间，使有文化需求的个人、团体、机构等利用数字资源进行协作，颠覆传统创新方式及过程，突破企业、地域、文化等多重边界，带来新兴群智文化创作形式。利用云计算技术的云上数据弹性、灵活性、高可用性等特点，使计算、存储、网络等资源彻底解耦，按应用负载提供实时弹性伸缩、全域多点可用的设计协同服务，从而在虚拟文化空间中聚集群体智慧满足文化上云成为数字资产、文化数据资产在云端流动、文化数据资产便于分析和优化的当代文化创作需求。

随着人类社会进入云共生阶段，群体智能对文化内容创作，特别是需要以大数据驱动的多角色、多任务并行的创新文化创作生产方式产生了深远的影响，从而构造出云共生时代下虚拟文化空间内数字文化创作的模式。

**1. 面向文化创意的群智高效协同的研究内容**

（1）群智设计知识网络与知识图谱构建。综合研究各领域的多学科设计知识，实现多源异构跨媒体文化大数据的设计知识挖掘；研究群智设计中不同领域文化知识的知识建模、知识融合与知识推理，充分利用文化数据的关联与交叉，结合设计语义学，构建设计知识图谱，实现文化大数据的价值最大化。

（2）群智数据感知与文化资源设计知识自动生成。研究群智活动中多模态数据感知方法，实现围绕文化资源设计知识生成的有效数据获取；基于多源群智大数据处理，对群智的模糊设计语义进行分析、理解、表达与转化，实现文化资源创意方案修改、补充、完善及迭代间的多感知交互；研究群智知识生成机器学习模型和数据挖掘算法，提升群智大数据知识发现的深度、广度和质量，解决融合想法流（Idea Flow）、数据流与知识流的设计模型求解问题，实现群体智慧方案的文化资源创意设计方案智能生成。

（3）多源异构群智文化资源设计知识融合。研究群智设计多源异构文化数据融合方法、融合产生群智个体知识对应的数据，消除数据中存在的矛盾、歧义和冗余，建立群智文化数据语义的一致性；构建群智文化资源设计知识点的匹配和关联，研究群智文化资源设计知识的冲突消解方法，使同类知识内涵统一，实现合理的知识融合。

（4）群智文化资源设计知识生态演化。按照群智数据与文化资源知识的内在关联机理，结合基于群智数据的知识生成方法，研究群智文化资源设计知识的迭代演化和进化方法，不断更新、提升和优化知识结构和系统。

（5）文化创意设计方案评价指标体系。对于不同的问题和领域，其解决方案是不相同的，设计方案的评价指标和体系也是有差异的，需建立多学科、多角色人群的设计方案综合评价指标体系与推理机制，并与设计知识融合，为设计方案的进化方向和路径提供指导。

（6）知识产权保护与激励。在群智文化创意设计环境下，参与者的想法、创意、诚信及对其他参与者方案的修改、完善和评价等，都需被记录、保护和激励。通过交易语法来保证所有参与人员和节点都遵循相应的交易规则，利用数字水印的方法对创意和设计方案数据进行处理，采取区块链技术，对群智文化创新方案的知识产权进行动态协同保护，计算贡献量与报酬分配，建立合理的激励机制与可回溯机制。

（7）群智文化创意设计知识服务平台的开发。开发融合大数据的群智文化创意设计知识服务平台、技术与工具集、文化资源设计知识库，通过智能化技术和文化资源设计知识服务的深度集成与有机融合，为群智设计活动提供平台支持[1]。

---

1 罗仕鉴.群智设计新思维 [J]. 机械设计 ,2020,37(03):121-127.

## 2. 面向文化创意的群智高效协同的组织模式

在智能时代，创新呈现新趋势，对数据的依赖性越来越强，并且创新周期加速，创新过程更具合作性与包容性。群智创新是全域性、多层次的全民协同创新模式。在文化产业中可协同个人、机构、企业、政府、产业、科研院校等不同组织，汇聚各方协同开发创新软件、工具和平台等，建立群智网络生态；面向设计师、客户等多元角色，融合自然科学、社会科学、艺术、设计等不同学科，突破时空限制和技术壁垒，通过大数据促进整个网络裂变，产生巨大效应，融入群智创新力量赋能产业，提升商品和产业的转化率，推动产业协同升级[1]。

通过"需求引导＋平台汇聚＋多元协同＋设计产业网驱动"来激发文化产业中所有参与者协同创新，即以需求数据为引导，将设计创新平台作为产业网基础，汇聚社会各界的资源、知识。例如，企业引入客户关系管理进行智能化大数据分析，以此建立更为紧密的企业与用户之间的关系。

以"多元协同"为提升用户体验价值的通道，具体内容如下：多角色，涵盖需求方、生产方、供给方、营销方、监管方等多方角色，具体有企业管理者、设计人员、客户、社会大众、销售人员等；多需求，涵盖产品功能需求、交互需求、情感需求、文化价值需求等；多学科，涵盖自然科学、社会科学、艺术、设计科学等；多组织，涵盖政府、产业、院校、科研机构、媒体、金融机构等；多通道，涵盖视觉、听觉、触觉、味觉、嗅觉等；多媒介，涵盖电脑、手机、PAD、VR、AR 等。借助设计产业网的跨界资源链接实现各方价值共创，智能技术与信用体系是驱动全网群智创新系统的支持与保障。

文化产业中群智创新协作的基础是文化创作群体的高效协作，通过对多种多元数据进行采集、汇聚，并对群体创意形成、设计方案生成行为的数据进行监测和获取来实现。群智创新让人人成为文化创作者，群智创新协同是大众化协同，其创新围绕"文化创新"开展，创新的目的在于为个人、机构、

---

1　罗仕鉴，田馨，梁存收，等. 设计产业网构成与创新模式 [J]. 装饰,2021,6:64-68.

企业、政府、产业、社会共创价值。在感知、接收到创新任务后，激发个体智能创新协同需提取文化创客的特征度量、分解创新任务并合理匹配创作者与任务，根据个体行为检测实现任务调整。而激发群体智能创新协同则需建立群体行为模型、构建群体特征知识图谱，并对创新任务的群智适配做动态调整。

围绕"文化资源"进行群智创新共享，在文化产业中实现群体间开放式资源共享能提高群体协作效率。需以"文化资源"为中心，实现文化产业与外部环境的联通，将外部资源向群智创新平台汇聚与共享，建立群智文化资源模型，实现群智文化资源的高效管理，以及面向数字文化消费各参与主体的个性化定向推荐。

建立多元反馈的群智创新协作优化，对文化产业中各构成主体的行为过程数据间相互的协作状态进行刻画及分析预测，通过分析各过程主体的协同流程，利用反馈效能分析技术建立群体协作反馈优化模型，以提升群智创新协作的质量与效率。

**3. 面向文化创意的群智高效协同的关键技术**

（1）群智数据感知与表达技术。研究群智活动中多模态数据的感知与获取技术，实现围绕知识生成目标的有效数据获取，对群智的模糊文化资源设计语义进行分析、理解、表达与转化，实现文化创意方案与修改、补充、完善及迭代间的多感知交互；研究群智文化知识生成机器学习模型和数据挖掘算法，提升群智大数据知识发现的深度、广度和质量，解决融合想法流、数据流与知识流的文化创意设计模型求解问题，实现群体智慧文化创意方案的智能生成。

（2）多源异构群智文化创意设计知识融合技术。研究群智文化创意设计数据融合方法，融合产生群智个体文化知识对应的数据，消除数据中存在的矛盾、歧义和冗余，建立群智文化数据语义的一致性；建立群智知识点的匹配和关联方法，研究群智文化创意设计知识的冲突消解方法，使同类知识内涵统一，实现合理的知识融合。

（3）群智文化创意设计知识生态演化技术。按照群智数据与文化知识的内在关联机理，结合基于群智文化数据的知识生成方法，研究群智文化创意设计知识的迭代演化和进化方法，不断更新、提升和优化知识结构和系统。

（4）文化创意产品设计评价技术。采用多种方法和技术，包括感性工学中的因子分析、多元回归分析、眼动试验等线性方法，以及模糊逻辑、神经网络、遗传算法、群智感知与计算等非线性方法，来建立群智文化创意设计方案的约束性评价指标与体系，并进行多层次迭代优化评价。

（5）知识产权保护与激励技术。通过交易语法来保证所有参与人员和节点都遵循相应的交易规则，利用数字水印的方法对文化创意和设计方案数据进行处理；采取区块链技术，动态协同地对群智协同文化创新方案进行产权保护，计算贡献量与报酬分配，建立合理的激励机制与可回溯机制。

**4. 面向文化创意的群智高效协同的价值特点**

（1）创新文化创意设计范式，建构文化创意设计生态。通过互联网平台，借助人工智能方法、技术与工具，整合多学科跨领域资源，挖掘全民文化创新设计想法流，从单线条和多线条的文化创新设计模式向网络状的协同整合创新文化创意设计模式转型，构建新的文化创意设计生态系统，包括设计链和供应链等，实现全面创新。

（2）保护共享产权，优化激励机制。采用区块链技术，利用分布式节点共识算法来验证、存储、更新数据的去中心化计算范式，通过去中心化、匿名化、难以窜改等特性，推进新 IP 的建立、共享和推广，构建链条经济，融合智能合约和数字水印技术，进行设计知识产权确权、交易、共享、假冒检测及侵权鉴定，推进专利审查周期的压缩和纠纷快速处理，提高文化创意设计知识产权保护效率，共享利用，降低文创设计成本和风险，协同维护数字文创设计内容产业规范化运营，优化创新机制。

（3）提升用户体验，实现共创价值。通过网络和新技术的高度融合，链接用户并计算分析用户的真实数据。这样可以深入了解用户在特定场景中的心理和行为变化，从而创造新的服务场景并弥补数字鸿沟。同时，致力于建立同理心的设计模式。准确获取与表达协同接触点，引导或满足用户的需求；提升转化效率，延展覆盖范围，加快资源流通，以提升场景服务质量和用户体验，建立设计价值评判体系和用户体验标准，实现价值共创。

**5. 面向文化创意的群智高效协同的层次模型**

设计可分为本体、行为和价值三个层次，如图 4-30 所示。同样，基于群智的文化创意设计也可从这三个层次上展开论述，基于群智的文化创意设计的三个层次以本体层为基础[1]，以价值层为目标，以行为层为连接桥梁，互相关联，相互支撑。

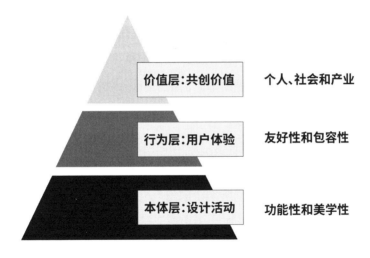

图 4-30　面向文化创意的群智设计三层次

（1）本体层，本体是对世界上客观存在物的系统描述，即对事物的本来面目和所具有的属性等描述。反映到基于群智的文化创意设计中，主要关注群体智慧和设计本体，包括基于群智的文化创意设计的技术架构、网络平台、工具集、知识本体、设计活动及设计给用户带来的感受。在本体层，基于群智的文化创意设计关注设计活动本身、基于群智的文化创意设计方案的生成与迭代，强调设计的功能性和美学性。功能性是指基于群智的文化创意设计的技术、平台、设计工具和知识网络是否完善，是否解决了实际问题，

---

1　罗仕鉴, 李文杰. 产品族设计 DNA[M]. 北京：中国建筑工业出版社, 2016.

是否具有较大的数据量、转化率和用户量，设计的产品的功能性是否完备。美学性是指产品或者系统本身在视觉界面上的吸引力和美感。

（2）行为层，行为层关注基于群智的文化创意设计过程的用户体验，包括群智文化创意方案生成与迭代中的交互性、趣味性、操作效率和人性化程度。在行为层，基于群智的文化创意设计强调用户体验的友好性和包容性。友好性是指交互方式和体验使人感到愉悦、友好，容易识别和操作；包容性是指消除数字障碍，满足尽可能多的跨领域、跨学科人群方便使用，降低认知负荷和使用成本。

（3）价值层，价值层是基于群智的文化创意设计的终极目标，目的在于使人们更多地去关注基于群智的文化创意设计背后的故事及文化内涵，引起个人、社会的情感共鸣，最终形成特有的服务和共创价值。共创价值包括个人价值、社会价值和产业价值。个人价值是指个人的情感和价值观的形成；社会价值是指为用户衣食住行等方面创造价值，解决实际的社会问题和价值取向，体现对社会各阶层人的关怀和对生命的尊重；产业价值是指为企业、社会创造经济价值，带动产业升级，实现产业可持续发展。

### 4.4.5　智能创意设计激发文化产业"四新"动能

数字时代背景下，世界经济的产业重点从有形的物质生产转向无形的服务性生产，文化产业正日益成为国民经济的支柱性产业，文化软实力竞争也成为国际竞争新常态。在北美形成的市场驱动型发展，欧洲形成的资源驱动型发展，亚洲日韩形成的政府驱动型发展的同时，我国也高度重视文化产业的高质量发展，体现了为构建人类命运共同体提供文化力量的发展目标。在当下中国新型数字文化产业的兴起与传统文化产业的数字化转型的重要阶段，如何将融入智能技术的创意设计应用于文化产业，为文化产业发展注入新的动能，成为设计领域和文化产业亟待解决的重要问题之一[1]。

设计与技术的融合都伴随着设计范式的演进和变革，如同计算机 CAD

---

1　罗仕鉴，朱媛，田馨，陈安儿.智能创意设计激发文化产业"四新"动能 [J].南京艺术学院学报（美术与设计）,2022(02):71-75.

替代设计人员手绘，革新式融合促进了新产业、新模式的产生，进一步激发
经济提升动能。智能创意设计作为信息时代融合创意设计与智能技术的设计
模式，也正为文化产业的数字化发展与转型注入新的动能。智能创意设计下
文化产业的"四新"动能模式如图 4-31 所示。

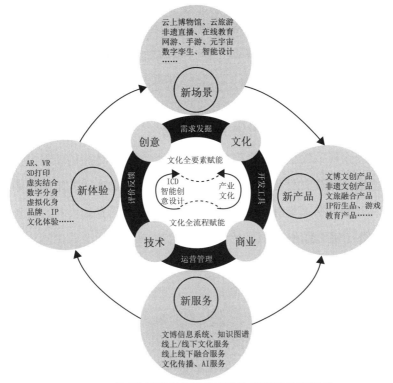

图 4-31　智能创意设计下文化产业的"四新"动能模式

### 1. 智能创意设计的动能机理

　　智能创意设计通过融合新技术和新主体，构建了文化产业发展的支撑力
量和基础，激发文化产业的始动性。一方面通过智能创意设计融入更多的创
新主体与产业主体，构建形成更加宽广的文化产业主体网络，推进文化内容
与文化产品的创新发展。另一方面通过智能创意设计产生的全新创意设计理
论与方法，特别是通过用户的需求发掘和评价反馈构建以用户为导向的创意
设计方向与目标，为构建文化产业的新场景、新产品、新服务和新体验提供

支持。

智能创意设计通过探索新模式、新业态、新产业构建文化产业发展的主要形式，激发文化产业的续动性。这种续动性体现在智能创意设计的内容和成果上，即以体验和服务创新构建新模式，以服务和产品创新形成新业态，以产品和场景创新形成新产业，通过全新的模式、业态和产业构建文化产业发展的新动能，推进文化产业发展新经济。

### 2. 智能创意设计的动能路径

智能创意设计对文化产业的动能激发主要体现在新场景、新产品、新服务、新体验四个方面的核心链路上，同时区别于传统设计的应用路径，智能创意设计在文化产业中的应用是一个闭环路径，也就是新体验将会激发新的需求从而产生新一轮从新场景到新产品、新服务、新体验的闭环，往复过程中产生的数据能够实现对用户文化需求的个性化、动态化、定制化的智能全覆盖满足。隐含在核心链路中的则是"需求发掘、开发工具、运营管理、评价反馈"的智能技术融入创意设计的融合机制。

新场景是通过智能创意设计的方法，如大数据用户画像等发掘用户需求，或基于新的信息、数字、智能技术，在原有的教育、文博、游戏、设计等文化产业领域中提出新的文化场景，如云上博物馆、云旅游、非遗直播、在线教育、网游手游、智能设计等。例如中国国家博物馆的《永远的东方红》云展览，如图 4-32 所示，利用创意设计与信息技术，参照国博实体展厅的位置结构基础构建了云端"策展—布展—观展"的全过程。智能创意设计的结果大大拓展了博物馆的场景，使得不同地方的人可以通过网络实现足不出户的参观，同时也通过信息交互技术、三维模型、H5 互动体验小游戏，实现更多难以通过实地展览[1]展现出来的信息的传达，如图 4-33 所示。这也意味着虚拟场景从游戏逐步走入日常生活，随着 5G 技术的发展，新基建为

---

1 童芳.数字叙事：新技术背景下的博物馆设计研究 [J].南京艺术学院学报（美术与设计）,2020(03):165-171,210.

虚拟世界"元宇宙"的实现提供了低延迟和随时随地的体验保障[1]，AR、VR技术提供了沉浸感，边缘计算、区块链技术则保障元宇宙经济体系、社交及文明等要素。"元宇宙"的形成并非一步到位，在构建过程中必定会形成多样的新场景，智能创意设计的应用将以设计思维消融物理空间与虚拟空间的边界，拓展文化的表现空间，构建文化消费新场景。

图 4-32　中国国家博物馆《永远的东方红》云展览

图 4-33　敦煌诗巾

　　15000 多家景区与博物馆资源在智能导览内容基础上，从线下旅游导览向线上文博展览、历史文化课程、艺术鉴赏、旅行 FM 等内容延伸，打造了

1　Bektur Ryskeldiev, Yoichi Ochiai, Michael Cohen, Jens Herder. Distributed Metaverse: Creating Decentralized Blockchain-Based Model for Peer-to-Peer Sharing of Virtual Spaces for Mixed Reality Applications [C]. Proceedings of the 9th Augmented Human International Conference, 2018: Article39,1-3.

线上线下文旅融合的文化新服务模式，如图 4-34 所示。除了平台对用户的单向服务输出外，随着智能硬件、物联网、5G 等技术的成熟，利用智能技术对用户物理信息交互行为和数字信息交互行为进行建模，为用户在智能博物馆中进行兴趣点推荐，提升服务的精准性[1]。

图 4-34　全球旅行文化内容平台"三毛游"

新服务导向新体验，AR、VR、3D 打印等技术的成熟使得虚实结合体验成为可能，而传统的品牌、IP 的体验也将在智能创意设计的参与下焕发新生，最终指向文化新体验，体验后的评价可反馈于场景，帮助完善或构建新场景。连接物理世界与虚拟世界的方式包括以增强现实（AR）为代表的新技术，能够增强观众交流体验并吸引新观众，通过多感官刺激产生情绪沉浸获得更好的体验[2]。虚拟世界的体验也随着技术与设计的深度融合变得更加多样与沉浸，数字分身或虚拟化身的概念正通过 Imvu、Roblox、Genies 等游戏的方式展现未来虚拟世界的新体验，用户会在网络拥有现实世界的角色镜像，在虚拟世界进行如消费、社交等行为，随着技术发展和算力增强，通过 VR、AR、MR、5G 技术等信息技术及其他人工智能技术，加之物联网、脑机接口、智能穿戴、全息投影等软硬结合技术，大大提升虚拟空间的文化

---

1　Hashemi S H, Kamps J. Exploiting behavioral user models for point of interest recommendation in smart museums[J]. New Review of Hypermedia and Multimedia,2018,24(3):228-261.

2　Nechita F, Rezeanu C. Augmenting Museum Communication Services to Create Young Audiences[J]. Sustainability, 2019,11(20):5830.

体验。

### 3. 基于"创意—技术—文化—商业"的动能评价

智能创意设计激发文化产业新动能的评价维度由创意、技术、文化、商业四个维度构成，不论是"新场景、新产品、新服务、新体验"四新动能的评价，还是"需求发掘、开发工具、运营管理、评价反馈"的智能技术融入创意设计的融合机制评价，四个维度缺一不可。

文化和商业两项评价指标是价值性评价指标，文化产业由于其社会价值性，不能仅以经济利益或功能收益为首要衡量标准，文化指标应作为最基本、最重要的评价指标，一般可以从文化的表现力、传播力、塑造力评价智能创意设计应用于文化产业是否表现、传播、塑造了文化，实现文化价值；商业指标作为可量化指标，一般能从设计研发投入、商业收益、市场占有量等评价智能创意设计是否在商业上为文化产业带来收益，实现经济价值。

技术和创意两项评价指标是本质性评价指标，智能创意设计本身天然带有技术和创意融合的创新本质，技术指标作为理性特征指标，一般从技术的先进性、合理性、创新性等方面对智能技术应用进行评价；创意指标作为感性特征指标，除了创新性衡量指标外，还包括人文性、艺术性等更偏重情感的指标。

综合四项评价标准可以从本质到价值全方位进行衡量，也能够在评价后对设计方案的修改或设计进行导向性建议，以弥补不足或突出优势来完善设计在文化产业中的应用。

第五章

# 文化产业数字化的内生生长与外生进化

5
CHAPTER

明者因时而变，知者随事而制

——西汉·桓宽《盐铁论》

立足文化产业内部价值，驱动产业资源活化，紧跟文化产业外部发展趋势和变化，通过内生外协构建文化产业数字化发展通用、高效新模式、新业态。

文以数载
数以道明

随着数字经济的发展，文化产业数字化变革成了重要的议题，在文化出海、文化新基建、数字经济的多重驱动下，中国在文化产业数字化方面进行了深入的探索，文化战略布局也从边缘位置转向核心战略位置。

数字信息时代背景下，文化产业数字化的发展出现了两种密切相关的趋势：一是产业整合的趋势，文化产业在产业内部及与其他产业之间的结盟或重组如火如荼；二是空间上的聚合趋势，文化在特定的城市空间形成高度的集聚倾向。文化产业将从传统、单一、离散的产业发展模式转变为跨越地理空间、技术限制的多产业多领域共创的文化产业高效发展模式。

当前，中国文化产业发展依旧存在诸多问题，如供给侧不均衡、线上消费能力不足、数字资源未打通、缺乏顶层数据链路、数字公共文化服务起步晚、数字智能文化装备技术支撑不足等。本章将从文化产业数字化内生生长和外生进化的角度出发，剖析当前文化产业数字化的发展趋势并提供针对性的意见，如图 5-1 所示。

文化产业数字化的内生生长属于文化内环研究，需立足文化产业内部价值，在文化产业数字化内循环生态子系统中，在市场端引领供给侧结构性改革、生产端带动文化智能装备智造、人才端引导文化创客崛起、技术端赋能传统文化创作，四端发力加大内部文化创意、设计、生产、制造、销售、流通、传播，激活文化产业内部因素。

文化产业数字化的外生进化属于文化外环研究，文化产业数字化外循环生态子系统中，需以平台思维建立产业联动，强调多产业融合发展、做好为多产业融合提供原动力的文化大数据平台开发工作，推进文化资源标准化采集和文化风格资源入库管理，实现文化产业网络建设，积极搭建数字化公共文化服务平台，支持文化消费带动多平台营销创新。

在此基础上，打造文化产业数字化内外生态系统，共同推动文化产业的内容创新、设计创新、服务创新以及体系创新。坚持以"文化强国"为核心目标，建构共知共享、共协共治、共创共生、共赢共荣的内外双循环机制，助推文化产业数字化发展。

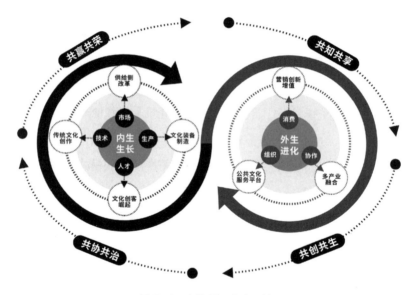

图 5-1　内外循环生态系统

## 5.1　文化产业的内生生态子系统

文化产业数字化的内生生长属于文化内环研究，从产业内部发展的视角，探究文化产业内部发展的生长策略与链路。立足文化产业内部价值，构建文化产业供给侧结构性改革、文化智能装备制造、文化创作开发、传统文化开发等四大引擎，拉动文化产业内部增长，活化文化产业内部资源，从中长期的角度思考文化产业发展战略与努力方向，开展可持续的内部自我价值增值研究。

文化产业数字化的内生生长的分析文献来源于 CNKI 数据库。以文化产业 + 供给侧结构性改革、文化产业 + 人才培养、文化产业 + 智能制造、文化产业 + 文化创作作为检索的关键词，在核心数据库中进行检索，检索从 2016—2022 年共 6 年间的期刊论文，共获得有效文献 1481 篇，整体的发文趋势呈现增长的态势。

采用 CiteSpace 5.7 绘制文化产业数字化内生生长发展的知识图谱，在 CiteSpace 中选取关键词进行其共现分析，如图 5-2 所示，主要比较了关键词聚类的情况，分析了国内关于文化产业数字化在供给侧结构性改革、人才培养、公共文化服务、文化创作、数字化治理等文化产业内环研究的子部分的研究演化阶段，同时基于关键词得出突显词的分析内容[1]。

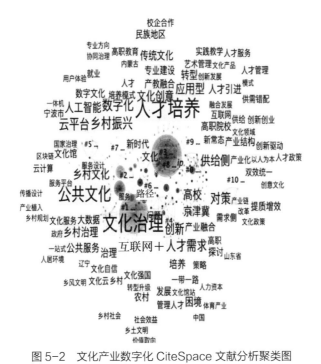

图 5-2　文化产业数字化 CiteSpace 文献分析聚类图

---

1　Chen C.Science mapping: A systematic review of the literature[J].Journal of Data and Information Science,2017,2(2):1-40.

　　知识图谱中的每个节点代表相关的关键词，节点中的关键词的大小代表了在该话题下，该关键词出现的频率，关键词越大，出现的频率越高，两个关键词之间的相关关系通过节点之间的连线表示，连线的粗细代表了两个关键词之间的关系强弱。可以看出，乡村振兴、人工智能、云平台、文化治理、公共文化、互联网＋、人才培养、供给侧等都是频率较高的研究热点。

　　而从文化产业数字化内生生长涉及的 4 个子研究领域的关键词中，可以看出在人才培养的话题下，应用型人才、人才引进、高职院校、创新创业、人才管理是较为热门的话题。在文化创作的话题下，文化消费、产业融合、文化供给、创新驱动、实践基地、创意写作、文化产品等是较为热门的话题。在供给侧结构性改革的话题下，文化出口、创新驱动、动漫游戏、内生增长、人力资本、文化消费等是较为热门的话题。在文化产业人才培养的话题下，高校、高职院校依旧是主要阵地，同时发展应用型人才，注重人才引进和人才队伍的建设、文化产业创意人才的培养。在文化产业数字化治理的话题下，文化空间、国家层面的治理和政府治理、生态治理成为热点，在发展乡村文化，注重基层治理和社会治理的高效性的同时，注重产业带的发展。在公共文化服务的话题下，研究热点在于利用互联网＋的发展契机，在大数据、云平台等技术的帮助下，实现文化馆、文化云的建设，实现服务效能和资源整合，助力乡村振兴和城市社区建设。

　　在文化产业数字化发展内生生长子模块的突显词表（见图 5-3）中，可以看到供给侧结构性改革、文化创意、新时代、高职教育、文化自信、乡村振兴、文化治理、乡村文化是较为新出现的词语，其中从乡村振兴、乡村文化、文化治理可以看出在"三农"发展的过程中，我国对农村发展的要求不仅仅只局限于农村的农业发展、农产品发展。更是投入精力到农村的文化建设中，实现乡村振兴的目标不仅是物质的富足更加是文化精神的富裕。

| 关键词 | 年份 | 强度 | 开始 | 结束 | 2016—2022 |
|---|---|---|---|---|---|
| 供给侧结构性改革 | 2016 | 2.49 | 2016 | 2017 | |
| 文化创意 | 2016 | 2.96 | 2017 | 2018 | |
| 新时代 | 2016 | 3.22 | 2018 | 2020 | |
| 高职教育 | 2016 | 2.15 | 2019 | 2020 | |
| 文化自信 | 2016 | 2.15 | 2019 | 2020 | |
| 乡村振兴 | 2016 | 7.05 | 2020 | 2022 | |
| 文化治理 | 2016 | 5.56 | 2020 | 2022 | |
| 乡村文化 | 2016 | 3.58 | 2020 | 2022 | |

图 5-3　文化产业数字化 CiteSpace 文献分析突显词

从文化产业数字化内环研究的 CiteSpace 文献分析的关键词时区图可以看到，文献分析的是 2016—2022 年近 6 年内的相关文献，2016 年出现的关于文化产业的内环研究的讨论较多，主要集中在人才服务、互联网、文化对策、双效统一、需求侧改革、应用型人才培养、供给侧结构性改革、高职院校、人才管理、人才需求、文化治理、培养模式等，此后的几年中关于文化产业内环的研究呈现出逐渐减少的趋势，更多地关注文化产业的外环研究。2017 年较为热点的话题包括产业化、供需错配、创新创业、农村文化、管理人才、传统文化、"一带一路"、文化创意、产业融合。2018 年的研究关键词包括艺术管理、乡村文化、文化云建设、人才培养中的实践教学、文化馆的建设、公共文化服务、大数据和民族地区的文化发展问题。2019 年较为关注的包括乡村治理、数字文化、人工智能、文化自信、乡村振兴。2020—2022 年主要为文化强国、高职教育和校企合作。

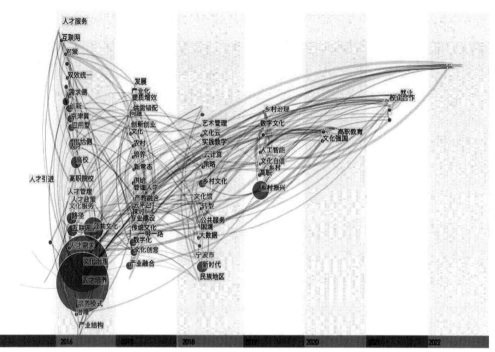

图 5-4　文化产业数字化内环研究的 CiteSpace 文献分析之关键词时区图

### 5.1.1　市场拉动文化产业供给侧结构性改革

文化产业供给侧结构性改革是指在供需失衡的大背景下，采用改革的方式重新调整经济结构，使得各个经济要素实现最优配置，逐渐淘汰低端供给，提高中高端供给，加强有效供给结构对文化消费结构的影响，提高文化产业生产效率，以此来满足人们对物质文化的需求。充分利用高新技术产业对于文化产品的创作、挖掘、创新的支撑作用。科技创新成果的发展为文化产业供给侧结构性改革提供了战略动能，着重关注互联网的传播形式与特点，并以此创造出更加优质、多样、个性的数字文化内容，并强调不同内容形式之间的互通与融合。

以中国网络视频市场为例，技术层面上看，VR、AR 和 CG 渲染场景等数字技术的发展推动了传统音视频的发展，使得画面更加逼真，强调了用户的参与感，也更加适合在移动端进行大范围的传播，短视频、微电影等成了当下人们娱乐消遣的重要方式。2020 年中国网络视听行业报告显示，网络视听行业市场中比重最大的是短视频行业，占到了 34.1%，全年营收 2051.3 亿元，同比增长 57.5%。排名第二的是综合视频类，占到了 19.8%。其次分别是网络直播（18.9%）、OTT/PTV（12.4%）、内容制作（9.1%）、网络音频（5.6%）[1]。2021 年电影《长津湖》登上银幕，影片通过采用先进的电影工业技术，将抗美援朝战役中的壮烈景象充分地呈现在观众的面前，通过高科技打造了极具冲击力的视觉影音体验，唤起消费者对于保家卫国的强烈情感。其中的 CG 电影特效场景历时 11 个月完成，聚合了国内外八十多家特效公司，其中包含了四千多个特效镜头，表达效果达到了国产电影的天花板。导演采用了足球比赛中常见的"飞猫"索道系统，实现了远景和特写的完美衔接，也充分体现出我国在电影视效方面的软实力。

当前，人民的需求进入了文化精神消费和品质消费的时代。文化产品和文化服务的问题主要体现为订单加工与简单模仿的低级生产模式的矛盾。文化产业有着明显的周期波动，政府与市场的干预形成了一股反周期的力量，但是对文化产业的增长产生了负面影响，且东西部文化本就有着较大的差异。文化消费的增长，逐步地考验着文化供给的快速反应和灵活调整能力。文化市场供给侧结构性改革主要可从以下几个方面思考，如图 5-5 所示。

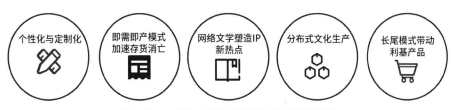

图 5-5　文化产业市场供给侧结构性改革示例

### 1. 个性化与定制化逐渐兴起

当今社会，原本只能出现在线下的文化活动已经可以在线上如期举行，诸如"云博物馆""云旅游""云音乐会"等在新冠疫情期间让原本的不可能

---

1　中国网络视听节目服务协会 .2021 中国网络视听发展研究报告 [EB/OL].（2021-01-01）[2022-04-23]. http://tradeinservices.mofcom.gov.cn/article/wenhua/shujutj/tongjifb/202106/116901.html.

变为了可能，各个线上媒体以及各地政府对"云端展会""云端论坛"首次进行了大规模实验，将各地的景点通过 VR、AR 等现代技术向社会投放，人们真正实现了足不出户就可以浏览我国的大好河山的美好愿景。故宫开展了"VR 故宫""全景故宫""云游故宫"观展等富有高科技含量的活动；敦煌研究院与《王者荣耀》强强联合，推出了一系列敦煌皮肤，让越来越多的年轻人了解并喜欢上了敦煌文化，并且利用数字资源推出了"数字敦煌"精品线路游、"云游敦煌"小程序等一系列线上产品。新冠疫情期间，各地也都通过各个渠道大力推广相关措施。5G 的发展推动了 VR 在智慧文旅展示、产品营销、景区观光等文旅细分场景的落地。VR+ 文旅的发展，可以拉近游客与景区的距离，将游客带入人迹罕至、难以到达的景区内部，通过 VR 视频和 VR 直播的方式带给用户全新的文化消费体验。同程艺龙发起的城市"方舟联盟"提供在线文化旅游服务，宁夏回族自治区作为"方舟联盟"首批重点旅游目的地，于 2020 年启动了"全域宁夏"在线应用。用户无需出门，即可快速获取关于宁夏的图形、音像介绍资料，通过 360°VR 影像资料，打造"在宁夏"的实地浏览体验。在线虚拟现实资料展示了沙坡头、镇北堡、岩画博物馆、金沙岛等当地著名景点的视频资料。

**2. 分布式文化生产模式**

互联网行业的迅速崛起，催生出了远程办公这一新兴办公模式，这也成就了文化产品创作的另一崭新思路，进一步推动了地区文化事业、文化资源的共享，以及地方性文化市场的共建和激发文化消费的倍增效应。线上文化生产办公的新模式形成了新的社会认知，线上办公这一远程协作方式有望给教育、服务、培训带来新的运营模式，给产业带来新的发展空间，从而进一步影响企业文化以及办公方式。新冠疫情期间推出的钉钉会议、腾讯会议等线上开会及办公软件，让在家办公、线上教育得到了更好的应用。以文化产业供给侧结构性改革为基础，从文化生产、文化供给、文化营销等方面来看，分布式生产也是集体生产的一种特殊形式，通过大规模的业余爱好者的参与，在虚拟文化空间中，当每个人都掌握文化生产工具的时候，就可以实现人人皆文化生产者的目的，创意主体的边界正在逐渐模糊。

### 3. 长尾模式带动利基产品

长尾理论可以概括为在文化和经济重心加速转移的过程中，从需求曲线头部的少数大热门主流产品和市场转向需求曲线尾部的大量利基产品和市场，突破了林立的货架物理空间和货仓限制，许多小众的产品和服务逐渐具有和主流热点相媲美的经济吸引力。长尾理论在通过互联网表达和传播的文化领域逐渐兴起，如在线音乐、在线阅读、游戏、动漫等文化细分领域。文化产业长尾模式的关键在于文化供给的多样性和丰富性。互联网的发展为虚拟文化空间提供了技术支撑，在虚拟文化空间中，新文化利基产品迎来了大爆发。以网易云音乐为例，软件中储备的冷门音乐，这一特殊利基产品数量远超热门音乐。并且随着数字生产技术得以逐渐普及，移动互联网发展使得数字产品失去了物理空间限制，虚拟文化空间中以字节为单位的云端存储空间可供应大量数字产品。这样看来，互联网产业的腾飞，不仅削减了人力成本，而且增强了产业效率，更好地带动了市场消费。音乐的自动推荐、自动排名和搜索技术，极大地降低了消费者搜索成本，使他们可以快速地找到目标商品。歌单评论、热门推荐等基于其他消费者行为的指示信号，带动新消费者决策。这些过滤器将消费者需求拉向了长尾的后半段。因此，即使利基产品不能形成大的销售量，但是当聚合起来的时候，也可以形成另外一种市场模式。

### 4. 即需即产模式加速存货消亡

面对零售商品市场的供需失调，在图书市场上，亚马逊公司首次提出了即需即印的模式，将图书的内容转化成为数字化内容，一旦顾客下单，就会采用激光打印机立刻印刷。因此在 2005 年，亚马逊收购了顶尖的即需即印企业 BookSurge 公司，尝试以一种不占用空间也没有任何成本的全新存货方式。当然这种模式需要基于整个市场和科技的成熟，将单件商品的成本压到最低，但是这无疑是一种趋势。2020 年淘宝造物节上推出了"淘宝打手"这样一个基于 3D 打印技术的极速购物体验模式，利用 3D 打印技术实现"现打现拿"。3D 打印机与淘宝连接，想要购买的商品可以直接打印；打开淘宝后选择心仪的商品，只需点击屏幕中的"立即打印"，家里的 3D 打印机会自动执行命令，直接下载图纸开始打印，产品一体成型。将 3D 打印首次推进到"分钟级"，其使用的 LEAP 超高速光固化技术相较于传统的 3D 打印速度快约 100 倍，在现场只用七八分钟就可以打印出一个桌面摆件。这将为文化装备制造，特别是针对文具制造、节庆用品制造、玩具制造等文化消费用品生产带来巨大的发展契机。

### 5. 网络文学塑造 IP 新热点

与传统的文学体裁相比，网络文学是一个准入门槛较低的行业，同时可以通过互联网进行简单快速的获取，在志趣相投的网文社区还可以与读者在线互动，网络文学平台充分地体现了用户创造的特点，目前国内的网络文学平台独角兽分别为阅文集团、掌阅、百度文学及阿里文学等，呈现出爆发的态势，随着移动互联网的普及，在线阅读具有广泛的用户市场，近几年一直保持相对较快的市场增长。如阅文集团旗下囊括 QQ 阅读、起点中文网、新丽传媒等业界知名品牌，拥有 1450 万部作品储备，940 万名创作者，覆盖 200 多种内容品类，触达数亿用户，已成功输出包括《庆余年》《赘婿》《鬼吹灯》《琅琊榜》《全职高手》在内的动画、影视、游戏等领域的 IP 改编代表作。企业在新增用户和付费用户两个方面更加体现出年轻化的趋势，为了满足年轻人的需求，网络文学平台在内容生产上也更加强调了年轻多元的题材。网文作家的数量呈现出年轻化、职业化的趋势，同时根据网络文学改编的 IP 成了另一热点，在 IP 的授权和影视制作上取得了巨大的进展，如《庆余年》《鬼吹灯》《古董局中局》等优秀的电视题材纷纷改编自网络文学小说。与此同时也需要注意到，由于其具备可复制性强、便于传播的特点，网络文学领域逐渐成了版权纠纷、网络侵权的重灾区，盗版侵权现象屡禁不止。

推动供给侧结构性改革有利于解决当前文化产业的结构性矛盾，加大文化装备制造业的技术研发和产品创新，推动文化企业科技研发和创新成果转化，加大关键领域的企业研发投入，优化文化产业的投资组成、产品组成和技术组成，补齐文化民生短板，增强优质文化供给、文化基础设施建设，实现局部落后地区的"文化精准扶贫"。

## 5.1.2 数字化助力文化创作开发

2016 年国家文物局、国家发展和改革委员会等多个部门联合印发了《"互联网＋中华文明"三年行动计划》，计划指出要将互联网产业的成果与传统文化相结合，寻找和弘扬文物的历史价值和时代精神，展现出我国古代文化的独特魅力。2017 年初，中共中央办公厅、国务院办公厅印发了《关于实施中华优秀传统文化传承发展工程的意见》[1]，把传承中华优秀传统文化进程推上了历史新高度。

在党的二十大报告中提出，要让中华优秀传统文化得到创造性转化、创新性发展。在对中华传统文化的深刻咀嚼后，立足当代社会风潮，结合当代创新的管理模式、技术手段、设计方法、组织理念进行传承与发展。开展丰富的文化艺术展演活动，将让收藏在博物馆里的文物、陈列在广阔大地上的遗产、书写在古籍里的文字都活起来，转化成为广大群众喜闻乐见和能够广泛参与的活动。真正做到"增强中华文明传播力影响力，坚守中华文化立场，讲好中国故事、传播好中国声音，展现可信、可爱、可敬的中国形象，推动中华文化更好走向世界"。

传统文化的数字化发展有以下四方面的推力：一是中华民族有着 5000 年历史，包含了丰富的传统文化，其中的历史人物、历史事件、朝代轶事为塑造传统文化 IP 提供了丰富的素材库；二是信息科技的不断发展，AR、VR、语音识别等人工智能技术优化了传统文化创作和传播中的手段和途径，使得在新科技赋能下的传统文化以一种更加开放、包容、多元的形态进入大众视野；三是消费者文化需求和国潮的兴起，改革开放以来人民日益增长的文化消费需求和互联网时代原住民的成长，不断地促进着国潮的发展，越来

---

1 中共中央办公厅，国务院办公厅. 关于实施中华优秀传统文化传承发展工程的意见 [EB/OL]. （2017-01-25）[2021-02-25]. http://www.gov.cn/gongbao/content/2017/content_5171322. html.

越多的传统技艺被搬上屏幕，走进生活；四是文化自信的构建和文化走出去的要求，伴随着经济的发展和中华民族伟大复兴的稳健步伐，文化自信的魅力逐渐散发，传统文化作为文化输出的重点，逐步培养了人民的文化归属感和自豪感[1]。

从商业效益来说，借助传统 IP 挖掘文化的商业价值，同时扩大文化的传播。从社会效益来说，将尘封的文化资源进行生命力的再造，进一步加大文化传播的深度和广度。从体验层面来说，新科技的应用给传统文化提供了更多的落地场景，同时拓宽了传统文化的传播渠道链路。

**1. 数字化为指——引领民族文化 IP 创新**

"一个民族的文化史就是一个民族的 IP 史。"中华民族的文化是一个瑰丽的文化宝库，绝大多数的文化产品都经过了大浪淘沙的历史筛选，其中的文化基因和文化精神是很好的创作素材。20 世纪 90 年代，敦煌研究院完成了"敦煌壁画计算机存储与管理系统研究"的课题，以此来支持关于敦煌壁画保护和发扬传承的计划，其中通过图像处理技术使敦煌壁画的数字化图像精度得到了有效提高。同时，近几年腾讯等文化巨头企业的加入，更是以敦煌为主要的创作 IP，创造了以敦煌艺术为主题的众多优秀作品。如通过 AI 技术将敦煌壁画上的舞蹈进行提取，合成为动态影像后在网络上播放，而且将敦煌壁画通过创新设计形成敦煌漫画，开发了更多的敦煌衍生系列的漫画和人物。

电商渠道拓宽了传统文化 IP 产品销售渠道。故宫淘宝平台是故宫文化产品在电商渠道的一次创新尝试，利用专业的营销人员和电商团队，推出了"朝珠"耳机、"奉旨旅行"腰牌卡、"朕就是这样的汉子"折扇等一系列产品，通过"世界那么大，朕想出去走走""朕就是这样的汉子""朕实在不知怎么疼你"等接地气的宣传语，降低了消费者的认知门槛。这样的创意性营销能够很好地抓住当前年轻人的喜好和兴趣点，用互联网的语言来讲述王侯

---

1　黄永林,余欢.智能媒体技术在非物质文化遗产传播中的运用 [J].华中师范大学学报（人文社会科学版）,2019,58(6):122-129.

将相的故事，更多地去思考产品使用的场景性，将文化倡议落实到场景中去，从而避免了各类旅游文化产品被束之高阁的现状。

信息技术驱动了传统文化 IP 传播。传统的非物质文化遗产大多是依靠口耳相传的方式进行传播，现阶段，快节奏的小视频、直播等媒体成了传统文化萌芽的土壤，从线上的观看延伸到线下的谈论，正是这些形式形成了传统文化的兴趣圈。越来越多的年轻人开始注重和发扬传统文化。古风音乐、穿汉服、举办大型古风会展，使得传统文化又一次出现在了人们的视野，而现代网络让我国传统文化传播得更快更远，让现代人有了坚定的文化自信，在互联网上推广也让更多的国风爱好者相聚在一起，对传统文化有了更明确的认知[1]。在进行造物的过程中，也要关注非物质文化遗产和物质文化遗产的和谐统一问题，在设计造物的过程中更注重产品"文化意义"的表达[2]。

腾讯新文创计划，致力于通过挖掘传统文化中宝贵人文、物品等特点，调动起广大创作群体的创作激情和灵感，通过"科技 + 文化"创新体系，在文化消费升级和消费者对美好生活的向往的消费动机下，进一步地迎合当代文化消费群体的需求，考虑新的消费群体的审美形态[3]。腾讯新文创计划通过与敦煌研究院、故宫博物院等机构合作，布局腾讯影业、阅文集团、腾讯动漫、腾讯音乐娱乐、腾讯电竞、腾讯游戏等各个商业业务里的 IP 植入和深化，如图 5-6 所示。腾讯新文创计划是腾讯公司面向未来文化领域发展的一场实验，借助腾讯云、微信平台、AI 智能工具、各优势实验室的资源，深度联合故宫博物院、敦煌博物馆等文化机构，以融合科技和文化为发展使命，将传统文化扎根活化于当下的潮流和文化消费中，重建新型的文化生产和文化消费的协同关系，通过文化创意的发展逐步解决社会问题，赋能文化自信传播，助力中国文化搭载文化出海的浪潮出发[4]。

1　刘中华，焦基鹏.文旅融合背景下海派传统工艺美术 IP 资源开发策略研究 [J].浙江大学学报（人文社会科学版网络版），2021,52(1):126-135.
2　李砚祖，朱怡芳.物质与非物质的统一———李砚祖谈造物文化 [J].中国非物质文化遗产,2020(1):154-159.
3　张胜冰，李研汐.新文创与大消费时代的消费伦理与观念变迁 [J].出版广角,2019(13):29-33.
4　唐琳.文旅新基建中少数民族文化消费数字化研究 [J].广西民族大学学报（哲学社会科学版），2020,42(5):74-79.

图 5-6　腾讯新文创活动

网址来源：https://tgc.qq.com/2019/web201911/main.shtml

方特集团自主开发的大型室内 AR 沉浸式轨道船体验项目《致远 致远》以家喻户晓的北洋水师"致远"舰为原型，打造了国内首个全自动水上巡航大型船载体验项目。该项目是华强方特集团在弘扬中华文化、讲好中国故事的使命感驱动下，结合主题公园前沿科技和创意形式，独家创意打造的国内首个全景演绎甲午海战全过程的大型室内高科技主题项目。游客将乘坐轨道船体验和见证"致远"号从诞生到沉没的传奇历程，领略近代以来中国人走向海洋的艰辛历程和建立现代化海军的伟大征程，感受传承百年不灭的"致远"精神。2021 年在多地开放后，项目凭借参与性强、交互性好、体验度深，受到游客欢迎。

该项目集合了数字虚拟影像场景、大型全程可控动感轨道船、高仿真特技特效、智能控制等技术，实现多元互动体验，让游客沉浸其中。以乘坐动感游船与场景数字特效的精巧结合，高度还原了甲午海战场景，回顾了中国海军百年征程。其内容立意深刻，又充分发挥科技赋能作用，增强旅游体验的参与性、互动感，通过极强的艺术表现力在潜移默化中对游客进行了爱国主义教育。

其充分利用科技赋能将文化历史与表演艺术有机融合，成为高科技红色文化主题公园的重点项目，显著带动当地文旅及相关产业发展提升，为主题公园数字化发展创新开辟了新道路。不仅丰富了数字文化消费业态，也成为爱国主义教育的重要补充，为我国主题公园发展提供了参考路径。

### 2. 数字化为轮——国漫崛起正当道

中华民族 5000 年的文化具有深厚的可挖掘的素材。多彩的民间传说和历史故事，为动漫创作提供了丰富的人物和故事原型，动画短片《舒振东华文打字机》以及动画长片《铁扇公主》是我国漫画和动画最早的产物。在此之后，便涌现出了很多经典的优秀作品，像《大闹天宫》《三个和尚》《宝莲灯》等家喻户晓的动画作品，也获得了国外艺术家和观众的青睐，但是随后我国的动漫发展事业进入了长时间的寒冬期。

随着以 90 后、00 后为主的互联网"Z 世代"逐渐成了文化消费的重要主体，网络游戏和动漫的消费也在逐渐升高。据《2021 年中国游戏产业报告》指出，2021 年中国游戏市场的实际销售额达到了 2965.13 亿元，相比 2020 年增长了大约 6.4%。国内网络游戏的用户量逐渐趋于饱和，在 2021 年总用户量规模达 6.66 亿。国内游戏市场发展稳定，且以自主研发的游戏为主，呈现上升趋势；同时，我国游戏出海的数量也在逐年增加，海外用户的下载量和游戏排名逐渐靠前。游戏电竞逐渐成为我国文化产业发展的重要部分，电竞产业产生了巨大的社会影响力，逐渐形成闭环生态流程。

挖掘中国角色，打造中国风格。《西游记之大圣归来》与《哪吒之魔童降世》，是我国现代国产动漫的重要代表作品。趁着消费者对国潮、国产动漫逐渐高涨的信心，紧接其后的《白蛇：缘起》《大护法》《罗小黑战记》《姜子牙》等纷纷登上了银幕，给我国动漫事业再添佳绩，如图 5-7 所示。动漫《一字》以中国书法为创作源泉，将唐代僧侣怀仁苦心集字，耗尽 25 年重新再造王羲之字体的故事作为脚本，呈现出清雅、高度还原历史的精致画风，在人物造型上大量借鉴唐代造像，如主角怀仁的形象则是参考犍陀罗佛像，在角色服饰的呈现上，通过动画的处理着意强调出"曹衣出水，吴带当风"的垂落感和飘逸感。将一幅幅唐代生活的画卷展现到观众面前，也启发了当代年轻人对于书法艺术的全新认识，用新的视角展现了书法之美。

图 5-7 优秀国产动画代表作品

来源：https://baijiahao.baidu.com/said=1639670361488202134&wfr=spider for=pc

将我国历史文化融入国漫作品中，是国漫发展的一大潮流。将历史文化与作者的思考相融合展示给观众，观众对历史文化也会有不一样的见解。另外，这些作品都是经过长时间的推敲整理而成的，如《大鱼海棠》，从 2008 年开始创作，直到 2016 年才正式上映，这期间正是创作者的精心加工与反复修改，才创造出如此精美的艺术作品。在动漫这条路上，我们还需要有更大的提升，才能用艺术表达出优秀的文化。

计算机图形学技术助力国漫。近些年来，伴随着数字技术的发展、互联网和移动设备的大规模普及，动画电影的数字化技术也发生了变化，动作捕捉技术（performance capture）是通过将真人的动作传输给动画角色行为的技术。动作演员会穿上一套关节动作捕捉设备，数十台摄像机对其动作进行捕捉，计算机提供一套 2D 的动作模型，再将摄像机捕捉到的画面进行分析修改，建立一套 3D 动作模型。3Ds Max、Maya 等建模软件制作 3D 特效和动画人物的技术逐渐提高，虚拟摄像机（virtual camera）可以增加更多的视觉效果以及镜头的运动轨迹，视觉深度和运动透视使得动画观看起来会更加逼真。AI 建模系统、各种动画优化工具都在随着科技的进步迅猛发展。如通过捆绑手环的方式，来追踪手和手腕的肌肉活动；光学系统通过跟踪位置标记或特征，将数据组合成演员动作，从而将数字信号转换成电脑可用的二次展现的数据让动画师进行二次修改和使用。中国发达的互联网基础设施对动画进行了及时的赋能，逐渐催生出了众多的以 3D 形式表达的作品，未来全球动画市场的角逐将是一场技术和创意的综合实力的竞争。

### 3. 数字化为笔——描绘综艺里的国风盛世

网络视频用户总数从 2016 年的 7.11 亿逐年提升，2021 年中国网络视频用户规模达到了 9.75 亿人，平均用户的互联网使用率达到了 94.5%。其中短视频的用户数规模最大，达到了 9.34 亿人，可见短视频的传播成为互联网营销和传媒的主要战场。

挖掘传统歌舞魅力，奏响时代共鸣。2021 年，河南卫视深度挖掘河南省深厚的文化底蕴，同时激发出敏锐的文化产业市场嗅觉，继春节期间推出节日系列节目《唐宫夜宴》后，又与 B 站携手推出全新文化剧情舞蹈节目《舞千年》（见图 5-8）。河南卫视的文化节目产品将传统文化与媒体科技融合发展，使其实现科技赋能文化的发展目标。节目一经播出收到了来自各方的赞赏，一时引起无数的热门话题，播出两期后播放量突破两千万。这部文化剧情舞蹈节目聚焦于讲述中华 5000 年来舞蹈的发展历史，通过舞蹈发展讲述中国故事，节目中共邀请了 5 名当代的舞者化身历史人物，如节目第一章《相和歌》，就讲述了东汉背景下立春前日"轻纱罗裙迎春神，少女踏鼓望子衿"的故事，以《郑风·子衿》承载汉代盘鼓舞《相和歌》。该栏目首次以综艺化的影视剧拍摄方式，展现了中国舞蹈文化的瑰丽璀璨。

全息投影、虚拟现实打造临场沉浸感。在《舞千年》节目的制作过程中，节目组通过 5G、AR、360°摄影、"子弹时间"等技术手段捕捉了多角度的观赏视角，通过摄像机变焦来放大局部，将舞蹈全方位地展现在镜头面前，灯光、道具、服装、化妆等所有细节的优缺点都会被放大，这对表演质量要求更加严格，也使节目实现"科技赋能文化"的难度更高。

图 5-8　《舞千年》综艺海报

来源：https://new.qq.com/omen/20211124/20211124A05WGK00.html

### 4. 数字化为号——吹响博物馆文化教育新乐章

近观国内博物馆发展，河南博物院首次利用发掘文物的方式，将文物以"盲盒"的形式展现给消费者，让消费者有了一种仿佛置身于挖掘现场的感觉，其中有多达 10 余种物品，还有各种隐藏款和彩蛋，可以通过一些专业知识判断"文物"的具体位置，通过"文物"的成色与工艺来判断"文物"的具体年代。再如以 AR 技术为基础的 AI 技术"复活"的秦始皇陵兵马俑，消费者在参观兵马俑的时候，可以使用手机对着墓葬坑进行拍照，手机立刻就可以复原出 2000 年前兵马俑的彩色集体画面，任何关于兵马俑的问题，都可以得到回答。首都博物馆推出的《王后母亲女将——纪念殷墟妇好墓考古发掘四十周年特展》中使用 VR 帮助参观者沉浸式地体验虚拟的挖掘现场，真实地还原墓葬坑不同层级随葬品的全貌。《王者荣耀》也在游戏中首次推出"荣耀中国节"系列文创活动，唤醒玩家对于传统文化节日的重视，积极打造传统文化 IP，引领腾讯新文创发展战略。非物质文化遗产还可以通过游戏、动漫等富有现代特色的文化，让更多的人群去了解非物质文化遗产[1]。

博物馆的衍生品是与博物馆相关的一种文化产品，国内博物馆衍生品的开发是一个热门趋势，数字化在博物馆衍生品开发上主要体现在 VR 和 AR 的使用上。早在 2011 年，谷歌便在用户与艺术需求方面做出了探索。

---

1　黄永林 . 数字文化产业发展的多维关系与时代特征 [J]. 人民论坛·学术前沿 ,2020(17):22-29.

Google Art Project 是世界著名的博物馆全景展示平台网站。用户在网站里可以浏览多达 3.2 万件艺术珍品的高清图像，同时进行虚拟博物馆的游览活动。伦敦泰特博物馆馆长尼古拉斯·塞罗塔（Nicholas Serota）在项目启动时指出，网络上的第一代博物馆关注的是信息量和尽可能多地在线获取物品，现在第二代正在出现，它专注于内容的深度和质量。Google Art Project 为参观者接触艺术提供了新的环境。特别是，将艺术品渲染成数字数据流的千兆像素，使得即使在画廊中也无法在视觉深度上与图像进行如此亲密的接触。史密森尼学会弗里尔和萨克勒画廊的馆长朱利安·拉比（Julian Raby）指出，在电脑屏幕上近距离观看艺术品的能力正在将在线艺术观看从"信息"转变为"情感"。各个博物馆积极开展有关数字化的文化活动，一方面是为了传承古老的中华优秀传统文化，另一方面是在博物馆展出的是我国文化的精华。数字技术的出现，有利于馆藏文物更好地面向观众，有效地促进文化表达与交流。

中国国家博物馆联合中央广播电视总台发起的主题为"手拉手：我们与你同在"活动，利用 8K+AR+5G 科技助力全球博物馆珍藏云端智慧传播，实现了全球 16 家顶级博物馆间的在线珍藏展示接力，将各馆珍藏文物集中呈现在全世界观众面前。此次活动引起了国内外社会公众广泛、深入的关注和参与。20 余家平台参与直播，累计吸引约 2 亿中外观众。

该项目采用"跨国双边 / 多边视频连线 + 海内外多平台直播 + 内外宣联动"的方式，以"5G 直播环境 +8K 拍摄 / 制作 / 大屏呈现 +AR 动画特效"相结合的新技术手段，超清晰、更流畅、更生动地呈现国博珍藏。三维动画展示了错金银云纹青铜犀尊的使用方法，不仅丰富了藏品展示方式，而且更好地助力传递藏品的历史价值和文化价值；AR 前景虚拟，通过在现场搭建的制作系统，使文物模型与现场画面实时合成，在直播中以新颖的方式带给了观众沉浸式的观看体验；特效动画复原《伏羲女娲像》立幅重点部分，最大限度地还原文物自身的样貌。与此同时，8K 大屏清晰细腻的画面使错金银云纹青铜犀尊的细节一览无遗，所使用的新技术向全球观众展示国博珍藏的精美面貌。

在传播形式的创新上，国博首创全球博物馆馆长在线接力直播的传播形式，大规模地借助新媒体新技术的力量拉近彼此距离。此次活动覆盖广、规格高、物精、技术新、触达深，受到好评。数字技术赋能不仅对博物馆管理提质增效和"活化"叙事形式具有重要作用，也使博物馆在国际交流新路径的探索中有了进一步的"蝶变"。

据欧洲博物馆组织调查，2021年全世界41个地区中有390多家博物馆进行了数字化的应用，如2020年意大利文化部举行的"文化永不停"活动，支持网络用户登录文化部官网在线查看博物馆、档案馆、音乐会、影视等文化资源，将境内的多个博物馆的文化资源打包呈现，意大利文化部将其称为"在家时代的文化艺术饮食"，让人们在家中与艺术和文化联系在一起。

推动传统文化产业数字化转型，大力调整传统文化娱乐形式转型升级，推进文化产业结构优化升级，以实现优秀文化资源的创造性转化与开发，推动内容创新，鼓励文化资源数字化转型与发展，实现优秀传统文化的优质传承[1]。开发地方特色文化产品，根据地方不同的文化特点，建立富有本地特色的文化产品，并与现代艺术充分融合。做好文化场馆的数字化智能化建设，通过提高文化单位科技水平，带来更新颖的体验，促进传统文化与现代科技相结合。

### 5. 数字化为砚——打磨智能写作新模式

机器写作已经渗透到了新闻传播领域中，今日头条、百度、新华社、《南方都市报》等多家媒体都在机器写作的探索中发掘新的工作方式。机器写作又称为自然语言生成，是基于自然语言理解的重要研究方向，同人工写作相比机器写作具有效率高、错误少、时效强、无偏见等潜在的优势，机器撰稿人可以第一时间跟踪热点新闻完成新闻稿件的撰写，并且在阅读率上和人工写作相差无几。机器写作的技术要领在于需要提供大量的数据和素材进行

---

1 李凤亮,古珍晶.我国博物馆文化新业态的产业特征与发展趋势[J].山东大学学报（哲学社会科学版）,2022,1:96-106.

机器学习，在此基础上机器会根据不同类型的文本要求，匹配不同形式的文本特点，从而生成稿件，主要应用在天气预报、新闻赛事、医疗报告等方面。近年来，机器写作也被应用在了故事、现代诗词和散文创作等更加具有文学素养要求的领域，如微软小冰和清华九歌软件等能够根据客户的要求生产创作现代诗词。浙江大学团队研发了"为你写诗"这一面向中国古典诗歌的可视化创作系统，为了探究机器在学习了中国古典诗歌工整的句式旋律后的潜力，该项目首先基于古诗文网站、THUNLP-AIPoet 等开源数据，以及从先秦到清代的诗歌数据集，通过将《平水韵》和《词林正韵》作为韵律分析的标准，选择了 6 种常见的诗歌题材，如忧国爱民、思念家乡、戚戚爱情、悲怆怀古等，从而得到了 3000 首情感标注诗词。通过连贯性评分和情感评分对每一首诗词进行数据标注，从而进行机器学习训练及系统开发。同时，该团队开发了基于中国古代绘画的古诗自动生成方法，将古诗创作同绘画风格元素相互匹配，实现了基于机器写作的为画题诗的创新，其首先选择了宋代小品建立了多句现代文描述标注数据集，通过 CNN 和 LSTM 结合，构造多个图像描述，生成深度学习网络，对于古画的内容进行自动识别并且搭配白话文的详细细节描述，在此基础上通过 LSTM 编码框架将白话文转化成为律诗。

### 5.1.3　数字孪生技术驱动文化装备"智能智造"

2018 年，首届长三角国际文化产业博览会顺利召开，会上提出长三角地区"文化＋互联网"创新和文化装备"智造"创新，积极鼓励长三角地区文化产业中小企业创新发展。2021 年，表演智造装备技术、文化、旅游部重点实验室开展了基于物联网的移动文化设备管理服务平台的研究，发起了对各级各类文化单位的常见移动文化装备归纳统计、分级归类和特性提取等工作，结合日益成熟的传感器信息采集技术及物联网数据传输技术，搭建移动文化装备管理服务云平台，从而分析移动文化装备使用偏好，进行不同装备的流动区域、折旧损耗率的数据统计和管理，为我国公共文化服务、文化下乡活动提供助力[1]。

数字文化设备的发展借助人工智能、机器视觉、图像识别、语音交互、大数据分析等技术，实现了生产过程的机械化和自动化。其宗旨是开发具有自主知识产权、引领新型文化消费的可穿戴设备、智能硬件、沉浸式体验平台、无人驾驶观光车、智能语音导航屏、文化产品附加制造、公共服务一体机、文化传播软件及辅助工具、智能舞台表演设备、高端音像制品设备等。文化装备制造业的智能化主要从3个方面入手：第一，开发操作简单的技术堆栈，实现企业内部生产链条智能化打通；第二，基于文化装备的使用场景的分析和调研，基于垂直使用场景的商业价值挖掘；第三，从企业数据中心到生产端的软硬件配适（见图5-9）。

图5-9　智能智造解决文化装备生产降本增效难题

### 1. 创所未见：智能装备带动内容生产无限可能

为了更好地满足人民日益增长的文化消费需求，发挥人工智能、虚拟现实、区块链和虚拟孪生、语音识别、三维打印等技术在文化内容生产方面的创造力，需要挖掘文化创意应用中智能系统的发展，开发如AI音乐生产创作、AI生成艺术图像、区块链"智能合约"等软硬件平台，帮助创意者来进行更好的文化生产活动。AI音乐创作工具依赖人工神经网络来分析音乐数据，通过机器学习的方式进行曲风、应用场景、器乐和情绪等维度的自动标注，进而机器可以学习和创作音乐。KKBOX软件采用音频文件、歌词以及

---

1　常天恺. "智能+"时代文化装备制造业的数字化升级与创新[J]. 人文天下,2021,189(7):8-13.

用户相关标注和评论等数据作为输入，从多个维度来判断音乐是否满足推荐条件。蜜蜂云音乐智能硬件是一个面向非专业用户群体的音乐智能创作硬件产品，用户可以通过发出音乐歌曲指令，得到快速生成的不同的音乐风格。利用音乐分类技术，可以将不同种类的声音分离出来，并用不同的乐器演奏出来，如钢琴演奏、吉他演奏。

**2. 超你所想：智能文化装备让文化传播变得多彩**

标准化、机械自动化、产线模块化的大规模智能化生产带来智能文化装备在快捷性、人性化、智能化方面的进步，也潜移默化地影响了文化传播、文化营销的方方面面。基于 AR 技术的数字海报的制作和使用，带来了平面海报的新体验，消费者可以通过扫描 2D 图片，利用 AR 渲染引擎将平面图像转化成为 AR 场景，以动画交互的方式生动地展示海报的内容，吸引更多消费者的参与。在 2021 年春节联欢晚会上，众多明星带来的科技表演《牛起来》中的大型四足机器"牛"身穿中国红色"斗篷"，肩上有吉祥的云彩图案，角顶上有五颜六色的灯光，如图 5-10 所示。随着音乐的节奏，它们"摇晃肩膀、扭动臀部、点头"，奔腾向前。这背后是一系列核心技术的鼎力支撑，如高性能实时主控系统、力控伺服驱动器、全动态优化算法、激光雷达定位导航算法等先进技术。

图 5-10　"春晚牛"文化装备

**3. 服务角色：智能文化装备让服务体验更加走心**

基于人工智能及大数据技术打造应用于文化产业的智能机器人，并在此智能装备的助力下开发文化场景下文化服务的新角色。2021 年，黄山风景区管委会成立"基于 SLAM 和 NLP 技术的人工智能旅游服务机器人应用开发"项目，该项目旨在将机器人智能交互技术同景区现有资源相结合，打造旅游资源实时监控、旅游服务咨询快捷获取、特色商品自主营销、自主定位导航、服务内容宣传等智慧文旅消费场景下的一站式旅游服务系统。在 2020年世界 VR 产业大会上，基于著名主持人钟石的形象，腾讯构建了虚拟主持人"钟小石"，使其与钟石本人共同主持了世界 VR 产业大会的开幕式，其涉及语音合成、情绪识别、动作合成、智能对话等多种先进技术；制作团队准确地重建了面部模型，生动地再现了人物的动态，"钟小石"在虚拟世界中高度还原了钟石的眉目和笑容，并与钟石交谈互动。

**4. 设计赋能：探索设计服务智能新范式**

图像识别、OpenCV 等计算机辅助设计的发展，催生出了如阿里鹿班、Adobe 公司智能创意助手等智能化 CAD 和设计平台，将设计的过程进行高度自动化集成，解放了设计师的双手。水母智能设计平台（见图 5-11）于2020 年正式上线，是由洛可可设计集团推出的一款面向中小微企业的智能包装设计平台，致力于通过 AI 来满足中小微企业的设计场景和需求，支持用户在线进行方案的筛选和更改，压缩了 LOGO 设计的成本价格，通过智能生成的 LOGO 在价格方面比人工设计的方案低廉了很多，同时通过在线平台智能生成降低了设计沟通的成本。目前，水母智能设计平台可以将设计的元素拆分为最基础的形、色、意多个维度，进行即时的批量生成，通过图像识别和深度学习网络算法将抽象的需求具体化成为多种设计方案。设计方案精准地匹配顾客的生产，在工程图及生产标准上尽可能地满足客户要求，缩短投入生产的成本，采用 C2M 的模式，直接对接工厂，进行创意包装的批量生产，同多种制造型企业达成快捷的业务互通。

水母智能设计平台通过智能 LOGO 方案的推荐，将用户的需求和市场的需求现状进行匹配，通过对用户需求进行智能分析，搭配设计语料库中的方案，根据智能算法提供目标场景和目标用户的数据支撑，或者搭建智能设计知识图谱，通过计算机辅助设计算法和深度学习算法使设计方案更准确地符合用户的喜好。

图 5-11　水母智能设计平台

图片来源：https://alogo.smalld.cn/productCase

造物云（见图 5-12）是一个融合了虚拟摄影棚、企业 3D 资产管理库、智能生成系统的 3D 可视化和智能设计软件，其通过 3D 建模实现逼真的物理形态并呈现材质信息，在系统搭建的虚拟摄影棚中实现 3D 模型、材质信息、灯光、元素等组合，在计算机渲染器里合成逼真的可还原真实世界的图像，将云端设计成果使用在电商营销、社交媒体季节性营销、3D 可视化 C2M 等领域。

图 5-12　造物云平台

来源：https://www.zaowuyun.com

### 5. 应需而造：打造文化装备智能生态链

随着进入以用户为中心的智能消费时代，需要通过大数据采集消费者对文化装备的需求，洞察消费趋势和机会点，通过 3D 仿真设计，联动上下游的供需方，打造柔性智慧工厂，提升小单效率和产线效能，建立智能调节中枢，实现生产资料计划统筹和优化匹配，从而打造文化装备智能新生态体系。2020 年 9 月，阿里巴巴推出"犀牛智能制造"，采用 C2M 运营模式，通过 AI 实时掌握用户和市场需求动向，并且及时反馈给智能工厂，进行按需生产和需求细分，帮助中小型工厂实现数字化升级，促进就业，促进产业集群的数字化转型。与此同时，3D 打印正逐渐从产品验证过渡到直接制造。直接制造使企业能够全面重组生产流程，影响价值定位，改善产品供应和服务供应，并且使用 3D 打印机制造可完全定制产品，从而产生新的定价模式和商业模式，CAD 技术和 3D 打印技术为文具制造和销售、玩具制造和节日用品制造等文化消费商品的生产带来了巨大的创新。

## 5.1.4　角色互换催生柔性文化和创意主体泛化

英国 Demos 机构提出人类将迎来"一半专业一半业余"的时代，这意味着业余者和专业者共创的时代到来，消费主义向更加具有参与性的生产主义过渡，带来这些变化的本质是生产工具的普及化和大众化，从而激发了更多民众的创作激情，"我为什么不试一试"的想法带动了更多的业余群体的发展。线上视频编辑器、音频处理软件、图像制作软件、短视频的发展，提供给了数百万的业余爱好者所必需的创作生产工具，人群中富有天赋的创作者，将成为一股喷薄而出的力量，与主流和专业制作人同台竞技。

理查德·弗罗里达（Richard Florida）将"文化创客"描述为"创造新概念、新技术和新的创意内容"的人群。学者花建提出文化产业新业态依托巨型平台和新兴网络，吸引了海量的文化"零工"，使得生产者和消费者之间的边界逐渐地消失，越来越多的用户就是文化产品的消费者，将文化生产企业的最小单位划分到了个体，如 B 站、抖音、快手等平台也催生出了一批产出型消费者[1]。越来越多以创意和知识经济生产营利的小型文化团体、网红公司、

---

1　花建.在线新经济与中国文化产业新业态：主要特点、国际借鉴和重点任务 [J].同济大学学报（社会科学版）,2021(03):54-64.

文化初创企业、轻资产文化公司等也选择以更加柔性的工作方式进行创作和传播，通过网络形成个人的传播圈和文化组织。

图书出版商和 DIY 时代预言家蒂姆·奥赖利（Tim O'Reilly）提到的"新参与机制"由原创者、改造者、狂热爱好者，以及新手或偶然参与的爱好者四个主体构成，由原创者提供原创"媒体和生产中心主义"元数据，改造者对其进行改造，二者作为媒体生产者为狂热爱好者与新手或偶然参与的爱好者提供作品。狂热爱好者和新手则作为媒体消费者，狂热爱好者反馈给改造者"使用中心主义元数据"，传递给新手或偶然参与的爱好者以原创"媒体和生产中心主义"元数据，来吸引新手进行转化。而四者之间也可能会产生角色转换，比如新手向狂热爱好者转变、狂热爱好者可能向改造者转变等情况，从而进一步扩大原创者、元数据的影响力。

文化创客已经成为文化产业内容生产中的一支生力军。文化创客是指善于运用流行的互联网思维、设计思维和技术手段，在文化创意产业生态链中实现创意的人。文化创客包含三种类型，创意实现型、内容生产型和社区营销型，如图 5-13 所示。在日趋成熟的智能文化生产、文化制造潮流下，由于其具有高效、便捷的特点，人们可以实现文化的快速制作和分享，通过数字文化 DIY 的形式将内容发布在网络上，并且建立网络社区，进行粉丝经济的经营，创客文化用一种全新的方式对文化生产和传播进行了诠释。

图 5-13　文化创客的三种类型

### 1. 创意实现型文化创客

在众多新媒体艺术中，装置艺术家是文化创客的典型代表，他们的创造力占主导地位，设计者通常是独立的艺术家。在网络的世界里，让艺术消费逐渐民主，通过先进的高科技革新着艺术创作的形式，这正符合了当下互联网时代年轻人对声光电的追求。马里奥·克里格曼（Mario Klingemann）是机器学习艺术家和 AI 艺术先驱，他是 Google 艺术文化实验室的常驻艺术家，也是将人工智能图像识别软件作为艺术创作工作的人，他将深度学习和神经网络应用在艺术作品的创作上。

### 2. 内容生产型文化创客

以内容的生产为主导的文化创客，主要进行文化内容的生产。这是一个人人皆是文化生产者的时代，人人皆可通过抖音、快手、B 站、微博等自媒体平台提供和分享制造内容，运营个人文化 IP 和粉丝经济，在此基础上发展出围绕自媒体平台的社交网络。基于内容的自媒体旨在通过展示其原创和原创形式的视频或文章来与用户产生共鸣，从而提高知名度，并进行营利。微信公众号作为内容生产型的自媒体平台，其借助微信的用户流量大、黏性强的用户群体特点，进行文化内容的自主生产创作。

### 3. 社区营销型文化创客

基于非区域性的社区，用户的社交空间不再受到位置和时间的限制，人们重新回归到了"部落化"。这是由互联网衍生出的虚拟社区这一种弱关系的连接，人们因为不同的需求和爱好聚集在平台上，形成即时性的社交网络。具体来说，以《舞千年》的 B 站传播过程为例，《舞千年》节目担任了原创者的角色，提供原创"媒体和生产中心主义"元数据，即节目相关资源与素材；视频二次创作的 UP 主（上传者）则是改造者，使用元数据创作出《舞千年》主题混合剪辑、观看分享、节目解读等作品；二者共同为受众提供作品，受众则由新观众与爱好者组成，他们进行媒体消费的同时为原创者与改造者提供反馈、为新观众与潜在观众分享作品，促进潜在观众的转化。这些作为新时尚领军人的 UP 主聚集了很多兴趣相同、黏性较强的粉丝，他们在一定范围内具有话语权和影响力，能够影响节目受众内部的舆论走向，并具有"出圈"趋势。他们作为"产粮人"，使观众内部关系更加牢固，情感联系更加紧密，更让《舞千年》节目保持了持续热度。就是在这样的良性互动中，节目获得了源源不断、循环往复的关注度。

文化创客的发展也间接带来了文化版权的变化，赋予了文化产业版权一种新的形态。首先要强调的是，对于文化创作来说，文化创客们更多关注彼此之间一种社群化的发展和网络声誉带来的个人价值感认可，更加关注其获得的社会认同感而非金钱。因此，对待作品版权，他们更愿意采用一种开放的、平等交流、互惠的方式，放弃某些版权、打造开源的软件库等等形式成为一种趋势，催生出了基于文化创客的互惠文化模式。

同时，文化创客的崛起也催生了自出版的热潮，并且在互联网的环境下，越来越多的用户选择使用简书、Bookdown、语雀等平台出版自己的电子书籍、电子个人自传等，这些成果可以是书籍、短篇文学、诗歌，或者是专业的论文，这种基于虚拟文化空间的电子出版方式正在兴起和成熟。

## 5.2 文化产业的外生生态子系统

文化产业的外生生态子系统属于外环研究，需以平台思维建立以信息透明、扁平化、快速化为特点的有核无界的产业联动，强调多边共创催化多产业融合发展，做好为多产业融合提供原动力的文化大数据平台开发工作，积极搭建数字化公共文化服务平台以响应"数字政府"的发展号召，支持文化消费带动多产业间营销创新，多点发力打造产业之技。开展跨界、跨学科、跨组织形式的循环互动，实现文化产业与联动产业双赢的产业之道。与此同时，产业之道再助力文化产业赋能其他产业，形成文化产业与联动产业双赢的局面，最终汇聚成文化产业数字化外生协同进化的产业之力。

在影响文化产业外生生长的关系图中（见图 5-14），尚未形成具有一定规模的聚集效果，众多外在因素的分布较为分散，但仍可以看到商业模式的创新带来的产业链演化、产业链环节调整和产品的创新。数字技术带动了乡村文化、乡村振兴和产品生命周期的变化，也带来了人才技能的增长。互联网潮流下，产品的创新路径和价值链发生了变化。文化产业发展的几个较大的方向如文旅融合、公共文化服务、传媒业等都受到了较大的影响。新文创和数字阅读之间存在互补的关系，较为具有影响力的技术要素包括：三维打印、信息技术、区块链、数字化技术等，如图 5-15 所示。

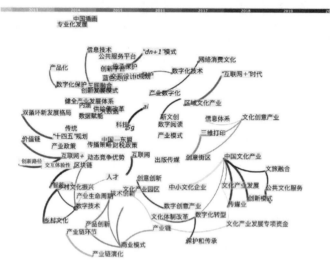

图 5-14　文化产业外生生长 CiteSpace 可视化关系图一

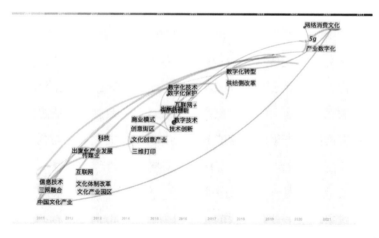

图 5-15　文化产业外生生长 CiteSpace 可视化关系图二

经过分析文化产业数字化研究的热点词，可以解析出如下针对文化产业数字化外环研究的核心关键热点及趋势发展。如图 5-16 所示，2011—2014

年互联网基础建设逐渐起步，基本讨论范围在信息技术对于文化产业园区、体制改革的影响；2015—2020 年，随着"互联网 +"的社会风潮兴起，关于三维打印、创意街区、数字技术、数字化保护、供给侧结构性改革、数字化转型等话题被热烈讨论；自 2021 年至今，5G 技术、AI 算法、网络消费文化、新文创等成为关注的焦点。

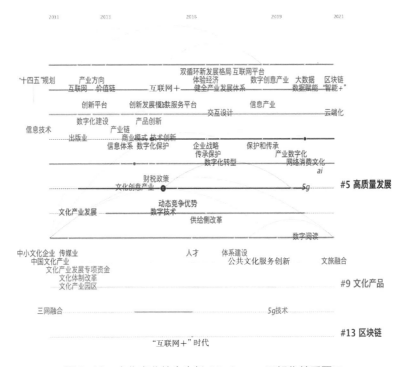

图 5-16　文化产业外生生长 CiteSpace 可视化关系图三

## 5.2.1　信息化推动公共文化服务平台建设

广大人民群众日益增长的文化需求和对美好生活的向往，要求我国公共文化服务体系和设施逐步提升和完善，这需要将新的互联网、大数据、云网融合等理念，融入公共文化供给侧结构性改革措施中。2021 年文化和旅游部发布《"十四五"公共文化服务体系建设规划》，对"十四五"时期现代公共文化服务体系建设做出全面部署，提出了工作总体要求、主要任务和保障措施，为当前和今后一段时期的公共文化服务体系建设明确了时间表和路线图。同时，特别强调需要加强城乡公共服务的一体化建设，加强公共文化服务的时效性、便捷性和网络化、智能化发展。

　　公共文化服务体系是由各地各级政府主导的、自上而下的文化发展体系，2020 年群众文化机构基本情况如表 5-1 所示，但在其发展过程中存在忽略人民群众的主体意志，基础设施闲置浪费、利用率不高的情况。在文化精准扶贫的过程中，要真正达到文化基础设施用得上、用得好的效果 [1]。需要通过数字化的方式将人们的兴趣带入线下的公共文化场所，使公共文化场所发挥真正的价值；同时积极建设线上公共文化数字服务平台，盘活区域性文化资源和民俗特色，挖掘地方性文化发展道路。数字化的转型不仅对文化市场和文化产业结构产生了深刻的影响，同时需要认识到对于公共文化服务体系的供给、内容生产、传播也产生了巨大的变革作用。

表 5-1　群众文化机构基本情况（2020 年）

| 指标 | 总计 | 省、自治区、直辖市级 | 地市级 | 县市级 | 乡镇（街道）文化站 |
|---|---|---|---|---|---|
| 机构数 / 个 | 43687 | 31 | 359 | 2931 | 40366 |
| 从业人员 / 人 | 185076 | 1843 | 10335 | 41782 | 131116 |
| 组织文艺活动 / 万次 | 108.9 | 0.1 | 2.1 | 20.4 | 86.3 |
| 文艺活动人次 / 万人次 | 43134 | 447 | 5027 | 16209 | 21452 |
| 举办训练班 / 万次 | 66.9 | 0.4 | 5.2 | 20.0 | 41.3 |
| 参加培训人次 / 万人次 | 3931 | 42 | 292 | 1021 | 2575 |
| 举办展览个数 / 万个 | 13.8 | 0.1 | 0.4 | 2.5 | 10.9 |
| 参观展览人次 / 万人次 | 8692 | 168 | 824 | 2924 | 4777 |
| 组织各类理论研讨 / 次 | 30646 | 559 | 3543 | 26544 | — |
| 讲座次数 / 次 | 566 | 14 | 188 | 364 | — |

---

1　傅才武. 当代公共文化服务体系建设与传统文化事业体系的转型 [J]. 江汉论坛 ,2012,403(1):134-140.

| 指标 | 总计 | 省、自治区、直辖市级 | 地市级 | 县市级 | 乡镇（街道）文化站 |
|------|------|------------------|--------|--------|----------------|
| 研讨讲座人次/万人次 | 38.7 | 0.3 | 1.1 | 4.8 | 32.5 |
| 拥有计算机台数/万台 | 282.8 | 10.2 | 32.9 | 89.0 | 150.7 |
| 本年收入合计/亿元 | 287.2 | 10.2 | 33.0 | 90.8 | 153.2 |
| 本年支出合计/亿元 | 9489 | 128 | 1247 | 8114 | — |
| 馆办文艺团体/个 | 12.1 | 0.1 | 1.0 | 11.0 | |
| 文艺团体演出/万场次 | 698 | 9 | 75 | 614 | — |
| 馆办老年大学/个 | 45.5 | — | 0.7 | 9.3 | 35.4 |

数据来源：国家统计局《中国统计年鉴》；网址：http://www.stats.gov.cn/tjsj/ndsj/2021/indexch.htm

数字化在公共文化服务体系中的作用体现在以下几个方面。一是推动公共文化服务转型、信息透明公开与完善服务平台，促进公共文化服务体系数字化的创新与转型。二是切实提高公共文化服务的能效，为了防止出现"文化岛"和文化资源浪费现象，针对不同地区的特色文化信息与平台服务做出特定的改进。三是借助大数据实现公共文化服务的供给和需求逐渐准确对接，市民在"云"上共享信息、预订服务等行为将被平台自动记录；通过数据收集和分析，了解市民的偏好和需求，提供公民共同需求的公共文化服务和产品，再根据公民个人需求进行微调，创建良好的公共文化服务体系。四是为了更好地激发社会主体和公民参与公共文化服务[1]。

"文化上海云"是一个政府主导的公共数字文化服务平台，如图 5-17 所示。2016 年其作为中国首个实现省级区域全覆盖的公共文化数字服务平台正式上线，这也标志着公共文化服务向"智慧"和"互联网 +"转型迈出了坚实的一步。平台纳入了上海市 370 多家文化馆、图书馆、展览馆、美术馆、

---

1　郭寅曼，季铁，闵晓蕾.文化大数据公共服务平台的可及性交互设计研究[J].艺术设计研究,2021,9(5):50-57.

文化服务中心的资源，用户可以通过手机 APP、网站、微信公众号等平台登录，实现在线文化活动预定、艺术鉴赏、戏曲欣赏和线上活动参与。当前50 岁以上的用户占到了 45% 的比重，用户可以借助热点推送、兴趣分类、就近搜索等功能，快速查找文化场地和预定文化活动，或者查询展览和展馆信息。由此，我们需认识到加强数字文化资源和管理服务大数据资源建设、加快公共文化网络平台建设、拓宽公共文化服务智慧新场景的必要性。

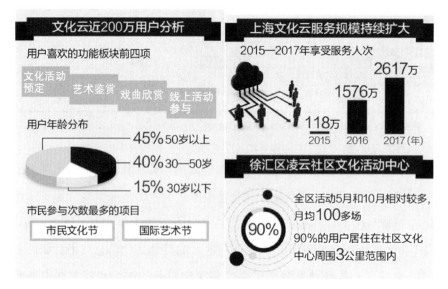

图 5-17　"文化上海云" APP（截至 2021 年）

图片来源：http://www.bjwmb.gov.cn/zxgc/sjjl/t20180510_865709.htm

　　数字图书馆是目前国内较为成熟的一个数字化文化工程。政府在 2000年开始实施中国数字化图书馆工程。中国期刊网、维普中文期刊数据库、万方公司、超星公司、方正等近 1000 家大型数据库，都是我国数字图书馆的重要资料来源。在这一过程中，高校的数字图书馆也随之繁荣起来。国内的数字化博物馆工程也十分火爆。目前，我国已有超过 4000 个数字博物馆。发展到目前为止具有文物资料丰富、展示方式多样化、主题特色鲜明等诸多优点[1]。中美百万册数字图书馆是全球数字图书馆建设迈出的坚实的一步，如图 5-18 所示，自 2010 年项目启动以来，已经累计完成了 150 万册资源的数字化工作，合计共有 60 多所国内高校参与，形成了集数字图书馆安全保护、资源流通、版权维护于一体的高效管理链路。当前收录了古籍图书 24 万余册、民国图书 17 万余册、民国期刊 15 万余册、当代图书 81 万余册；英文图书 57 万余册；另外还有满铁资料、地方志、侨批、书法绘画、敦煌画卷等；资源量共计 266 万件。

图 5-18 中美百万册数字图书馆网站

图片来源：https://cadal.edu.cn

同时各个地方政府也在如火如荼地搭建地方图书馆，如提供了"一键借阅"公共图书馆线上服务新模式的杭州图书馆，江西省图书馆则率先提出以

---

1 王汉熙, 马原. 国内外文化产业数字化平台表现探讨 [J]. 传播与版权 ,2018,2:109-110.

无感借还为核心体验的智慧图书馆建设，甘肃省博物馆推出的智慧甘图综合管理平台。

### 1. 精准化推送：满足不同层次用户的需求

人工智能、大数据等前沿技术将不断地渗入公共文化服务的各个环节中，从而实现对于用户需求的精准把握、精准推送和用户反馈的精准解析。构建数据文化资源精准营销服务，可以带来公共文化产业在推送方式、阅读方式、互动方式、社群网络等多个方面的提升，极大地提升民众的文化优越感和文化认可度，更好地满足用户的文化需求，从而开发智能交互电子产品设计决策引擎和精准营销服务平台工具，提升创意科学性。2021 年受新冠疫情的影响，扬州市文化广电局、旅游局在官方账户中开通公众参与反馈渠道，推出"文化易点通"慕课视频等线上产品，实现文化资讯精准推送，调动群众的积极性；推出"听见扬州 2021"线上诵读、"非遗悦心"线上课堂和"扬图讲堂"线上讲座等活动。

### 2. 拓宽传播渠道：让群众触手可及

我国公共文化服务宣传大多依靠纸质媒介、广播、电视等渠道，互联网的发展为文化传播提供了新的生命力。文化和技术融合成为趋势，从目前的发展来看，发展微博、抖音、今日头条等新兴传播渠道是非常必要的，也是数字化发展的必然趋势，这对于信息传播的及时性、有效性具有非常重要的意义。同时移动互联网的兴起，也促使用户触达文化媒介的方式更加便捷，且摆脱了时间空间的限制，因此应当改变原有的单向传播路径，构建更加多维和多元的文化传播网络。

### 3. 挖掘群众需求：以用户为中心

研究使用场景—跨文化平台—跨消费终端的海量多源多模态文化网络数据智能采集技术，融合了文化企业平台优质数据，基于机器学习研究用户行为，形成公共文化服务参与者用户画像标签数据库，基于图计算引擎打造公共文化服务产品画像数据库。例如建设以人为中心的图书馆，推动公共图书馆的功能转型，发展线上数字化图书馆，开展全民阅读活动和古籍整理保护工作；完善中华古籍全文数据库建设、国家文献储备库建设项目，创新社会力量参与公共文化服务的方式和媒介[1]。

公共文化服务的有效建设有利于降低区域之间公共文化发展的水平，实现文化精准扶贫的目标，形成人人参与、全民共享的公共文化服务发展态势，满足人民对于美好精神文化生活的向往，从而增强民族文化自信心。建立文化馆、文化创意产品合作开发机制，完善文创中心产业合作机制，大力发展线下文化场所的参与性作用，同时发展公共文化云平台，创新文化消费的形式和途径，推动城乡文旅融合、民间文化保护等。

### 5.2.2　多产业融合发展推动文化产业协同创新

大力促进文化产业与现代先进产业相结合发展，与虚拟线上购物、电商交流平台、粉丝经济等一些推动销售的模式相互结合。例如"PE（Private Equity，私人权益资本）模式＋文化产业"，现在也有很多企业愿意通过"募、投、管、退"的 PE 模式四个方面来完成文化产业的发展布局。"众筹模式＋文化产业"是为了给有创意的开发人员、现代艺术家和自媒体的相关人士提供资金方面的支持，由创意者在融资平台发起募捐活动，提供预购窗口，向网友征集资金，这也是富有创意的营销策略。"文化产业＋传统工业产品制造"中通过"文化创意＋传统工业产品"模式，在制造业企业内部设立创意设计部门，从传统的、标准化的通用制造模式向"软性制造"跃进。此外，"文化产业＋创意农业""文化产业＋旅游景区"等多个产业也在挖掘横向的协同发展机制。

大力促进数字文化产业与现代先进产业相结合发展，实现虚拟经济与实体经济相结合，致力于数字文化产业在公共领域的深度融合发展。在信息产业发展的年代，要着重强调文化的深度、创意的包容性和更深层次的价值体现，让用户有极佳的体验，促进虚拟线上购物、电商交流平台、粉丝经济等销售模式的相互结合。

---

1　贺怡，傅才武.数字文化空间下公共文化服务体系建设的创新方向与改革路径[J].国家图书馆学刊,2021,30(2):105-113.

文化产业具有高附加值、高创新性的属性，在数字化的趋势下，文化产业与多产业进行融合发展，可以带动其他产业，提供新的附加值。如出现了"文化产业＋经济""文化产业＋农业""文化产业＋旅游""文化产业＋制造""文化产业＋体育"等多产业融合发展，如图5-19所示。

图5-19　文化产业与多产业融合发展

### 1."文化产业+PE"模式

伴随着文化消费水平的迭代更新，文化产业投资进入了全新的2.0时代，文化内容创新、自媒体、小视频、网络直播的兴起，吸引了众多VC（Venture Capital，风险投资）和PE机构的关注，其中"文化产业+PE"的模式逐渐成为风口。金元浦教授指出，"互联网金融的发展对于推动大众创业、万众创新有很大的积极作用"。就投资而言，PE的投资方式为股权投资。股权转让是PE机构从文化企业原股东的手中受让股份成为目标企业新股东的过程，同时也可通过增资入股的方式加盟目标文化企业，出资成为目标企业股东，通过相对成熟的并购方案实现文化企业内部的文化资源与外部资本的整合，助力文化内容生产、运营方面的新技术、新体验的挖掘，不断提高文化内容生产效率，优化居民文化消费体验和互动机制。互联网的发展对文化创客的创作和营销宣传具有重要的推动作用，是激发全民创业和大众参与的极佳平台。

## 2. "文化产业 + 众筹"模式

众筹融资是一种通过互联网平台为一些创意项目开发商、草根创意者、艺术家和自媒体从业者提供创意项目财务支持的模式。项目发起人在融资平台上展示项目，由创意者在融资平台发起募捐活动，提供预购窗口，向网友征集资金。众筹的目的就是让一些有创意的开发者通过向观众展示他们的创意，让他们获得观众的认可，进一步获得一定的资金支持；同时，它也是一种高效新颖的网络营销方式，进一步促进了文化消费的发展，降低了产品库存压力和投产风险，极大地提高了创造性生产力。《十万个冷笑话》作为中国第一部以众筹融资的形式成功放映的电影，得到了不错的口碑，并获得了不错的票房。不只是电影，旅游也可以成为众筹融资的项目，淘宝网联合三亚玫瑰谷，促成了我国第一个众筹融资的旅游项目。在互联网兴盛的时代，众筹融资等新的金融模式正在悄然崛起，富有想法的艺术家们可以通过网络平台展示他们的想法，提前向社会征集资金。北京大学文化产业研究所副所长陈少峰表示，"众筹模式可以直接在企业家和用户之间建立桥梁，帮助企业家实现价值"，众筹是对中小文化企业或个人依靠互联网融资的补充，文化众筹项目可以解决一些小微文化企业、文化工作室和个人创作者的"资金之渴"。

2016 年，中国首部由众筹参与的国产动漫电影《大鱼海棠》上映，在电影的片尾，长达三千多名众筹参与者的名单给人留下了深刻的印象，在动画电影的制作过程中共筹集 120 万元，虽然资金相较于电影制作的总花费来说就是杯水车薪，但是却是以众筹模式带动文化产业发展的重要一步。在互联网的影响下，众筹过程拉近了文化创作与消费者之间的距离，使得文化分享和文化众筹成为一种新的模式。在众筹过程中，参与者获得一定的物质回报和价值感，就如《大鱼海棠》电影的上映，背后是众多参与者对于国产动漫发展和中国文化崛起的支持，是民族文化的主体性认知的唤醒和回归。因此，从长远的发展来看，众筹模式是文化产业发展由个体创作走向集体创作的一个有效途径，在众多资本的介入中实现文化创作的丰盈，也使得众筹参与者在合法的情况下释放自己的文化参与热情和责任心。

### 3. "文化产业 + 乡村振兴农业" 模式

2022 年 3 月，为全面贯彻乡村振兴战略，落实《中共中央国务院关于做好 2022 年全面推进乡村振兴重点工作的意见》，以文化产业赋能乡村经济社会发展，文化和旅游部联合多个部门组织印发《关于推动文化产业赋能乡村振兴的意见》，该指导意见确定了新时期文化产业赋能乡村振兴的四个基本原则，分别是：文化引领、产业带动；农民主体、多方参与；政府引导、市场运作；科学规划、特色发展。提出从创意设计、音乐产业、美术产业、数字文化、手工艺、文旅融合等 8 个重点的领域进行乡村振兴的赋能，改变乡村文化资源的使用方式和开发路径，优化农村资源的高效实现方式，加强同外部机构的合作，发展农村特色文化产业 [1]。

稻田艺术是源于日本一种基于稻田的艺术表现形式，通过对稻田进行设计，将在稻田中不同品种的水稻制作成为一幅幅具有鲜明特征的画作。随着潮流的不断扩大，稻田绘画逐渐成为乡村振兴中发展特色旅游业的重要支柱，如图 5-20 所示。辽宁省沈阳市新北区被称为 "中国稻田画之乡"，也是国内最早通过发展稻田绘画带动当地乡村振兴发展的区域，通过图案设计、大规模定点种植、田间管理等一系列的标准化流程，完成了众多的稻田画作品，并且成立了 "稻梦空间" 景区，将文化交流与水稻种植相结合。在播种季节，农民们按照种植模式在农田里种植绿色、紫色和黄色的水稻。随着水稻的生长，稻田中会出现预先计划好的图形或文字。7 月左右水稻长势旺盛时，游客可以看到壮观的 "稻田彩绘"，这种创意农业，近年来在中国许多地方得到推广，如江苏、浙江、四川、广西等多个地区。

---

1　宋晓玲，贾旭东 . 农村文化资源的活用及其模式 [J]. 江苏行政学院学报 ,2019,5:31-37

图 5-20　北京怀柔宝山寺村稻田画（摄影：王巍）

图片来源：https://baijiahao.baidu.com/said=1709477067792751446&wfr=spider for=pc

2021 年，文化和旅游部、人力资源社会保障部办公厅、国家乡村振兴局综合司共同印发《关于持续推动非遗工坊建设助力乡村振兴的通知》，在国家脱贫攻坚任务完成后，提出非遗工坊以国家乡村振兴过程中的重点帮扶县、易地扶贫搬迁安置区为重点发展对象，将脱贫人口作为重点的帮扶对象，展开援助计划，确定将在非遗工坊中积极组织当地具有手艺的百姓，通过组织技能培训、展示展销活动，带动普通的劳动人民挖掘当地的地方特色和传统手工艺。

"新通道"设计与社会创新项目是由湖南大学设计艺术学院发起，同时与国际各单位联合开展的跨学科设计与社会创新项目，如图 5-21 所示。从 2009 年到 2021 年，项目组相继完成了"新通道""疆 Home + Style""西歌行""花瑶花""三江源""呼伦贝尔""香格里拉"等文化遗产复兴的创新设计活动。本着"为传统而设计"的原则，将传统智慧转化成为设计知识，创新乡村文化内涵与传播形式，因地制宜地发展乡村特色文化产业，运用社会创新方法为乡村居民赋能，加强促进科技与文化融合的乡村公共文化服务。

图 5-21　"新通道"设计与社会创新项目

2021年，文化和旅游部、浙江省人民政府颁布的《关于高质量打造新时代文化高地推进共同富裕示范区建设行动方案（2021—2025 年）》中，针对文化和旅游赋能乡村振兴提出了新的观点，在促进城乡一体化的时代进程下，需要优化城乡公共文化服务的一体化建设，加强农村遗留文物古迹的保护工作，实施艺术振兴乡村计划，开展丰富多彩的文化活动，开展文化扶贫工作，将乡村旅游的发展作为乡村振兴事业的桥头堡和重要战略要地，推进实施乡村旅游精品文化品牌的打造，进而带动文化旅游、农产品销售等多个环节的兴起。

### 4. "文化产业 + 特色旅游景区"模式

文化产业为旅游业的发展提供了人文内涵，在地方性旅游景区等基础上充分挖掘当地的文化内涵，打造具有地域特色的文化旅游品牌和文创商品。旅游的主体具有文化的需求，只有将旅游和文化相结合，才能深入挖掘旅游特色；同时需要将文化和旅游的融合放到现代化的语境中，将诸多的文化情结如复古、怀旧、批判等融入旅游产品设计的时间和空间维度中[1]。充分利用现有的 XR 等技术，打造旅游和文化深度融合的旅游产品。在新冠疫情的冲击下，旅游行业的线下运营受到了极大的限制，但也出现了基于线上云平台、游戏引擎开发的"云旅游""云展览"等新业态[2]。

2020 年 12 月，安徽省政府牵头，安徽省发展和改革委员会、安徽省文

---

1　李炎.现代性驱动：文化与旅游融合的根本逻辑 [J]. 人民论坛·学术前沿 ,2019,11:80-88.

2　李凤亮 ,杨辉 .文化科技融合背景下新型旅游业态的新发展 [J]. 同济大学学报（社会科学版）,2021,32(1):16-23.

化和旅游厅等 23 个部门联合印发《安徽省促进消费扩容提质加快形成强大市场若干措施》，提出要加大力度提升文旅休闲消费品质，提升文化旅游行业的有效供给，提高乡村文化旅游质量，推出多项文化旅游优惠政策和福利，扩大公共文化旅游服务和公共体育设施的采购量和布局。该文件还提出，大力培育发展文化企业和旅游业融合发展的典型旅游示范区域和园区建设，深化皖南地区的民族特色和风俗文化的传播建设，加强国际文化旅游示范区的建设、当地特色文化生态保护区的建设，支持发展文化旅游消费试点示范城市的建设，提升公共文化服务中有关安徽省旅游模块的完善发展，在公共文化服务平台实现 4A 级以上旅游景区线上预约和购票。加快安徽省内智慧旅游景区的建设，策划一批融合生态旅游、休闲服务、健康养生研学旅游为代表的，融合科技游览、文化游览两条发展主线的特色旅游生态系统，建设自驾游营地、研学基地，开展地方特色旅游文化主题宣传活动，推出一批具有代表性的旅游生态基地和文化走廊。

湖南省则在特色文旅小镇的建设方面走在前端，目前已开发了 10 个特色产业小镇。以长沙市望城区铜官小镇为例，依托铜官窑千年历史，一直享有"千年陶都，楷圣故里"的美誉称号。湖南作为中国重要的制陶基地，借助湘江的便利水道资源，使长沙铜官窑的陶瓷远销亚洲各地及东北非等国家和地区，是中国外销瓷的重要窑口，也可以窥见中国海上丝绸之路的繁盛情况。借助这样丰富的历史文化资源，长沙市望城区成立铜官小镇，盘活当地的革命烈士纪念地、特色地方美食、诗歌、乡村文化等资源，带动大量旅客到访，也打响了"铜官窑"品牌的全国知名度。消费者可以在特色小镇中深度体验陶瓷制造中和泥、拉坯、绘画、上釉、烧制的全流程，徜徉在唐代建筑的古韵风貌中，感受唐代铜官窑鼎盛时期的文化风貌，实现现代文明与古老文化的深度对话。

龙门石窟景区智慧文旅数字孪生平台，借助物联网、云计算、数字孪生等技术，打造景区管理、运营、服务、宣传的一条龙服务，如图 5-22 所示。为游客提供虚实结合的互动式体验，提升景区"文化＋科技"服务能力，实现各已有业务系统数据汇集，优化景区智能运营。平台采用前沿数字孪生技术和人工智能技术，利用渲染引擎、交互引擎、实时光影、数字还原等技术对龙门石窟景区周边地形地貌、交通路网、文化遗存、山田林河、生态植被进行中精度还原，对周边村落进行三维建模；采用激光点云技术，对石窟区进行中精度扫描和对象化建模，真实还原其外观和纹理；对奉先寺卢舍那大佛等佛像进行高精度还原，达到信息留存保护、可制作仿品的目的。

该平台以数字孪生技术和时空 AI 技术为依托，全面融合景区全域时空大数据，实现全域资源数据共享，为游客带来不同于以往的全景沉浸式、指尖云游体验，为实现文旅融合智慧化创新发展提供了有力支撑，以文旅深度融合发展促进和带动文物保护及研究质量持续提升，助力龙门石窟世界文化遗产发挥更广泛、更持久的文化影响。平台结合时空数据智能分析技术，对景区内的客流、设施利用率、商业销售、游客行为等数据进行全面、透彻、及时的感知、监测和分析，有效提升景区的科学运营及决策优化，探索了"数字孪生赋能文化遗产保护与数字文旅"的新模式。

图 5-22　龙门石窟智慧文旅数字孪生平台项目

### 5. "文化产业＋传统工业产品"模式

传统制造业存在同质化严重的问题，这导致营利能力和竞争力不足，需要通过高端创意的包装来达到更好的品牌营销效果，从而提高产品的附加值和市场竞争力。传统制造业由于技术发展缓慢，竞争力与营利能力普遍下降，对传统制造业进行创意提升和营销思路赋能，需在商品中加入文化元素，这样不仅可以提高商品的软实力，还可以增加商品的竞争力，大力推进传统产业升级转型。构建"文化创意+传统工业产品"模式，增强产品的文化特性，通过品牌营销的手段，可以提高产品综合竞争能力，实现产品升级转型。

2015年，中共中央颁布"中国制造2025"，推进实施制造强国计划。在国民经济快速增长、文化自信逐渐提升的背景下，华为、格力、海尔、美的等企业纷纷推出"国风"系列产品，将"新中式"美学元素融入产品设计与营销当中。广东东莞已经开始探索"工业博物馆+艺术工作室+文化制造"模式，将这一模式确立为产业转型的基本模式。在广东佛山的调查中显示，现已有超过800家企业有了创意设计部门，主要任务是为企业品牌进行创新设计，这些企业中有200家以上是专门的创意设计公司，这种模式已经带动珠三角制造业从传统模式向个性化、面向服务型的"软制造"模式转型。"软制造"不仅提高了广州产品的附加值，也赋予了广州产品个性化、时尚，甚至艺术化的产品魅力；同时通过将废弃的工厂进行创意改造，将其发展成为都市创意园区，作为城市文化产业发展、拉动工业旅游基地发展的独特创意休闲基地来吸引游客。

将丰富的文化资源融入生产制造环节中，第一，在产品的造型中借鉴古典代表性元素轮廓，海信高端成套家电的设计将"天圆地方"的传统哲学理念融入产品的造型设计，营造更强的品牌辨识度和品质感。第二，在颜色、材料、工艺方面提炼传统色彩纹理的质感与色彩搭配，通过现代喷涂工艺、晶钻工艺、激光显影、彩镀工艺等实现复杂的光色模拟；如借鉴"入窑一色，出窑万彩"的钧窑窑变过程，美的推出随着光影呈现多色变化的陶瓷质感冰箱面板，使冰箱更加具有中国传统美学中"雅"的韵味。第三，发挥珠三角、长三角、京津冀等重要经济带的带头作用，在推进制造业新形式新业态的发展中，在产品的造型、结构、色彩等多方面融入文化精神的创新设计，实现科技硬实力和文化软实力的双力并重。

### 6. "文化产业+服装行业"模式

中华服饰随着不同朝代的更迭，具有多种时代和纹饰特征，对于不同文化背后的文化符号的合理运用是现代服装设计与中华文化之间产生连接的关键步骤。中华服饰中多采用花卉图案（荷花、桃花、海棠花、梅花、兰花等）、动物图案（蝙蝠、仙鹤、蟒蛇、龙、凤等），同时还有云纹、水波纹、宗教纹、人物纹、博古纹等其他纹样，在纹样中蕴含着丰富的寓意。同时，不同时期的服装制式也成为当代服装设计创新的重要参考内容，如今的汉服崛起，就是中国潮流和传统中华服饰的复兴。

2018 年，腾讯新文创战略公布后，带动了多方面的 IP 转化。中国最大的网络动漫平台——腾讯动漫，在平台知名漫画《一人之下》的广泛边际效应作用下，推出了以道家学派的精神文化为主题的时尚潮牌"人有灵"，同时邀请研究道家的多位学者专家作为衍生产品的学术文化顾问，拜访了北京白云观、武当紫霄宫、泰山碧霞祠、青城山建福宫、西安万寿八仙宫、武汉长春观、海南玉蟾宫以及福泉太极宫八大名山道观。2019 年，"人有灵"借助品牌形象，首次推出了根据道家文化元素设计的服装、配饰，在服装的配色和形式的设计上借鉴了"两仪生万物，万物皆有灵"的设计理念，在服装款式讨论、服装创意发散、设计执行中将文化内容作为核心支柱；同时，在形象款式的设计上，对平台消费者的习惯和消费水平进行了区分。在服装的设计中融入了中国古代服饰的多重工艺叠加，如织、绣、扎染等，通过与不同工艺的结合，打造服装的多重质感和材质的多样化，形成了国潮品牌特有的品牌属性，激发用户从观感到触感的多重体验。

### 5.2.3　文化消费引领的多元营销创新和增值路径

我国经济发达地区的城市人口消费重点已经从物质享受逐渐转移到精神和审美享受上来，这对文化创意产品和服务也提出了新的需求。2015 年底，文化部和财政部发布了全国 45 个城乡居民文化消费试点。2017 年扩大文化消费被正式写入《文化部"十三五"时期文化发展改革规划》；2018 年 9 月《中共中央、国务院关于完善促进消费体制机制　进一步激发居民消费潜力的若干意见》发布，将文化消费作为重点发展对象；2019 年和 2020 年相继出台了《国务院办公厅关于进一步激发文化和旅游消费潜力的意见》和《文化和旅游部、国家发展和改革委员会、财政部关于开展文化和旅游消费试点示范工作的通知》[1]。文化消费是指人们为了满足自己的精神文化生活需要，采取不同的方式（占有、欣赏、享受和使用等）来消费精神文化产品和精神文化服务的行为[2]，文化消费的变化主要取决于居民生活质量、人均 GDP 水平的大幅提高和文化产品的有效供给。

"Z 世代"指的是在信息化新时代下，1995—2009 年间出生的一代互联网原住民。他们的成长伴随着数字信息、移动互联网等技术的发展，也被称为"互联网世代""二次元世代""数媒土著"等。"Z 世代"作为网生代，其消费行为、消费观念也深深受到了互联网裂变传播的影响，更加关注"线上＋线下"全流程的服务体验，因此倒逼文化产业提高数字化供给水平和能力，出现了面向云端的消费者新业态。虚拟偶像和虚拟服务的生成，电子竞技等新的体育赛事成功成为 2022 年亚运会的比赛项目，对于兴起的元宇宙所带来的教育、娱乐等多方面的热烈探讨，为文化产业发展探索了更多的虚拟文化空间可能存在的全新场景和发展契机，也更好地带动了线下文化场所的更新利用，挖掘全新的、丰富的文化消费体验。

### 1. 文化消费的分布式趋势

分布式概念最初由计算机领域的学者提出，指的是多台计算机互相协同处理负责的任务，随着互联网技术的进一步发展，分布式计算（Distributed Computing）的概念应运而生，并被广泛应用在科学研究中。其通过全球成千上万的参与者利用自己计算机的空闲容量来共同远程完成任务，如在知名多人游戏《星战前夜》（*Eve Online*）出现之前，有一个名为"探索计划"的游戏模块，在该游戏设置中借助全球千万名游戏玩家的力量成功分类和识别了近 1300 万张蛋白质染色体图，完成了 8 万余幅蛋白质的结构图谱识别，这就是众多参与者的弹性协作过程，通过参与者高度自发、自组织的群体智慧

---

1　顾江，陈鑫，刘柏阳.引导文化消费激发消费潜力 [J]. 群众,2021,4:41-43.
2　傅才武.国家文化消费试点城市政策思路与实践模式探索 [J]. 人文天下,2017,9:2-6.

实现了复杂任务的完成。分布式一词研究如何把一个需要巨大计算能力才能解决的问题细分成不同的小单元，并将其分配给众多不同的计算机分别进行处理，最后将计算产出综合起来得到最终结果。在全球经济普遍面临增长乏力和巨大环境压力的背景下，经济的发展呈现出从大型的生产单位控制所有重要活动，并通过传统分销网络进行连接的中心式经济模式，正逐渐转变为去中心化的、基于小型生产单位而又相互连接的分布式经济模式的总体趋势，如图 5-23 所示。

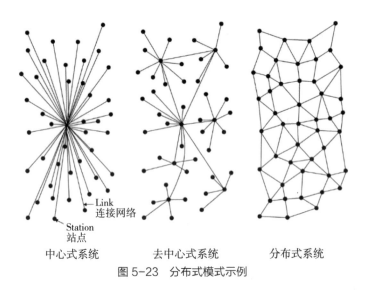

图 5-23　分布式模式示例

　　分布式经济是以小规模、分布式、灵活的单元形式组织起来的去中心化的生产消费、运输分配、营销和运营模式，各个单元之间彼此相互关联并共享物质资源、知识资源、剩余能量等，进而形成地方性网络并与附近的类似网络相互连接形成更大规模的协作网络。分布式经济发展的基础是平台和网络的搭建。这种模式极依赖移动互联网和多用户参与，跟传统经济模式相比具有大规模、个性化、细分专业化、增长迅速等特点。

　　分布式的自媒体：去中心化的分布式趋势是数字化经济背景的产物。传统媒体传播途径单一，而消费者对于信息的获取途径和需求逐渐增加，传统媒体的权威性和较慢的反应能力已经成为产业发展的困局，因此各类新媒体、网红和自媒体如雨后春笋般出现。这背后是分布式人力和创意的结果，去中心化的、灵活的、基于本地的活动单元更好地刺激了自媒体的崛起和发展。

分布式的设计服务：众包可由个人独立完成，也可以由多人协作完成。众包是一种收集群体智慧和创造力的方法，其旨在提供具有创造力的解决方案，这是一种去中心化的分布式的组织形式。众包模式一般包括众包平台提供方和接包方。在分布式的设计服务典型平台猪八戒上，用户可以在平台上发布设计任务，招募多位处于不同地点的设计师在线完成任务，这是设计协作方式的突破和创新。

**2. 文化消费的体验营销模式**

消费主义时代正在悄然到来：消费者更加注重消费体验的完整性。服务设计理念正逐步深入第三产业的体验优化中。企业的战略也在悄然改变，从以产品为导向转向以服务体验为导向，更注重客户的偏好和需求。

精准的营销和数据匹配算法对现代生产生活方式有了一定的影响，消费者逐渐养成知识付费的习惯，倡导为在线文化产品知识付费，维护知识产权，提高了正版维护意识，养成了使用付费的正确态度。数字文化消费品的品牌建设，要注重创新数字文化消费品，推动新兴数字文化消费品发展，保障数字文化消费品质量与品牌建设，推进文化消费试点，线下建立多家数字文化消费品体验店，将其带入社区、学校以及医疗机构，宣传对各个产业机构的未来建设，带动消费者积极体验数字文化消费品对基层建设所带来的正面效应，让消费者认同数字文化消费品的正面作用。

文化消费的营销模式可以参考新冠疫情期间涌现出的过渡"解决方案"。例如，在电影和电视行业，2020 年，导演徐峥的新作《囧妈》放弃了电影发行计划，转而在今日头条上进行在线免费首映；此后，《肥龙过江》《大赢家》等影片也纷纷选择网络视频平台上映，影院不再播映。大量的文化活动被搬上了云端，如云博物馆、云美术馆等纷纷开展云展览，如故宫博物院推出了 VR 故宫、全景故宫等；敦煌博物馆推出了"云游敦煌"的系列线上展览，用户可以通过云上的虚拟文化空间充分参与各类文化生活。

文化消费的付费模式是指通过在线网络平台积累知识生产者的专业知识，并通过有偿交易进行交换的行为。它是符合市场规律，利用互联网打造个人品牌，形成信息优化配置的有效手段。知识支付满足了移动互联网时代人们的需求，内容更加多样化，持续时间更短，演示形式更加丰富，有语音、文字、视频、问答等功能。目前国内有知乎、果壳、在行、分答、喜马拉雅、得道等知识付费平台。各类内容生产者将自己存储和掌握的知识技能，通过文字、短视频、直播、语音问答、MOOC 等形式进行分享和变现。在知识焦虑情绪影响下知识消费者能够快速触达这些知识，节省了时间和精力。

## 5.3　数字化赋能文化产业内外协同

内生生长与外生进化两者均以"以人为本"的价值观体系为核心，分析全产业的目标、要素、关系与效应，共同整合产业内外资源要素，以网状方式交织打造"文化产业数字化的内生生长与外生进化模式"，共同推动文化产业乃至全产业的服务创新、体系创新、内容创新，建构"协同管理、协同交流、协同创新、协同市场"网络。

其中，协同管理是指加强不同部门间的协同，协调好行业管控政策与市场运行机制之间的关系。系统考量产业结构构成，构建相关产品、技术和服务标准，促进国际标准化建设。促进文化资源、文化生产的建构和文化内容的认证，规范文化大数据体系；开发面向文化供应链的文化智能评价决策体系、文化内容安全监管体系。针对不同文化大数据的分级特征，制定文化数据安全组织流程，促进在文化企业资产认证、文化创作版权备案、文化交易资金结算、文化生产内容审核等关键环节的数据分析和应用。

协同创新是指加大文化生产关键技术研发力度、文化消费商业模式创新，构建群智共创文化新范式，最终形成"信息共享、资源共享、利益共享、信用保障"的新文化产业业态。基于传统文化的智能挖掘与分类技术、多行业文化符号特征多模态提取技术、多行业文化作品智能生成技术，在营销模式上建立文化消费者标签库、虚拟文化空间的大数据平台，实现全场景跨平台多源异构技术的大数据文化消费智能分析与精准用户画像描绘。打造云端虚拟文化空间、文化资源上云等工作平台，推动文化数据服务平台、智能文化生产软件、智能文化分发平台、文化产业知识图谱、文化消费者标签库等平台建设。

协同市场是指积极协调市场机制的健康可持续发展，鼓励发展数字文化优势产业集群和产业链生态，发展文化产业聚集区和策源地。积极打通文化资源要素在城市与乡村、不同发达程度区域之间的流通，打造具有影响力可带动发展的行业组织。对文化资源数据进行标签化，关联数据内容，推动精准化营销发展，使文化资源采集规范化、体系化，创建文化资源数据超市。

协同交流是指鼓励数字文化企业参与到国际分工和合作中，打造国际市场上中国文化企业的标签和中国模式，在境外设立研发机构，积极促进国际交易、交流、会展、人才、创新等多方面的深入交流和合作，推动产业链全球布局，实现产业链资源整合。打造文化产业数字化开放平台和生态，发挥用户画像精准推送、知识图谱双向知识链接等功能，以及深度学习、大数据等相关技术优势，从而打造开源开放的文化产业创新生态，不断链接更多的文化服务场景和需求，打造共生协同创新的文化生态链。

**1. 文化产业的多元数字化赋能（见图5-24）**

（1）数字IP的故事赋能。从中华优秀的传统文化和历史人物故事中挖掘具有价值的IP内容，通过创意设计的方式，打造IP文化及衍生品，将其转化成为优秀的影视和动漫内容，将数字文化IP植入虚拟文化空间的范畴，推动数字文化IP借助虚拟线上网络搭建实体化和虚拟化的宣传通道，感受文化IP的魅力。

（2）数据驱动的商业赋能。促进企业运营数字化、信息透明化、决策灵活化，实现"端到端"的更精准分析，以及供应链的即时设计和创新。数字化采购可以通过数据分析进行采购效率、采购敏捷性等的提升，为决策者提供可控的支出计算。数字化生产赋能分布式制造，改变产品和设备的生产过程，对于产品进行更好的可持续生产。

（3）智能技术的技术赋能。通过数据汇聚促进产业底层逻辑的变更，由传统的物理环境通过数字化的方式转移到虚拟的数字文化空间，将文化的场景进行延伸和拓展；同时，数据化赋能帮助文化企业更高效地可视化管理企业发展，云平台的构建围绕着数字闭环、业务闭环的优势方便文化企业搭建舆情监控平台；数字化发展带动了各种文化演绎设备的发展，传感器、VR、AR等丰富了文化传播的形式。

（4）文化事件的体验赋能。将数字化多媒体交互、影音和视频内容结合AR和VR的虚拟体验融入文化赛事、节庆、展览展示等活动中，丰富文化事件体验的参与感、沉浸感、故事感和获得感，将文化体验活动、文化教育知识、文化科普等内容纳入沉浸式的"文化场域"中。

（5）文化服务的跨界赋能。挖掘文化领域和广告内容相关的跨界品牌，借助跨界融合、联合出品等方式，将文化资源内容跨界联合展览展示、互联网产品、电竞赛事和动漫游戏等，实现文化内容的场景延伸和加强。

（6）文化产业的治理赋能。推进数据治理、基于区块链的数据隐私保护和数据匿名化处理，开展文化生产过程中数据安全和保护，数据产权交易下的数据资产的交易也需要建立制度和技术保障。

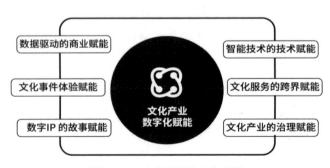

图5-24　文化产业数字化赋能

## 2．我国文化产业数字化的发展趋势

2020 年，中宣部文改办发布的《关于做好国家文化大数据体系建设工作的通知》指出，加强建设我国的文化大数据体系是顺应时代潮流，是一项重大的基础工程，要通过生产端、供给端、云端、需求端着重构建。到 2021 年 3 月，我国的"十四五"规划纳入文化大数据体系建设，该体系建设吹响了我国文化产业"新基建"的号角，这是文化产业数字化发展的契机。在文化与科技融合的背景下，应积极布局智慧广电、智慧文化装备、智慧文旅、国漫、数字化公共文化服务、智慧设计服务等多个文化产业子行业的发展，释放文化大数据体系建设的巨大潜力，整合文化产业资源，迎接文化产业的重大变革。

文化产业的未来发展主要体现在如下方面。

（1）数字化带动文化消费场景多元化。文化产业将会借助数字化向更多文化消费场景拓展。在未来，数字化产业与文化相结合，特别是文旅产业在互联网行业的发展、电子竞技与体育相结合的文化发展，都是带动数字文化产业发展的重要动力，文化消费将呈现更加精细化、多样化的趋势[1]。

（2）数字文化产业资源相链接。大数据和人工智能的发展将促进信息渠道的精准匹配，也使得基于人工智能的创意助手逐渐出现，从消费体验出发带动文化资源的高效利用，将新一代的信息科技同文化创意生产联结，催生出 O2O、分享经济等新模式新业态。

（3）数字化推动提高我国文化创意产业的原创能力。充分调动 UGC 和 PGC 的内容生产的动力，鼓励将传统文化资源同文化创意结合，挖掘传统文化价值，在影视、动漫、国风、衍生产品等方面逐步打造文化自信。

（4）数字文化对外输出由被动转变为主动。领军企业不断地向海外输出我国数字文化，将资本对外输出转化为产品输出、内容输出、技术输出和规则输出，且在国外市场有一定的竞争能力。

（5）虚拟文化空间带动文化产业数字化转型中的集成创新。在虚拟文化

1 吴承忠.5G 时代文化产业发展新趋势 [N]. 中国社会科学报,2020-10-13.

空间中，数据成为基本的生产资料，消费者需求带动商业模式创新，体验驱动文化消费增长，要综合运用多种技术手段打造个性化数字文化消费服务，配适更多的潜在线上消费场景，发展出敏捷、迭代开放的文化产业数字化行业新业态。文化产业数字化各环节采用云端共建、群智协同的方式促使供给端、生产端、需求端、营销端多维深度融合，构建全面的生态系统，推动"文化产业数字化 2.0"向更高质量的"文化产业数字化 3.0"迈进。

（6）创意型人力成为文化产业数字化发展的核心竞争力。文化产业数字化发展的主力军便是知识型劳动者，因此在人工智能赋能文化创造中，实现人机融合的最具创意张力的人力资源，结合新技术带来的工具和流程的智能化，成为文化产业数字化发展的新生力量。

（7）数字化带动监管方式和体制机制改革。国家和行业越来越完善文化产业行业标准、技术认定等，加强文化消费过程中消费者的安全、隐私和数据保护的规范。建立符合数字文化产业的监管方式，致力于打造公平和谐的产业发展环境，激发和鼓励行业从业者、企业所有者积极创新。同时，建立适应互联网发展的内容监督机制，支持数字化内容创作、数字化平台开发等优质项目落地。

第六章

# 文化产业数字化高效治理与精准服务

6
CHAPTER

立善法于天下，则天下治；立善法于一国，则一国治

——北宋·王安石《周公》

完善文化产业市场监督和高效治理体系，构建文化产业数字化多元主体共享的数智精准服务，实现文化产业生态系统共知共享、共创共生、共赢共荣。

文以数载　数以道明

　　2004 年，信息社会世界峰会对互联网治理做出了定义，互联网治理是指在互联网的演进和使用的过程中，政府、私有部门、公共社会共同认可的规则及决议，建立符合发展的监管模式。通过以符合其特点的模式对数字文化产业不同的技术、产品进行监管，致力于打造公平和谐的产业发展环境，激发和鼓励行业从业者、企业所有者积极创新。建立适应互联网发展的内容监督机制以防范不良分子借助文化媒体平台进行网络诈骗、网络贷款等违法行为，建立健全文化市场黑名单制度，构建前中后的内容监管体系。改善行业管理规范，建立企业信用监管体系和诚信制度，进一步完善市场准入条件，实现文化产业审批流程的简化和智能化，进而促进产业创新创业良性发展[1]。

　　在大数据、人工智能和区块链高速发展的驱动下，我国文化产业蓬勃发展，出版行业、影音行业、动漫行业及旅游行业等文化产业领域的数字化工作也取得一定成绩。我国在文化产业数字化治理和服务方面开展了很多有力的工作，各类互联网文化服务应用均保持高速增长。但是在新时代的国内外环境，以及在新技术驱动的产业环境变化下，文化产业数字化的治理和服务仍然面对很多挑战，对文化产业数字化进程做出快速、高效、协同的治理成为社会迫切的要求。本章中文化产业数字化的高效治理与精确服务研究背景如图 6-1 所示，主要有以下两方面问题。

1　盘华,黄永林.网络社区社交的新特征、面临的社会风险及其防范[J].社会主义研究,2021,257(3):122-129.

其一，研究内容不具有特色。文化产业治理大多都只是空泛的理论，对实践指导意义较差，主要集中在对文化产业物理空间治理的讨论，对于数字创意产业的研究较少，从整个产业生态系统进行文化产业治理的研究不够突出。

其二，研究案例相对单一。现有的治理理论和方案大多采用政治经济学理论。其重点在于文化产业的经济效益，把文化作为治理工具是其基本思维范式，忽视人们自觉的文化生产、传播和消费对文化产业治理的影响，单纯以文化的治理功能为研究视角，并不能从根本上解决文化产业持续发展过程中的治理问题，关于文化产业数字化的研究相对较少。因此，有必要改变研究视角，积极发现和发展研究范式。

数字治理是数字技术与治理理论的结合，其在改善智能公共服务供给、促进公民互动参与、实现政府治理创新等方面发挥着重要作用。我国在指导数字治理理论研究的实践发展方面取得了良好进展，但大量数据表明，我国数字治理研究形式单一，研究内容相近，关于数字治理、公民互动参与和特定产业系统中数字治理的实证理论研究还不够，尤其是在数字孪生技术的数字治理方面。

综上所述，首先，需要构建政府引领社会广泛参与的治理体系，构建"数智驱动"的多元主体共生的产业数字化治理体系，创新文化产业数字化生态系统治理机制体系，构建文化产业数字孪生高效治理模式；其次，需要构建文化产业生态系统中多元主体的共知共享、共创共生、共赢共荣的服务模式。

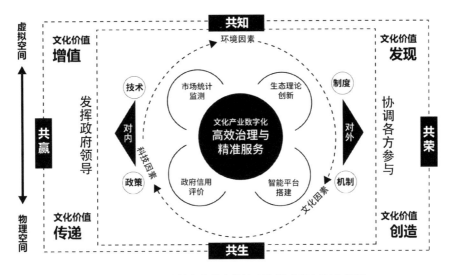

图 6-1　文化产业数字化的高效治理与精准服务研究背景

## 6.1　文化产业数字化治理与服务的必要性与突破点

### 6.1.1　文化产业数字化治理与服务的必要性

文化产业数字化的治理和服务仍然面对很多挑战，如国内文化市场和国外文化市场联结不紧密，产业结构与经济发展失衡（缺乏产业生态系统统筹，协同功能不强）；中国各区域文化产业数字化发展不平衡，人民无法共知共享，数字化传播速度与传播内容质量不匹配（发展机会不均衡，数字化高效治理体系尚未形成）；文化产业数字化成效与文化市场脱节，文化需求与文化服务供给无法精准对应（产业效应不明显，数字化精准服务模式尚未建立）。上述问题均需从政府层面通过高效、协同的治理来解决，并借助数智化（数据＋人工智能）驱动最终回应人民群众的文化需求，为社会提供高效、精准的文化服务。对文化产业数字化进程进行快速、高效、协同的治理成为社会迫切的要求。

**1. 国内外文化市场联结不紧密**

从 19 世纪大规模的全球化开始以后，全世界的经济文化联结日益紧密，世界已是一个多元开放的世界，没有一个国家不需要对外交流，也没有任何一个可以独善其身的文化市场。

我国的数字文化产业还处在初级发展阶段，与国外的数字文化市场联系并不是很密切，开拓国外数字文化市场的空间还很大。就目前中国的国际文化发展状况来看，文化输出重点面向文化需求较为成熟的美、欧等，以及聚集了华人的东亚和东南亚。由于长期受到政治、经济、宗教等诸多因素的制约，中国文化的对外交易渠道相对狭窄、单一化，中华文化的对外传播较少，影响力非常小，与一些国家、地区之间的文化交流还处于空白状态，数字化的文化交流也很少见。近几年，中国的文化产业得到国家政策的支持，在国际场合多有出现。然而，中国目前仍缺乏适应全球文化市场需要的文化品牌和服务。中华传统文化尽管也在国外流传，但并未真正深入国外人民的心中，总体来说，他们对中国文化的了解仍处于较低的水平。

为此，亟须提高对中国的文化出口商品和服务的品质，并建立名牌和精品的观念，为促进中国特色的文化产业和服务提供有力的支持。与此同时，可以从数字文化商品和服务提供的角度来提升中国文化在国外的知名度，在文化交流和消费者需求上建立切合实际的关系，让中国文化"走进去"和"融进去"，与世界的文化接轨[1]。

**2. 中国文化产业数字化发展的不平衡**

我国数字文化产业发展的不平衡主要有以下两个方面的表征：

（1）地区发展的不平衡。地区间发展的不平衡可以从两个层面看，分别是东西部地区发展的不平衡和城乡发展的不平衡。东西部发展不平衡主要是由于经济发展程度的不同，北上广深等发达城市的文化产业发展进程要比西部城市快。通过分析各省区市文化产业发展特征，可将其分为以下三类具有共性特征的类型：高速增长区、低速增长区和负增长区[2]。从"2020中国省·市文化产业发展指数"的分布情况来看，文化产业百强县主要分布在东部地

---

1　李嘉珊,任爽."一带一路"战略背景下海外文化市场有效开拓的贸易路径[J].国际贸易,2016,2:62-66.
2　顾江,吴建军,胡慧源.中国文化产业发展的区域特征与成因研究——基于第五次和第六次人口普查数据[J].经济地理,2013,33(7):89-95.

区，西部地区几乎没有；另外，南强北弱的特征明显，文化产业地区间的不均衡现象依然突出。按照"十四五"规划，上海将在浦东建立一个规模达千亿的文化贸易产业基地，而北京则在石景山设立了一个全国文化创意产业示范园区，该园区涵盖了整个产业链。相反地，中西部地区的数字文化产业发展速度相对缓慢，主要表现在资金和人才的匮乏上，这就要求政府给予一定的支持，并制定相应的发展战略。产业发展与经济发展不均衡，缺乏完善的产业生态系统和强有力的协同合作。文化产业百强县集中在长江三角洲城市群和粤港澳大湾区，东西差异、南北差异十分明显；特别是东南沿海地区分布相对密集，广东、浙江、江苏三省覆盖了近一半的文化产业百强县。这些地区的文化产业发展达到了高水平，这与这些地区的经济发展水平以及长江三角洲一体化、粤港澳大湾区等国家重大区域的发展战略密切相关。这表明中西部地区对文化产业的发展需要加大投入，并加强文化产业方面的区域合作。而文化消费的总量和层次致使城乡发展不平衡，发展机会不均衡导致人民无法共知共享，不管是发达的还是落后的地区，农村消费水平都低于城镇。在国家大力推进乡村振兴战略的背景下，挖掘农村市场，寻找数字文化产业和"三农"的交汇点，不仅可以缩小城乡差距，而且可以为乡村振兴注入新的活力。

（2）人群发展的不平衡。人群发展的不平衡主要体现在知识能力不平衡和人才培养的不平衡。知识能力不平衡，体现在人们受年龄、健康水平影响，对于新知识、新技术的接受能力存在差异。例如在新冠疫情防控过程中，虽然健康码的运用对人员流动、复工复产、复学复市，发挥了非常重要的作用；但是也存在人群使用不平衡的情况，不少老年人因为使用老年手机没有健康码，在就医出行时遇到了困扰和不便。

人才培养的不平衡，主要表现在跨学科教育、社会教育等方面。数字化文化产业对复合型人才的需求决定了大学的专业设置不应限于计算机技术、美术类等专业，清华大学、北京大学等高校近几年设立的专业教育模式非常有意义。例如清华大学提出了"多入口、一平台、多出口"的培养模式，聚集了三所大学的教师，应对单一的专业人才很难适应数字文化创意产业的需要，对设计、计算机、媒体、物理、生物等领域的研究生进行了 3 年的培养，使学生的毕业作品在不同专业指导者的指导下实现技术学科间的运用[1]。数字技术的快速更新换代也需要从业者不断提升自己的技术水平，近年来，成人在线教育的风靡，也说明了对数字技术的需求非常大，因此，在数字文化行业中，构建相应的社会教育系统是非常必要的。

### 3. 文化需求与文化服务不对应

数字化的精准服务模式还没有确立，这导致了文化产业数字化的效果和文化市场背离，文化需求和文化服务供给不能切实对应。我国文化资源日益丰富，群众的文化选择空前广阔，欣赏水平也日益提高。但是文化供应更新慢，对群众的吸引力不足。

我国的文化需求达到了更高的层次。当动态的社交文化服务受到广泛的追捧时，现实提供的文化服务却仍然是静态的；在群众已经被"教育"并接受了移动式的信息阅读和娱乐活动的当代，文化服务也需要从单一的物理空间拓展至更广泛的空间。文化服务效率优化的前提是从群众的文化需求出发，洞悉服务对象的特点和真实的需求。搭建文化服务物理空间的工作完善后，如何提高利用率是亟待解决的问题。群众的生活水平提高，对文化的需求日益丰富，呈现出多样化的倾向，但部分基层公共文化服务设施的利用效率较低。这说明了基础的文化服务供求关系并不对等，改变现状的破局点是大力探索用户痛点，正确发现群众的文化需求，提高文化服务供求的吻合度。

### 4. 数字化高效治理体系有待完善

与国外很多项目和研究成果相比，国内文化资源数字化的研究相对有限。在整合和传播、表现形式方面更加分散，数字化高效治理体系尚未形成。党的十九大报告提出了建设网络强国、数字中国、智慧社会的重要战略部署，以及完善体制机制、提高我国数字经济治理体系和治理能力现代化水

---

1　肖昕,景一伶.中国文化产业数字化政策及其策略研究[J].民族艺术研究,2021,34(3):130-136.

平的要求。如随着数字技术的发展，传统出版物的数字化和数字出版形式更加丰富，数字出版媒体呈现多元化趋势，但数字侵权形式也随之变得更加复杂。数字文化产业与互联网的高度关联，使得传统的市场法则在很多时候都无法发挥原有的监管职能，数字版权保护仍存在多重困境。

## 6.1.2  文化产业数字化治理与服务的突破点

高质量的数字文化创新生态系统的构建是确保数字文化产业高质量发展的基础和前提。在数字文化产业迅猛发展的背景下，各种新的业态和消费模式为人们带来了更好的消费体验，高质量数字文化产品的市场需求也日益增加。构建高质量的数字文化创新生态系统，是实现新旧动能转换、有效加速数字文化产业高质量发展的路径选择，其主要包括以下几个方面，如图 6-2 所示：

图 6-2  高质量的数字化文化创新生态系统

### 1. 重视内容创新

内容创意是发展文化产业的灵魂。随着人们对高质量文化产品的需求越来越强烈，文化内容的创新已成为其发展的核心[1]。数字时代的特征就是把有效的数据经过智能的处理，以达到让用户体验更好的数字化文化产品、服务的目的，迎合用户定制化、私有化的心理需求。目前，国内文化产品和文化

---

1  黄永林 . 数字文化产业发展的多维关系与时代特征 [J]. 人民论坛·学术前沿 ,2020,17:22-29.

服务的市场布局已经有了一定的拓展，例如：电影产业在 2019 年票房继续保持在 600 亿元以上，总银幕数量稳定在全球前列，但新冠疫情的大暴发给传统电影行业和影院放映的模式带来了极大的冲击，线上消费逐渐开始取代原有消费模式，提供高质量的电影行业产品与服务并促使电影行业的数字化转型势在必行。因此，产品和服务的高质量发展在数字文化产业发展过程中起着重要作用。

数字文化产业要从"唯流量"走向高质量、高水平发展。升级数字文化产业中动漫、影视剧作、数字媒体表达等文化、艺术创作手法与品质的过程，需围绕供给侧结构性改革的主旋律，明确大众文化消费的需求，提高产品的原创性，提供大众喜闻乐见的全新文化创意产品。根据民族文化的特征，鼓励研发集教育、益智以及文化导向功能于一体的数字内容产品。实施数字内容创新发展项目，促进数字资源的数字化转化和应用。

以新的创意与设计，将传统文化与现代审美、当代价值观相融合，为优秀的传统文化注入新的活力与生机。新的文化产物不是单纯地复制传统文化，而是要结合现代意识，灵活运用传统文化元素，赋予传统文化以新时代的内涵，并以符合大众审美的呈现形式，创作出新的文化作品。中华传统文化中的经典要素、中华儿女的情愫以及传统文化的精神内核，为当代人整体、深刻、多面地重新诠释并发展新文化产品与服务业态提供了一座珍贵的矿藏，有利于促进当代中国文化产品的良性发展。集合大众智慧，大力扶植具备原创性的数字文化作品，加强对原创作品的版权保护和对优质作品的宣发，以全新优质的数字化服务体系为原创作品保驾护航。以全新的科技与文化深度融合发展体系，有机地联结传统媒体与新兴媒体，为创新发展提供新的平台。鼓励引进、开发、自制优秀的数字文化作品，确保优质版权内容的全产业链运营。鼓励不同类型的数字文化进行多领域的合作、引鉴，共荣共赢，形成可持续的新产业生态。

跨行业、跨领域是文化和数字技术的融合发展过程中所显露出的两大意象。重点关注建设数字文化公共服务系统，调动"互联网 +"创新精神，开发数字文化内容资源平台建设的加速包，形成企业主导、产学研用协同的数字文化产业创新中心，推进现实与虚拟双向融合、研发与应用并重、孵化与投资结合的数字文化服务平台建设。培育建设国家重点实验室、工程技术研发中心、企业技术创新中心，建设文化领域科技创新服务平台，以营造特色鲜明、优势互补、合作共赢的文化创新、科技创新良好氛围为建设目标。

要围绕重点园区和重点企业，围绕文化科技创新的核心，推动工程技术中心、工程研究中心、企业重点实验室、工程实验室等创新摇篮的发展，实现高效的协作与发展。以科技与文化融合示范基地为基础，将具有鲜明特色和创新能力的文化科技企业打造为全新阵地，为产学研战略联盟和公共服务平台提供有力支撑。为数字文化展览的发展提速，以设立展览、贸易、数字文化技术、数字文化产品和服务为发展方向，将数字文化向民众进行推广。以本地化为原则进行数字文化超市的建设，以网络为基础，进行公共数字文化供给模式的创新。

重视文化产业数字化知识产权保护问题，尤其是在音乐、网络文学和游戏等领域。提高侵权人违法获利的成本，提高侵权损害赔偿，培养著作权人的维权意识，提供侵权证据收集和维权的培训，引导公众树立知识产权保护的意识，在用户隐私保护的问题上，增加平台产品中"用户中心"和"产品隐私设计"等栏目，便于用户了解产品的个人信息处理方式、自主管理授权范围等，用户可通过隐私管理指引，进行修改隐私设置、账号注销、应用授权等操作[1]。

### 2. 聚焦用户需求

经济发展以人的需要为中心。数字化技术可以将消费者的消费行为量化，通过需求的方式反馈给生产者，使其在满足需求的前提下，降低生产成本，并与使用者进行实时反馈。有目标性地生产，使消费者逐步走上了产业链的前端，而生产者也越来越关注消费者的需要。在这样的环境下，使用者对于自己的产品有越来越多选择，并且可以更深入地参与到自己的产品的

---

1 郭雪慧.人工智能时代的个人信息安全挑战与应对 [J].浙江大学学报（人文社会科学版）,2021,51(5):157-169.

制造和创造之中，这对于数字文化产业的生态体系建设具有重大的意义。同时，文化产业也由只有企业组成转变为由用户、企业、运营商等多方面构成的更加科学的数字生态系统。"头部效应"与"马太效应"是数字文化产业的重要特征，尽管我国有三分之二的人口都在下沉市场，但是却未获得足够的重视和资金的投入。

在新冠疫情期间，有大批居民自觉地在家中隔离，这就为发展数字消费的下沉市场打开了一个新的突破口。一方面，这一次疫情迫使当地的文化企业与当地的生态环境相结合，积极与各大平台公司进行深入的合作。比如短视频中，人们开始关注小人物的喜怒哀乐、关注普通人的抗疫生活，抖音等短视频平台的用户通过民间视角记录和传播"抗疫日记"，让平台的人气节节攀升。另一方面，一些下沉市场的文化娱乐和教育需求开始向线上流动，下沉市场的消费者对网络场景的认识和使用习惯也在逐步养成。随着高频的线上活动，他们与一线城市消费群体的差异也在不断缩小。

数据表明，除短视频平台外，教育类 APP 的活跃用户数量也从平常的 8700 万增长到了 1.27 亿，增幅为 46%；三线、四线和五线以下城市的总客流量比例接近 70%，这说明了互联网群体对网络教育的重视。根据《疫情影响下的中国下沉市场休闲娱乐洞察报告》，在新冠疫情期间，89.79% 的消费者会选择看直播，而最喜欢的三种类型分别是新闻、真人秀、购物。直播已经成为一种新的营销手段，就连一些地区的县长，也在直播中扮演了重要的角色，宣传当地的产品。

### 3. 推进多领域合作

当前，数字文化产业正在由消费互联网向产业互联网等更多经济领域拓展，朝着生态化竞争、"IP+ 产业"全面融合、新技术广泛应用等方向推进，数字文化产业发展必须坚持"融合发展、开放共享"的理念。要以数字技术实现文化产业与相关产业更广范围、更深层次、更高水平的融合，引领文化产业高质量发展。比如通过跨界融合，重点推动数字文化在电商、社群等领域的软着陆；加快发展数字交易、基于社群的电商、"粉丝"经济等新经济形态并促使数字文化与其融合创新；提升数字文旅的质量，延伸数字文化产品的边界，鼓励景区纪念品、文化场馆周边的原创性数字文化产品研发，把文旅融合作为数字化发展的新标杆。

以多维度的合作，共同构建一个崭新的产业生态圈，使产业价值多元化和资源使用有效化。鼓励行业间的跨界合作，打破行业、产品、消费者的限制，将原有的元素进行整合，形成一个新的产业生态，同时也要拓宽观众群体，通过行业的发展，实现共赢。比如，加速艺术设计和人工智能的结合；加快与传统文化产业如博物馆、展览馆等的合作；进一步加深与游戏、影视、创意等文化娱乐产业的合作等。

加强完善数字文化产业认证制度，积极鼓励文化投资企业申报国家高新技术产品企业等级认证，鼓励对于符合持续发展要求的智能化、创新化的文化创意产品和产品设计研发费用执行加计税前扣除的优惠政策。拓宽文化企业融资途径，加大文化企业融资力度，创立数字文化产业创新创业基地和帮扶基金。通过设立相关股权基金，建立融资风险补偿和分担机制。

**4. 完善产业布局**

科技日新月异，用户的个性化要求决定了数字文化产业的动态开放性。人工智能、无人机、智能制造等新技术与设备正在进行新一轮的技术革命，不断地丰富着工业发展的内涵。企业背靠大数据、物联网、云计算、虚拟现实、增强现实等新兴技术，加大力度进行软件应用、虚拟现实平台服务、可穿戴设备、智能产品等的研发，激发了各种新兴技术在文创产业的再应用与赋能，例如多维打印技术、人工智能、增材制造等。进一步地，新业态诞生并被予以足够的重视与扶持，例如更迭的移动互联网应用、视听新媒体、虚拟会展、动漫游戏、绿色印刷、艺术品网络交易等科技文化融合新业态如雨后春笋般出现。赋能文创企业研发机构，联合科研中心、高校专家等，协同创新，形成产学研用的多链型网络，实现"人""资""场"的生态供应与融合共赢。数字文化产业的发展离不开技术的不断更新。所以，在发展数字文化产业时，要有前瞻性的认识，不断拓展产业边界，开拓产业蓝海。

需要对数字文化产业内部出现的新技术、新模式等建立适当的内容监督机制，借助文化媒体平台进行网络诈骗、网络贷款等违法行为的防范，建立健全文化市场违规黑名单制度，加强文化内容监管机制。简化文化产业智能化审批流程，建立文化企业信用和诚信监管制度，促进产业创新创业良性发展。积极发挥财政资金的调节作用，鼓励和支持文化产业的内容创作、技术挖掘、技术突破、平台创新等。

## 6.2　文化产业数字化"数智驱动"的文化增值高效治理机制

有效的治理手段是保障数字文化产业持续性发展的关键。2003 年我国开始引入数字治理的概念，相关研究都集中于数字治理的概念体系构建。2012 年大数据时代拉开了序幕，大数据成了政府治理的关键资源，引发了大数据研究热潮[1]。我国学者紧随时代潮流，对数字信息时代下政府治理模式的构建、转变，以及大数据对政府治理的影响等方面进行了研究。例如，胡税根提出我国智慧政府治理创新发展必须重视智慧政府治理的顶层设计、创新动态网络协同治理方式、推进政府数据开放共享等[2]。对数字文化产业发展模式的探究离不开对数字治理领域的探索，研究发展至今，关于数字治理过程中政府职责层、相关部门间权责配置问题及治理主体体系的研究较少，针对数字文化产业治理的相关研究则更是少之又少。

当前数字文化产业深入发展面临的主要问题之一是市场要素与社会力量参与的缺乏限制了数字文化服务设计水平的提升[3]。数字文化设计是一个全面、循环、连续、系统的项目，发展体系应涉及主体、体系建设、资源建设、监督与评价等各个方面。每个模块彼此密切相关，而非独立存在。数字文化设计发展体系的核心是通过主体机制明确各个参与主体的责任与义务，协调治理环节并对评价做出及时反馈，保证设计发展过程中各个机制的有效

1　王洛忠，闫倩倩，陈宇．数字治理研究十五年：从概念体系到治理实践——基于 CiteSpace 的可视化分析 [J]．电子政务，2018,(04):67-77.
2　胡税根，王汇宇，莫锦江．基于大数据的智慧政府治理创新研究 [J]．探索，2017(01): 72-78+2.
3　王锰，郑建明．整体性治理视角下的数字文化治理体系 [J]．图书馆论坛，2015, 35(10): 20-24.

运转[1]。"数智驱动"的文化增值高效治理机制应从以下几方面进行思考，如图 6-3 所示。

第一，构建多元主体共生的产业数字化发展体系，确立"1+N"的主体协同发展体系模式（即 1 为政府，N 为精英联盟、文化园区、企业、个人等），通过虚实相生的文化产品及服务的跨业、跨界、跨域、跨国融合，形成由以政府主导的精英联盟、文化企业、群智个体等组成的利益共同体[2]。数字文化的协同保障体系需要政府与社会各界共同参与设计，政府监管与社会监督并行。其中，政府是协同保障体系中的核心主体，把控着文化产业数字化保障体系的大方向，采用最为现实、有效的方式直接对数字文化产业进行监督与管理。参与设计的社会各界包括数字文化相关企事业单位、公众等主体，共同进行数字文化监督工作，是数字文化协同保障体系的有益补充者。

第二，构建支持文化产业数字化发展的设计人才培养策略，应在产业转型背景下重塑产教融合协同共构育人新理念、在"四新"建设背景下构筑多元共建育人新路径、在科技创新背景下构建文化科技双轨育人新模式、在文化发展战略背景下打造文化自信育人新格局，通过新理念、新路径、新模式与新格局完成文化产业人才培养过程中的思变、求变、应变与蝶变四阶段，全面提升我国设计人才培养质量，为实现中华民族伟大复兴的中国梦贡献人才力量。

第三，构建以数据战略、政策规划、数智技术标准与规范、法律体系、扶持政策并行的"五位一体"发展战略，针对文化产业数字化的生产、分配、流通、消费、支付各环节，实行文化产业数字化全链路管理。在数字文化协同保障体系设计中，推动社会与政府共同参与设计，政府宏观直接管理与社会各界间接辅助监督相结合，使数字文化监管覆盖渗透各个角落，保障数字文化产业健康发展。

---

1 倪菁. 多中心治理视角下的数字文化治理体系 [J]. 新世纪图书馆，2017(12): 8-12.

2 罗仕鉴. 新时代文化产业数字化战略研究 [J]. 包装工程，2021, 42(18): 63-72+8.

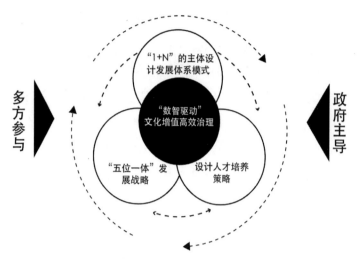

图 6-3　"数智驱动"的文化增值高效治理机制

## 6.2.1　构建政府主导的"1+N"主体设计协同发展体系

政府主导的"1+N"主体设计协同发展体系模式，以满足用户文化需求为核心，通过良好用户体验的获取来刺激文化消费，并使文化供给与文化需求平衡匹配，建立数据战略、政策规划、数智技术标准与规范、法律体系、扶持政策"五位一体"的制度保障体系。针对文化产业数字化生产、分配、流通、消费、支付的各环节，实行文化产业数字化全链路管理。加强文化从业人员及用户的数据意识，确保其数据权利和隐私不受侵犯。实现文化多元主体在文化消费过程中的行为数据、业务数据、交易数据全生命周期成长，基于数字孪生技术，使文化资源在物理空间与虚拟空间转移过程中实现从文化价值发现到文化增值的过渡。建立整合控制机制、激励机制、协调机制，多元主体的权责分配、产业参与成员管理、数字确权、联合约束、定价协商、收益分配及信任机制，品牌声誉机制，用户反馈机制共同构成机制体系建设，以此应对产业数字体系的复杂性、多变性及动态性，具体如图 6-4所示。

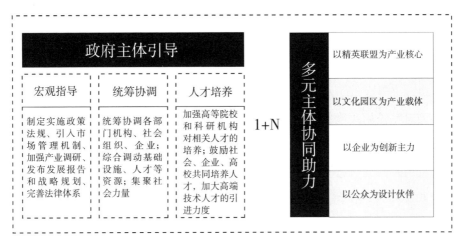

图 6-4 政府主导的"1+N"主体设计协同发展体系模式

### 1. 由政府领军

政府作为数字文化监管体系中起到主导作用的"元监督"角色,主导文化管理、监督、评测等相关活动。这就要求政府在进行详尽调研的基础上,充分吸收社会各界的意见,对管辖范围内的数字文化产业的发展规划、服务宗旨、运作规范等方面制定合理评估标准,定时开展评估考量,及时对不合规范标准的数字文化进行管控。按照数字化、法治化的原则要求,大力打造服务型政府,厘清职权范围,规范服务流程,强化服务意识,加强效能考核。将管理重心放于宏观的目标设定、导向引领、资金调控、体制完善、过程监督等方面[1]。

发挥政府规划引导作用,应完善各地方、各部门的质量认证体系,多元化完善监管政策,鼓励社会各方共治,激励与惩戒并行,提升质量认证动能;注重市场驱动作用,使市场主体(包括认证机构、企业等)的主体责任一体化、系统化,夯实认证规范、明晰秩序、共担并进。在文化产业发展过程中,政府要确保文化市场平稳有序运行,同时也要防止政府"失位""错位"带来的政策风险[2]。在经济社会协同发展的驱动下,大数据也随着互联网

1　李臻. 文化治理视域下的公共数字文化服务标准体系研究 [J]. 大学图书情报学刊 ,2020,38(04):50-54+77.
2　张胜冰 ,宋文婷. 论文化产业发展中的有为政府和有效市场 [J]. 山东大学学报(哲学社会科学版),2022,2:48-58.

的发展而发展。同时，随着现代经济的高速发展，产业经济发展面临着新的机遇和挑战。政府部门要更加有效地促进地方产业经济发展规范化，适应时代发展趋势，主动拥抱数字化。

除此之外，市场活力对文化市场而言是发展的重要因素，为生产经营者提供相对宽松的政策和市场环境，强化市场机制，是激发市场活力的高效举措。因此可适当降低政府"有形的手"的干预度，使企业能遵循自身发展道路，突出特点并发挥优势。2019 年《政府工作报告》频繁提及"营商环境"，各级发展和改革委员会积极支持、推进一流营商环境的打造。面向文化产业，国家明确推出了一系列利好政策，涉及减税降费、扶持中小微企业成长、知识产权保护政策等方面，赋能文化产业"轻装快跑"。工业和信息化部发布的数据显示，2019 年政府精准发力，全年减税降费 2.36 万亿元，小微企业普惠性减税约 2500 亿元，2019 年《政府工作报告》中的目标任务成势见效。以政府为主体对其他各部门进行引导，才能保证数字文化发展过程中各环节有序高效地运作。政府对数字文化发展的引领作用主要体现在如下几个方面，如图 6-5 所示：

（1）有效宏观指导。政府通过颁布和实施相关政策规则，引入市场管理机制，对文化企业、文化机构开展的数字文化活动进行宏观指导，形成以宏观指导为主体的法律化、系统性的数字文化管理模式。数字文化产业具有创新融合发展、高新科技加持、发展速度快的特点，其发展速度远超传统产业，给政府带来了管理方面的压力，管理模式需要及时更新变革以跟上产业发展步伐。这就需要提升政府宏观引领能力，时刻掌握数字经济发展方向，及时制定战略规划，引领产业朝着正确方向发展。推动数字文化产业的发展一方面要鼓励创新、包容创新，另一方面政府对于创新所带来的风险应保持可控性，以审慎监管促进创新，以前沿立法引领创新，以完善立法保障创新[1]。

（2）充分发挥统筹协调作用。数字文化的成功来自跨部门、单位和职能

---

1　王相华 . 数字文化产业中政府角色定位：欧美国家经验与中国对策 [J]. 艺术百家 , 2020, 36(01): 65-71+100.

的信息和资源共享，与传统文化产业相比需要更高的信息资源透明度和互动性[1]。因此，政府在数字文化产业设计发展中需要起到统筹协调各个部门、社会组织、机构企业等的作用，根据实际情况，协调调动各方资源，实现区域、城乡数字文化产业的共同进步。数字文化产业的发展与技术革新、社会进步息息相关，这意味着社会各界组织对产业发展现状和规律有更强的洞察力。因此，政府需要充分调动企事业单位的积极主动性，以政府为主导，集聚社会力量参与产业发展的管理，构建政府主导的多元协同设计模式，为数字文化产业创造优质发展环境。例如，政府难以解决的数字文化产业税收扶持政策力度不足、范围偏窄等问题，可通过行业协会等社会组织的力量因地制宜地进行资金规划。

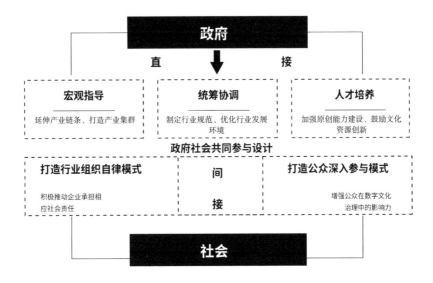

图 6-5　政府社会共同体参与的协同保障体系

　　文化与科技的交融凝聚为一股颠覆式的创新动能，助推文化产业各链路的革命。互联网的迅速发展、大数据的出现和不断发展的数字革命带来了许多革新，并且信息获取方式的简化使得人们对文化产业的认知以及对文化产

---

1　Hemerling J, Kilmann J, Danoesastro M, et al. It's not a digital transformation without a digital culture[J]. Boston Consulting Group, 2018: 1-11.

业发展路径有着更直观的了解。探索数字技术、互联网技术在文化相关产业中的应用方法将会成为未来文化产业发展研究的主流内容。在相关法律法规日渐完善的基础上，也应当着眼于相关监督执行机制，让法律法规的执行落到实处。在法律的保障下，让相关行业从业者创新生产经营方式，鼓励龙头企业引领产业的转型升级，对社会发挥切实效益。它们在改变了原有的工业基础上，又产生了新的工业。运用技术手段建设 21 世纪"数字政府"，一个有效率、有活力的政府是这一切的保障。

2022 年 4 月浙江省文化和旅游厅召开全省文化和旅游系统数字化改革视频培训会，深入推进文化和旅游数字化改革，要求在数字文化视域下，围绕文艺惠民、文创发展、文脉传承，进一步落实文化和旅游数字化改革，为文娱数字化改革的话语与理论体系成熟加速。基于"文化旅游数据窗"，融合各领域"大脑"，为普惠的文化服务、旅游服务等提供更多黑科技的支持。依托文旅智能分析和算法能力，优化事前研判预警、分析决策能力。推出"15 分钟品质文化生活圈""文旅防疫在线"应用的同时，优化升级"浙江智慧文化云""文物安全智慧监管""清朗网络文化市场智管""假日旅游通"等应用，并推而广之。立足于全面贯通上线"8+1"重点应用，借数字化之力提升文化产业势能。加快实现省市县贯通，依托一体化、智能化的公共数据评审和系统，推动全省文化和旅游数字化改革[1]。

"我国遗产型景区'平台＋数据＋标准'（PDS）管服体系创新研究"项目由西北工业大学承担，针对国家和地方遗产型景区的管理现状，按照"横向到边、纵向到底"的总体设计思路，纵向涉及各类遗产型景区，横向涉及游客、平台、成果、项目、人才、市场等各类要素，运用物联网、大数据、云计算、人工智能等现代信息技术，构建集统一标准、互联互通、信息统筹、资源共享、监督管理、监测预警、预测评估、管理优化、决策支持等功能于一体的管理与服务体系，创建我国遗产型景区"平台（platform）＋数据

---

1　文化和旅游部．《浙江深入推进文化和旅游数字化改革》（2022-04-22）[2022-05-25]. https://www.mct.gov.cn/whzx/qgwhxxlb/zj/202204/t20220422_932611.htm.

（data）+ 标准（standard）"管服体系，其目的是服务政府、行业、游客、市场，推动政府监管方式创新和能效提高[1]。

### 2. 以企业为创新主力

企业作为支撑文化产业发展的微观组织基础，承担着数字文化创新的重要责任，在政府主导的数字文化产业发展模式中发挥着重要的辅助作用，其参与意愿和发展能力至关重要[2]。然而我国数字技术发展相对滞后，互联网在文化产业中的普及率以及与产业的融合率偏低，导致各数字文化企业的发展情况存在较大差异。且未来形势的变化使得诸多挑战逐渐浮现：一方面是国内技术的滞后性难以跟上全球数字技术升级导致的文化产业热点变化；另一方面是我国的文化体制改革与互联网技术革命同时进行，企业需要在逆流与冲击之中谋求发展，国有企业需要顶住市场化改制的压力并且加快技术的发展，民营企业则需要在日渐增加的国内外竞争压力以及版权问题的压力下谋求生存。因此在社会信息数字化环境下，数字文化相关企业应遵循以下几点来协助政府发展数字文化：第一，遵循政府的领导，积极参与数字文化设计，与政府保持良好的合作关系，严格履行应尽的职责和义务，合理利用先进技术，提供高质量的数字文化服务和产品。第二，遵循市场规律，顺应行业发展趋势，深入挖掘中国独特的文化资源，并以新颖的方式向公众展示，满足大众数字文化需求，兼顾收获社会效益和经济效益。第三，立足于文化内容进行创新；信息和通信技术本身并不能创造价值，而是需要企业理解如何利用数字技术[3]在文化中挖掘价值，并如何从中华传统文化中汲取养分，创造出高质量、多元且风格各异的数字文化产品，以实现来自传统文化资源中的元素再创造，在世界级的平台上呈现国家数字文化创意品牌。

以行业发展的基本特征来分析，企业在信息技术发展过程中，要准确地

1　文化和旅游部．"我国遗产型景区'平台＋数据＋标准'（PDS）管服体系创新研究"项目简介 [EB/OL]．（2021-06-23）[2022-02-25]. https://www.mct.gov.cn/preview/special/kygz/whhlykjcxcg/202102/t20210207_921401.htm.
2　周建新，朱政．中国文化产业研究 2021 年度学术报告 [J]．深圳大学学报（人文社会科学版），2022, 39(01): 69–83.
3　Martínez-Caro E, Cegarra-Navarro J G, Alfonso-Ruiz F J. Digital technologies and firm performance: The role of digital organisational culture[J]. Technological Forecasting and Social Change, 2020, 154: 119962.

把握信息技术所带来的发展机遇，就必须改变经营模式，以满足信息化的需求。首要的便是加速与网络的协作，促进行业的分级。第一，构建网络化的技术平台；在文化产品的内涵整合背景下，文化行业的竞争严重地依赖于科技的竞争，因此，企业要充分运用现代科技的力量，以互联网为工具，满足用户的动态文化需要；与此同时，各大公司要逐渐培育自己的网络意识，打造自己的文化品牌，搭建网上营销的平台。第二，要建立数字化人才的培养机制；文化创意是提升企业价值与竞争能力的来源，而创造性思维则来源于创造性的人才。加速发展数字化技术人才、文化技术人才、数字软件开发人才以及传媒行业的经营人才将会是推动文化行业发展的一个重要因素。第三，要加强对数字环境下知识财产权的保护；在此基础上，公司要不断地改进过滤技术、反入侵技术，并在一定程度上强化数字版权保护认证技术、接入控制技术以及密码技术，建立安全可靠的、易于使用的信息化管理体系，保障传统和创新的文化工业的安全[1]。

2019 年，迪士尼在上海举办了"下一代数字生活方式"主题共享活动。华特迪士尼（中国）有限公司数字娱乐总经理王沁先生分享了中国的数字化发展如此迅速，迪士尼是如何进行数字化配置的：文化产业内部及外部各产业通过数字技术的精准分工，重构价值链结构升级、动能转化的过程。活动从三个方面做了分享：第一，如何通过数字平台发布内容，如何提高规模，以使更多的消费者可以接触到迪士尼的内容和产品。第二，根据本土数字消费者的需求构筑适合的产品和内容。第三，如何进行数字化营销，以加深跟消费者的互动，扩大影响力；其中，为了宣传《复仇者联盟 3》，迪士尼和微信合作制作了一个名为"We hero"的跨国艺术展，与许多中国民间艺术大师合作，结合了漫威英雄人物和中国民间本土艺术，并在微信平台进行在线展示，生动演绎了"凡人即英雄、英雄也是凡人"的观点，而且非常有创造力。王沁认为，迪士尼的一切都是以消费者为出发点，以内容为核心，以技术为载体，以创新为驱动力，最终完成数字化的布局，形成了生态系统。再比如

---

1　徐望．"文科融合"升级我国文化产业链路径 [J]. 发展改革理论与实践 ,2018,2:20-24.

日本日立聚集文学家、科学家、历史学家、画家、技术人员等专家团体，成功地将在历史和战乱中散失的日本古典艺术杰作《源氏物语图》进行了数字化再现。该作品是日本的高科技水平在传统文化中运用的代表，成了日本领导人访问海外的礼品。日本奥羽大学运用运动捕捉技术对活态文化遗产"狮子舞"进行了三维数字化保护，对"狮子舞"的动作与音频进行了数字化提取，这项被称为虚拟保护"精神链"的工程是对重要典礼文化的音频与视觉数字化保护途径的有效尝试[1]。

打造行业组织自律模式。行业组织是数字文化相关企事业单位履行社会责任、参与数字文化设计发展的重要渠道，是政府与行业联系的纽带，也具有带头开展行业自律的使命和职能[2]。一方面，可通过行业协会的力量积极推动企业承担相关社会责任，充分发挥行业协会的自律和监督作用。回顾英国的数字创意产业发展实践，行业组织的作用不容小觑，从行业政策制定、人才培养、平台展示、国际交流和行业自律等方面对行业发展起到了良性的推动作用。例如，在版权保护方面，行业组织的监督是政府监管和企业技术保护的有益补充，可通过建立全国数字文化产业协会或研究协会，积极推进行业自律新模式。另一方面，资金实力弱、营收规模小的中小企业在数字文化企业中占比较大，依靠市场监督被动要求它们履行社会责任、参与文化共治的效果较差，适时发挥行业协会和产业联盟的协调能力，增强中小企业的主动、担当和首善意识，共同实现守法合规、数据安全、社会价值等方面的常态化、制度化的践行[3]。

### 3. 以群众为伙伴

在控制新冠疫情和经济社会发展并行的社会现状中，数字文化产业的异军突起也发挥了积极作用，形成了一个新的业态模型，显示出强大的成长潜力。由于新冠疫情的影响，"家"成了家里大部分人的选择。与之对应的，群众的文娱活动也从脱机变成了在线。网络动漫、直播经济、网上购物等新

---

1　徐红，郭姣姣.数字化技术在日本民族文化传承中的运用及启迪 [J].新闻大学,2014,6:47-54.
2　祝帅，张萌秋.设计政策研究在中国———项基于文本分析的学术史回顾 [J].工业工程设计,2021,3(01):1-10.
3　田蕾.数字文化企业参与文化治理的路径 [J].中国国情国力,2020(08):40-42.

兴产业使得"御宅族经济"发展极快。根据七麦数据的统计，2022 年 4 月中国区的苹果 App Store 收入排行榜最高的 3 个应用程序名是王者荣耀、抖音和和平精英。网络游戏及网络视频优势明显。

2022 年 1 月 10 日至 2 月 28 日，广东省文化馆联盟、广东省文化馆、广东省文化和旅游发展与保障中心联动全省各级文化馆，开展"粤新年·有虎气"2022 广东数字文化推广活动，线上线下结合，描绘文化惠民新图景，为群众奉上粤式文化盛宴。广东省各级文化馆轮番上演精彩惠民活动，线上展览、"非遗"艺术慕课、粤剧微课堂、民俗文化直播、非遗知识在线问答让公共文化服务触手可及，让群众在线"看演出""品人文""学才艺""叹非遗""观展览"，传承中国年味，推动公共数字文化推广活动真正"活"起来、"潮"起来[1]。

从民众消极接受新技术，到对新技术的积极寻求，是我国传统文化工业发展的重大进步。丰富文化产业的内涵和发展具有鲜明特点的优质文化产业是当务之急。要从宏观、长期的视角来确定发展方向，并为实现高水平的发展以及文化和科学技术的深度结合提供制度保障。以公众为设计伙伴，文化繁荣应坚持以公众为核心，明确公众在数字文化发展中的角色和作用。在数字文化协同体系设计中，公众不是被管理对象，更不是被动的服务接受者，而是数字文化资源的使用者和最终受益者，因此公众有权利表达个人文化需求，有权利参与到数字文化协同体系的设计活动中；并且有权利提出对数字文化内容的要求、对数字文化管理过程的建议，监督数字文化政策的制定和实施。让公众参与数字文化设计的各个过程，有利于提高社会凝聚力，消除数字鸿沟。完善数字文化产业监管体系中的社会参与部分，需要形成权责明晰、合作共享的数字文化建设关系，明确各自的职责和重点作用领域。

打造公众深入参与模式。文化产业的设计多元性是指通过鼓励文化产业多样化发展，满足大众丰富的精神文化需求，使各阶层人群共同参与文化的

---

1　文化和旅游部．"粤新年·有虎气"2022 广东数字文化推广活动服务群众超 500 万人次 [EB/OL]．（2022-02-28）[2022-05-25]. https://www.mct.gov.cn/whzx/qgwhxxlb/gd/202203/t20220311_931826.htm.

投资、生产与传播，实现公众普遍的文化权利，形成具有不同文化诉求的精神政治秩序[1]。简而言之，公众是数字文化开展各项活动和措施的参与者，更是发展成果的最终享受者。与此同时，开放、多元、包容的姿态也是激发文化自信的重要因素[2]。因此，有必要保障人民参与数字文化发展与管理的知情权、参与权、表达权、监督权，使之在数字文化监管运行机制与措施、反馈与评价、效能评估与考核等多方面发挥作用。当前，中国公众参与数字文化发展的程度大都停留在对数字文化产品和服务的"消费"和"使用"层面，难以参与建设和反馈评价，这容易导致数字文化发展进度延缓。推进公众在数字文化发展全过程和各环节的参与，增强公众在数字文化领域中的影响力是提升公众参与层次的关键所在。因此，政府要善于倾听和采纳公众的需求和意见，在数字文化建设中尽力满足公众的文化需求。同时，也需要公众积极参与数字文化发展过程，提升监督管理能力，与政府积极沟通合作，促进政府决策的科学化。引导和鼓励社会公众参与数字文化发展，既有利于转变政府文化行政职能、创新数字文化监管机制，又有利于调动公众积极性，激发社会文化活力和创造力，实现数字文化提供主体多元化、提供方式多样化，有助于全面提高公共数字文化产品质量和服务效能[3]。

**4. 以精英联盟为产业核心**

精英联盟是以数字文化产业精英（在数字文化领域处于顶端水平的高校、企业、协会等）为主体的全国性的精英组织，旨在促进文化界精英强强联手、和合共荣。整合高校、政府及社会资源，联络、协调社会团体、专家学者、政府领导等各界关系，引导、组织研究者对数字文化产业进行深入研究。精英联盟这种灵活包容的形式促进了资源整合调配，整合、调配与运作各行业各领域的资源，帮助政府更好地进行区域产业规划、招商和产业园的建设与运营；另外，还可发挥联盟的力量，协助打造各地文化产业基地，联

---

1 胡惠林，祁述裕，郭嘉，等 . "国家治理与文化治理能力建设"研究笔谈 [J]. 浙江工商大学学报，2018(02): 109-121.
2 王冲 . 唤起文化自信——城市文化复兴中的公共艺术 [J]. 工业工程设计 ,2021,3(04):53-58.
3 钟云珍 . 公共数字文化治理中的公众参与机制研究 [D]. 南京 : 南京大学 ,2017.

合制定行业标准及行业规则，使产业规范、有序、健康地发展。2021年12月27日，国内首个数字文化产业生态联盟在成都成立，联合了以成都传媒集团为首的九家优质文化企事业单位，旨在对国内的数字文化产业进行正确的意识形态引领，促进跨行业交流，完善产业标准与市场体系，串联起文艺作品繁荣、民生文化开展、文化人才培育、经济平稳运行、社会健康和谐发展的多层次繁荣，并为中华民族的蓝图添上浓墨重彩的一笔。对于优秀民族文化的广泛传播，人民群众精神文化的多样性具有重大意义，是数字文化设计发展多元主体中必不可缺的主体之一，对于推动数字文化繁荣有着积极作用。

**5. 以文化园区为载体**

文化园区是文化产业的载体和窗口，是区域文化发展、产业调整和升级的重要空间聚集形式[1]。文化园区在数字化产业发展中起到如下的关键作用：第一，帮助政策落地；文化园区可以吸引大量的文化从业人员，政府通过文化园区集中落实为其所提供的优惠政策和各种服务，并提供必要的生活和创意保障。第二，带动地方经济发展；文化园区需要配套完善的基础设施建设来创造优质的投资环境，以此促进招商引资，因此文化园区的建设一定会带动地方整体基础设施的建设与改善，增强城市服务功能，引领地方经济社会整体发展。第三，改善城市人文环境；文化园区通常集聚了各种手工艺人、艺术家与文化从业者等文化类人才，这种空间上的聚集可以促进从业者之间的思想交流与跨企业跨城市的人才流动，为城市文化的发展提供了精神动力和智力支撑。例如，被评为"2021广州最具成长潜力文化产业园区"之一的中软国际数字化园区，通过建立高科技信息基础建设完善的虚拟社区，帮助区域政府进一步提升信息化建设，提高了区内政府和区内企业的工作效率，降低了运营成本，提高了政府与企业、企业与企业、区内与区外的联系紧密程度，帮助政府在公众心中树立起良好的形象。正式开园后，园内引进了包括数字文旅、影视动漫、电影科技、工艺品制作、建筑设计、文化艺术

---

1　耒娅.我国文化创意产业园区发展探析[J].合作经济与科技，2021(23):48-50.

培训、文化交易平台等"数字 + 文化"产业项目，并完善了购物、餐饮、超市、住宅公寓、商务酒店、停车场等配套服务，集数字文化产业研发、文化创新、企业孵化、产业聚合及配套服务为一体，极大地拉动了区域经济的发展，并为城市文化注入新活力。为形成数字文化产业高效发展模式，应大力开发建设设施完备、方案完善的数字文化产业园区，助力推动数字文化跨区域发展，拉动地方数字经济，创建繁荣的城市人文环境。

### 6.2.2　构建文化产业数字化发展的设计人才培养策略

现阶段我国文化产业正处在从高速发展向高质量发展转型的关键时期，实施文化产业数字化战略，助力社会主义文化强国建设，在这种过程中设计人才为文化产业的第一生产力。一方面，推动产业发展与人才培养的同向同步，产业发展与人才培养体系同质同频，有利于数字技术融入文化产业，促进文化与科技深度融合；另一方面，人才健全是构建企业内生的"有机联系""拓展结构""协同发展""交叉创新"新局面的五大引擎之一[1]，人才多元化也有利于夯实文化产业联结外部产业的基础，形成文化产业与联动产业双赢的局面，彰显强劲的产业外推力。文化产业数字化发展的内生外长和我国设计人才培养是共生共融共长、互促互进互赢的态势。

**1. 思变: 产业转型背景下重塑产教融合协同共构育人新理念**

2017 年 12 月，国务院印发党的十九大之后首个教育综合改革文件《关于深化产教融合的若干意见》，明确指出产教融合在高等教育层面不仅适用于应用型高校，也适用于研究型大学[2]。目前，传统产教融合虽然在积极推进，但企业积极性不高、高校主动性不强、产学研黏性不足、教育成果不显著。重塑产教融合协同育人理念，需进一步打破传统思维固化、时空局限、学科分离等制约要素，真正做到"以人为本"的产教深度融合，以此构建高等教育内涵发展的核心驱动。当前文化产业发展需求与教育供给存在严重不

---

1　罗仕鉴 . 新时代文化产业数字化战略研究 [J]. 包装工程 ,2021(18):63-72.

2　国务院 . 国务院办公厅关于深化产教融合的若干意见 [EB/OL].(2017-12-19)[2022-02-15].http://www.gov.cn/zhengce/content/2017-12/19/content_5248564.htm.

匹配的现象，无法满足新技术、新产业、新业态对设计人才的迫切需求，只有重塑产教融合协同育人的新理念，深化内涵建设、体系建设与制度建设，才能有效助推教育思想观念的转型、教育合作路径的校企双赢与教育资源的配置优化，使设计人才"供给—需求"单向链条转向"供给—需求—供给"闭环反馈，实现文化产业需求侧与设计人才供给侧要素全方位的融合。此外，文化产业与当代教育的产教融合还应强调大思政教育，文化与教育表层思政是美育，内涵思政是培根铸魂。产教融合协同育人，是"以人为本"的教育，真正实现向美而行、以美育人。

### 2. 应变："四新"建设背景下构筑多元共建育人新路径

2019 年 4 月，"六卓越一拔尖"计划 2.0 在天津正式启动，标志着全面推进新工科、新医科、新农科、新文科（简称"四新"）建设，这是我国现阶段高等教育积极应对国家发展战略需要，主动调整学科布局，打破学科壁垒，实现学科交叉融合、新技术交叉运用、学科资源融合优化的重大教育改革举措。一方面，"四新"学科边界进一步模糊，交叉融合会让学科之间产生更多学科创新点与生长点，形成螺旋式增长的新模态；另一方面，数字化新兴信息技术为文化产业注入创新力量，更多新业态、新模式、新商业、新产业、新经济顺势而生，在跨界中发掘文化产业创新的更多可能性，对人才的新知识、新技术、新思维提出更多、更新、更高的要求。可见，"四新"学科建设正是应对产业发展的新动向、新模式与新路径，满足社会经济发展对人才的真正需求。因此，交互、跨界、融合的内涵是探索文化产业数字化背景下设计人才更多元的育人新路径，如开展园区（产业园、创意园、小微园等）与高校的合作、人才培训机构与高校的合作，建设创业孵化中心、工业设计中心、校企共建人才基地等，由此形成教育多主体育人新格局。同时，文化产业数字化赋能乡村振兴战略，助力文旅、文创等产业高质量发展。文化产业数字化内容丰富、形式多样，所涉及的主体如企业、平台、基地等可以主动参与到设计人才培养中，积极开展育人合作，构筑多元主体共建的育人新路径。

### 3. 求变：科技创新背景下构建文化科技双轨育人新模式

在科技创新时代，文化产业数字化表现为集聚云计算、大数据、物联网、人工智能、区块链等新一代技术，产业将从原来线下的单一信息孤岛效应转向线上线下混合式的信息群岛效应，实现"云—边—端"一体化，推动中国文化产业从"文化产业数字化 2.0"迈向"文化产业数字化 3.0"。面对当前迅猛发展的新兴技术，我国文化产业在设计人才培养上更应立足国际视野、中国国情，聚焦产业数字化真正需求，进一步明确"科技＋创新"的教育方向，突出现代信息技术与文化创意思维的教育特色，真正解决文化产业高质量发展的关键问题，实现人尽其才、才尽其用。立足文化产业，构建高等院校设计类专业教育文化科技双轨育人的新模式，融合科学、工程、艺术、设计等学科门类，营造专业文化氛围。课程设置中涉及计算机、电子工程、设计、社会学等教学内容，强调个人的信息技术、创造力、文化认知、设计思维等知识的实践应用，补齐教育过程中缺少核心技术学习的短板，实现教育的提质拓面。专业内环设计方面，课程体系、课程资源、课程平台、课程实践、课程评价等环节均需紧密围绕"文化＋科技"双因子，以项目式教学为导向强化学生文化技术的学习能力。专业外环设计方面，通过对外的专业竞赛、专业科研、专业社会服务、专业校企合作等教学形式，以成果为导向增强学生文化技术的实践应用能力。通过内、外环教育实现由内至外的"文化＋科技"知识学习、能力迁移与成果引领，打造双循环育人生态系统，并由下至上将"文化＋科技"育人渗透于整个专业立体化教育模式中，实现设计人才培养的提质培优、提质增效。

### 4. 蝶变：文化发展战略背景下打造文化自信育人新格局

习近平总书记在庆祝中国共产党成立 100 周年大会上的讲话中指出："站在新的历史起点上，以史为鉴、开创未来，梳理党推动文化产业发展的实践探索，准确把握文化产业发展的趋势方向，加快文化产业数字化转型，将为文化强国建设、实现第二个百年奋斗目标提供更为强大的精神力量。"[1]

---

1 习近平 . 在庆祝中国共产党成立 100 周年大会上的讲话 [J]. 求是 ,2021(14): 4-14.

以文化产业需求为导向的复合型设计人才培养通过产教融合育人新理念、多元共建育人新路径、文化科技双轨育人新模式，打造文化自信育人新格局，为产业输送更多掌握数字技术、创新思维与设计方法的高素质应用型设计人才，为中国文化在国际舞台持续发力开辟新空间与新格局，全面推进我国文化全球数字化共享，增强国家文化软实力与国际竞争力，实现中国文化产业国际化的发展战略目标。作为产业重要智力支撑的设计人才，更应注重对思想意识的培养塑造，中华优秀传统文化、非物质文化遗产、红色文化、公益文化等都蕴含着丰富的中国故事、中国语言与中国精神，高等教育应遵循学生文化自识、文化自知、文化自律、文化自觉、文化自信的培养路径，培育我国文化产业高质量发展所需的设计人才，将文化教育内化于心、外化于行，全面实现设计自信与文化自信。

### 6.2.3　构建文化产业数字化"五位一体"高效治理模式

自 2016 年颁布的《"十三五"国家战略性新兴产业发展规划》将数字创意列为战略性新兴产业以来，我国接连发布了多项文件以支持保障数字文化产业的发展[1]。2017 年，国务院印发《国务院关于进一步扩大和升级信息消费持续释放内需潜力的指导意见》，要求加快文化资源的数字化转换及开发利用，加强知识产权保护，推动优秀作品网络传播，发展品牌授权和形象营销[2]。2020 年 11 月，出台《文化和旅游部关于推动数字文化产业高质量发展的意见》，从夯实发展基础、培育新型业态、构建产业生态等方面，明确数字文化产业高质量发展的目标、思路和路径，引领产业发展方向[3]。2021 年印发的《"十四五"文化和旅游发展规划》《"十四五"文化产业发展规划》提出坚持以创新驱动文化产业发展，促进文化产业"上云用数赋智"，推进线上

1　中华人民共和国中央人民政府 ."十三五"国家战略性新兴产业发展规划 [EB/OL].（2016-11-29）[2022-03-11]. https://www.gov.cn/gongbao/content/2017/content_5157170.htm.
2　中华人民共和国中央人民政府 .国务院关于进一步扩大和升级信息消费持续释放内需潜力的指导意见 [EB/OL]. (2017-08-13)[2022-03-11]. https://www.gov.cn/gongbao/content/2017/content_5222939.htm.
3　文化和旅游部 .文化和旅游部关于推动数字文化产业高质量发展的意见 [EB/OL]. (2020-11-18)[2022-03-12]. https://zwgk.mct.gov.cn/zfxxgkml/cyfz/202012/t20201206_916978.html.

线下融合，推动文化产业全面转型升级[1]。这些政策成效显著,2019 年发布的国内第一份权威数字文化产业报告《中国数字文化产业发展趋势研究报告》指出，我国文化产业在 2004 年到 2017 年期间的增速达到 GDP 增速的两倍, 2017 年，数字文化产业增加值为 1.03 万亿~1.19 万亿元，总产值为 2.85 万亿~ 3.26 万亿元[2]。中国信息通信研究院发布的《中国数字经济发展白皮书（2020 年）》显示，2019 年我国数字经济增加值规模达到 35.8 万亿元，占 GDP 比重的 36.2%[3]。然而在数字文化产业爆炸式发展的同时，许多问题逐步暴露，如数字版权纠纷频繁发生。2020 年，广州互联网法院召开线上新闻发布会，正式发布《数字作品知识产权保护司法观察报告》，数据显示，截至 4 月 17 日，广州互联网法院共受理各类网络著作权纠纷 40590 件，结案29314 件，案件类型涵盖图片、音乐、文章、视频、游戏等常见作品类型[4]。这些图片、音乐等文化作品在互联网环境下的传播更为便捷，导致了数量众多的网络著作权纠纷类型。由此可见，相关数字文化产业的制度与战略有待进一步完善，应形成科学有效的集数据战略、政策规划、数智技术标准与规范、法律体系、扶持政策为一体的发展战略，促进数字文化产业健康持续发展，如图 6-6 所示。形成政府与社会共同参与设计的协同保障体系，为数字文化产业蓬勃发展添砖加瓦。

1　文化和旅游部 .“十四五”文化和旅游发展规划 [EB/OL].(2021-06-04)[2022-03-13]. https://zwgk.mct.gov.cn/zfxxgkml/zcfg/zcjd/202106/t20210604_925006.html.

2　中国青年报 . 数字文化时代来袭！《中国数字文化产业发展趋势研究报告》发布 [EB/OL].(2019-08-05)[2022-04-12]. https://baijiahao.baidu.com/s?id=1641002477786375936&wfr=spider&for=pc.

3　李林 . 数字文化产业与国家文化安全——基于国家数字化战略的思考 [J]. 出版广角 , 2021(03): 6-10.

4　郑建明 . 大数据环境下的数字文化治理路径创新与思考 [J]. 晋图学刊 , 2016(06): 1-5.

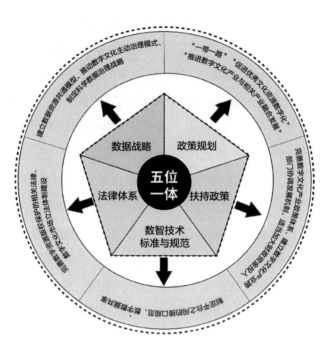

图 6-6　"五位一体"的治理发展战略

### 1. 制定数据战略

2011 年美国麦肯锡咨询公司首次提出"大数据"这个概念，掀起了大数据热潮，人们的生活方式、工作方式、思维方式以及意识观念由此发生了翻天覆地的变化[1]。信息安全问题日渐凸显，网络空间与现实社会通过大数据紧密联系在一起，稍有不慎便会造成信息泄露，这不仅给个人和企业带来了威胁，甚至还可能影响和危及社会安全、国家安全[2]。欧盟最先意识到应制定数据战略来应对来势汹汹的大数据时代，于 2018 年颁布实施了《通用数据保护条例》，强化了数据主体权利、隐私保护、泄露通知等多方面的规定。有效的数据战略可以保障数字文化资源的安全性，推动数字文化设计发展路径的创新。针对我国数据信息管理混乱冗杂的现状，制定数据战略应考虑到以下三个方面：

---

1　郑建明. 大数据环境下的数字文化治理路径创新与思考 [J]. 晋图学刊 , 2016(06): 1-5.
2　齐爱民 , 盘佳 . 数据权、数据主权的确立与大数据保护的基本原则 [J]. 苏州大学学报 ( 哲学社会科学版 ), 2015, 36(01): 64-70+191.

（1）构建数据资源共享平台。大数据分析颠覆了传统的市场调研，不同的数据生产机构可以根据个性化需求进行数据定制，形成了大量难以整合与分析的异构数据资源，造成数据"爆炸"与数据"饥荒"并存的局面。产生这种现象的主要原因是整个社会缺乏一种统一的、可共享的数据表现与储存的形式，这就需要构建数据资源共享平台来提高数据的整合、集成、重用、保存等环节的效率，丰富数字文化数据资源，助力数字文化资源共通共荣。

（2）推动数字文化自主发展模式创新。区块链、云计算、人工智能等技术让数字文化自主发展成为可能。大数据时代，数字文化发展的不确定性因素倍增，传统的被动管理发展模式难以应对大量突发事件，只有推动数字文化自主管理与发展才能实时、有效、准确地解决突发事件，提高发展效率与效力。

（3）制定科学数据设计战略。科学有效的数据设计战略能有效统筹规划数据生产、分析、整合、存储与共享等处理过程，明确数据设计过程中的原则性问题、阶段性任务以及最终目标、职责划分等。根据不同形式和情况，及时更新完善相关政策与法规，打造适宜数字文化蓬勃发展的生态环境，实现文化产业数字化的持久协调发展。

我国将区块链技术引领的数据战略列为科技创新的重要内容[1]。新兴技术的革新，对文化产品产生的启示效应以及对其进行产品形态的革新具有重要影响。例如"音乐版权全产业链交易服务平台"及"数字音乐藏品运营平台"项目在青岛市文化市场综合执法局的支持下、青岛市"青岛文化产权交易中心"的牵头筹建下，成功入选"国家区块链创新应用试点"。"国家区块链创新应用试点"是我国发展区块链等数字经济重点产业、推动产业数字化转型的重要部署，是中央网信办联合 18 个部门和单位于 2021 年组织开展、为期两年的试点行动。"区块链 + 版权"是试点项目中的一个关键环节，它要求各试点单位在依托区块链技术的基础上，不断提高自身的版权管理能力和服务范围，为"区块链"时代下版权登记、管理、交易、运营和版权保护等方

---

1 解学芳.论科技创新主导的文化产业演化规律 [J].上海交通大学学报（哲学社会科学版），2007,4:58-65.

面的服务提供了一种行之有效的解决办法。

"音乐版权全产业链交易服务平台"是基于音乐大数据的全场景收集与建模分析能力，IMRS智能评级体系，打造的集版权登记确权、评级估值、授权、交易、结算、维权等于一体的版权保护及金融服务平台。通过搭建音乐版权服务平台，为音乐版权持有者、版权需求方、融资需求方等提供全方位支持，有效地破解音乐版权登记保护、交易运营等问题，扩展版权价值空间，为音乐版权全链条循环保驾护航。该平台依托区块链技术和数字版权技术，实现了数字音乐版权业务的数字化管理，是"区块链＋版权＋融资"的一个典型应用场景和案例。平台将着重构建和优化以区块链为核心的音乐生态体系，有效整合整个音乐产业链中的信息资源，并进行从创作、发行、授权管理到产品交易等全链条运营服务，通过区块链打造全新音乐版权数据库、版税会计模式，让原创音乐作品借助区块链实现快速传播和有序流转[1]。

**2. 颁布政策规划**

政府通过出台相关政策规划，可对数字文化产业的发展方向进行宏观调控。例如，"一带一路"经济带建设政策规划，鼓励数字文化产业走向海外市场，传播具有中国特色的文化价值，提升中国文化的国际影响力。自2006年以来，中国已成功举办了14届中国—东盟文化论坛，在东盟国家设立7个文化中心，在文化、教育、旅游、艺术等各个领域开展广泛的交流与合作[2]。《关于推动数字文化产业创新发展的指导意见》指出，要"促进优秀文化资源数字化"和"推进数字文化产业与相关产业融合发展"[3]，推动数字文化产业发展需要实现数字技术与文化产业的深度融合，同时要打破行业壁垒，实现跨行业、跨部门、跨领域的资源整合与技术合作。这一政策造就了数字文化产业发展呈现出跨界融合的业态特征。由此可见，政策规划是数字文化

---

1 文化和旅游部.青岛"音乐版权全产业链交易服务平台"等2个项目入选国家区块链创新应用试点[EB/OL].（2022-01-28）[2022-05-25]. https://www.mct.gov.cn/whzx/qgwhxxlb/sd/202201/t20220128_930766.htm.

2 唐琳.构建面向东盟的"一带一路"数字化人文交流区域中心研究——5G时代广西文化产业转型研究系列论文之十[J].北部湾大学学报, 2020, 35(12): 33-41.

3 文化部.关于推动数字文化产业创新发展的指导意见[EB/OL].(2017-04-11)[2022-04-13]. https://zwgk.mct.gov.cn/zfxxgkml/zcfg/gfxwj/202012/t20201204_906313.html.

发展中的重要组成部分，是文化产业数字化发展的指南针。所以各级政府应当顺应时势国情，及时发布相关政策规划，引导数字文化产业向正确的方向发展。

积极搭建以政府为主导的文旅行业信用分级分类监管制度，从基础信用、政务信用、第三方信用、行业领域信用四个方面对文化旅游行业的市场和行业信用进行评估，并制定评估办法，进行信用评价；对企业的信贷评估指数和加权进行动态分析。

浙江省文化和旅游厅积极探索构建以信用为基础的监管机制，打造文化和旅游信用监管的"浙江模式"，建设省级文旅行业监管平台，统筹推进评价、监管和应用三大体系，实现行业监管全覆盖。主要内容包括：贯通"公共 + 行业"信用评价体系，大力推动省信用"531X"工程成果落地；建立"前台 + 后台"信用管理系统，在全国率先建成行业信用监管平台；拓展"信用 +X"应用体系，不断提升旅游治理能力现代化水平等。该模式为行业内首创，得到了社会各界的高度关注，让各方认识到了信用的重要性。例如2020年新冠疫情防控期间，浙江省义乌市恒风国际旅游有限公司凭借 A 的信用等级，领取政府补助，度过了危机。该公司负责人表示，公司的信用真的可以转化成"真金白银"。浙江省文化和旅游厅还联合省级国有银行，开发针对信用良好的旅行社的金融产品，如"信用特约旅行社"等，在文旅行业营造"信用有价"的市场氛围和营商环境[1]。

2020 年，北京市文化和旅游局建设北京市文化和旅游行业信用监管平台。此监管平台会定期发布或更新与全市文化和旅游行业主体相关的公共信用信息，并将这些信息与北京市公共信用信息平台共享。根据市、区文化和旅游行政主管部门对各市场主体的信用评估，实行分级分类管理。针对信用较好、风险较低的企业和个人，适当降低监管的比例和频率，以减轻对其企业正常运营造成的冲击；对于违法失信、高风险的市场主体和经营者，适度

---

1　文化和旅游部 . 浙江：打造文化和旅游信用监管 "浙江模式" [EB/OL].（2021-12-08）[2022-02-25]. https://www.mct.gov.cn/preview/special/xytx/9635/202112/t20211208_929674.htm.

增加核查的频率，严格监管和处罚。同时，将信用承诺纳入信用体系中，作为事中、事后监管和行业信用分级监管的依据。对失信主体不履行、虚假承诺等失信情形，分别按照轻微违诺失信、一般违诺失信和严重违诺失信等不同程度的失信情况制定不同的处罚措施，实现文旅行业信用分级分类监管[1]。

### 3. 构建数智标准

文化和旅游部发布的《关于推动数字文化产业高质量发展的意见》指出，高质量发展意味着科技赋能的数字文化产业创新能力与网络化、数字化、智能化水平不断提升[2]。"科技＋文化"已成为当前文化产业发展的新趋势，科技创新融入音乐、游戏、影视等产业为用户带来了新奇的消费体验，数字技术革新引发文化产业结构重塑，催生文化产业商业新模式、营销新渠道和消费新习惯[3]。在享受新数智技术带来的好处时，对数字化理解不应仅局限在技术范畴[4]，也要考虑到其设计协同问题。数字化赋能效果高低主要取决于数字技术与文化产业的协调耦合程度[5]。因此，为了保证数字技术与文化产业有效结合，需及时制定统一的数智技术标准与规范，整合不同地区、不同部门间在数据结构、应用系统、通信网络、资源利用等方面存在的大量技术标准差异[6]。通过规范平台接口，利用互联网通信技术，实现数字场馆、文化网站等文化服务平台之间的数字化数据共享，实现跨区域、跨领域的数字文化资源整合和共享。

### 4. 完善法律体系

数字文化产业的发展离不开版权法律制度的保障。中国的数字文化产业经历了十多年的快速发展，随着数字文化生态的形成，数据立法和数据

1 文化和旅游部. 北京拟实施文旅行业信用分级分类监管 [EB/OL].（2020-12-03）[2022-02-25]. https://www.mct.gov.cn/whzx/qgwhxxlb/bj/202012/t20201203_904717.htm.

2 解学芳, 陈思涵. "5G+AI" 技术群赋能数字文化产业：行业升维与高质量跃迁 [J]. 出版广角 ,2021,(03):21-25.

3 黄蕊, 李雪威, 朱丽娇. 文化产业数字化赋能的理论机制与效果测度 [J]. 经济问题 , 2021(12): 44-52.

4 陈炬, 何晓佑. 数字技术推动认知转变的设计研究 [J]. 包装工程 , 2021, 42(24): 333-339+348.

5 黄蕊, 朱丽娇. 文化产业数字化赋能：国内外研究综述与展望 [J]. 长春理工大学学报（社会科学版）,2021,34(05):101-107+118.

6 倪菁. 多中心治理视角下的数字文化治理体系 [J]. 新世纪图书馆 , 2017(12): 8-12.

伦理问题也日益凸显出其重要性。数据立法和数据伦理不仅成为技术和商业实践的必要环节，更是文化产业数字化建设能否健康、可持续发展的重要法律和道德支撑。首先，数据立法为数据的收集、存储、处理和使用提供了一套法律框架。这一框架通常涵盖数据所有权、数据访问权、数据隐私保护以及数据在各种商业、社会活动中的合规应用等方面。然而，不同地域和文化背景下的法律环境也使得数据立法面临着巨大的挑战，包括但不限于数据的跨境流动、多样化的数据应用场景以及不断变化的技术环境。这就需要我们在制定和执行数据立法时，既要考虑全球性的互联网环境，也要充分考虑地域、文化和社会因素。其次，数据伦理则主要关注数据活动中的道德和伦理问题，包括数据歧视、数据剥削、信息不对称等。这些问题不仅可能导致个人权益受损，还可能在更广泛的社会和文化层面产生不良影响。因此，透明性、公平性、非歧视性以及尊重个体自主权等应成为数据伦理实践的基本原则。特别是在文化产业中，由于其涉及多元文化、社会价值观和知识产权等复杂因素，数据立法和数据伦理的重要性更为突出。文化产品和服务不仅是商业行为，也具有深远的社会和文化影响，因此，其数据活动必须在法律和伦理的双重框架下进行规范和管理。

当然，文化产业数字化建设的复杂性远不止于此。随着各种新技术，如区块链、虚拟现实、增强现实等，进一步渗透到文化产业中，数据立法和数据伦理所面临的问题和挑战也将更为复杂和多样。例如，在数字艺术、在线教育或是数字出版等领域，如何确保知识产权的合理利用和保护，如何防止数据滥用导致文化多样性的削减，以及如何通过数据来提升文化产品和服务的质量和可达性等，都是亟待解决的关键问题。这就需要我们在数据立法和数据伦理的基础上，进一步探索和实践，以适应文化产业特有的需求和特点。

特别是在全球化和多元文化的背景下，文化产业更需要一个开放但有序的数据环境，以促进文化交流和创新。因此，数据立法和数据伦理不仅应由政府、企业和社会各界共同参与和推动，也需要与全球的文化和科技发展趋势保持一致和高度敏感。更为重要的是，数据立法和数据伦理也应成为文化产业教育和研究的重要组成部分，以培养具有全面素养和责任感的新一代文化产业从业者和研究者。

总体而言，数据立法和数据伦理是支撑文化产业数字化建设的关键因素。在全球数字化浪潮中，其不仅是技术和商业问题，更是一个深刻的社会和文化问题。因此，我们应当高度重视并积极推动数据立法和数据伦理在文化产业数字化建设中的研究和应用，以确保该产业能在法律和道德的有力保障下，实现健康、可持续的发展。

近年来，我国相继出台的《中华人民共和国公共文化服务保障法》《互联网直播服务管理规定》《关于进一步加强和改进网络音乐内容管理工作的通知》《关于防止未成年人沉迷网络游戏的通知》等系列性法律规范，对文化产业数字化发展的推动作用略显不足[1]。数字文化产业的快速发展，要求在制定法律制度保障时要积极应变、主动求变，不断完善数字文化法律体系，建立与产业、技术发展相适应的文化监管体系，为数字文化产业发展提供科技、人才、金融财税等方面的制度保障。就我国现状而言，最大的问题就是相关法律缺乏对数字文化版权的保护。版权问题是我国数字文化产业持续性发展面临的主要难题。在版权可以单独作为商品进行交易的背景下，数字文化版权的保护成为数字文化创新和数字文化国际输出的基石[2]。需要政府完善数字资源版权保护的相关法律，使数字文化资源所有人的各项权益得到保障。通过科技实现版权保护，应用区块链、人工智能等技术对数字文化侵权问题进行智能判别、实时监察与源头追溯。除此之外，还需完善数字文化市场立法，维护数字文化市场的公平竞争与交易；加强数字文化市场监管，杜绝数字文化产品粗制滥造，禁止危害国家和公民利益的文化产品产生[3]。

在实践中，以满足用户的文化需求为核心，以提升良好的用户体验为

---

1　孙枭婷,李月竹,刘红燕.谈新时代文化强国建设的理论与文化产业数字化发展趋势[J].中国民族博览,2021(21):113-115.
2　肖昕,景一伶.中国文化产业数字化政策及其策略研究[J].民族艺术研究,2021,34(03):130-136.
3　倪菁.多中心治理视角下的数字文化治理体系[J].新世纪图书馆,2017(12):8-12.

目标，从而促进文化消费，并建立以战略、政策、技术、法律法规等为中心的保障体系。对于文化产业数字化的各个阶段实行全链条管理，加强文化工作者和用户的数据意识，确认数据的权利和隐私不被侵犯。通过大数据，实现文化多元主体在文化消费过程中行为数据、业务数据、交易数据的全生命周期增长。广泛应用数字孪生技术，使文化资源在现实和虚拟之间的转移过程中实现从文化价值的发现到文化附加值的转移，以此做好市场统计监测工作。从宏观上看，文化产业政策主体国家要承担研究文化产业进化周期的职责，确保文化产业政策的时效性和展望性，减少科技创新带来的负面影响。

关于文化市场综合立法和执法，2022 年 3 月，江苏省文化和旅游厅启动全省文化市场综合执法"护航"专项行动，全面厘清各类内容违规文化和旅游产品，严厉查处内容违规案件，进一步规范旅游行业经营行为。此次专项行动分为动员部署、集中整治、巩固提升、行动总结 4 个阶段，包括"红心"行动、"舒心"行动、"放心"行动、"同心"行动、"暖心"行动五项重点任务。行动期间，严格清理损害未成年人合法权益的文化产品和服务，营造家长放心、消费者放心、未成年人健康成长的文化市场环境，并开展法治惠民"进社区、进企业、进校园、进乡村"系列执法服务活动，帮助群众和企业增强法治意识，自觉抵制违法行为，维护自身合法权益。对涉及多部门的执法事项，强化管理部门、执法机构之间的衔接工作，加强相关部门执法联动，联合影视、文化、媒体、出版、旅游等行业，加大执法力度。此次行动维护了全省文化和旅游市场健康秩序，营造舒心旅游、舒心消费的市场环境[1]。

2022 年 1 月，贵州省旅游市场整治"黔锋行动"启动暨"一码游贵州"文化和旅游市场监管服务平台上线。旨在建立长效机制，以高压态势加强市场整治，对旅游行业违法违规行为做到绝不护短、绝不手软，以露头即打的决心和信心维护旅游秩序。其中，"一码游贵州"项目是贵州省文化和旅游

---

1 文化和旅游部. 江苏开展文化市场综合执法"护航"行动 [EB/OL].（2022-03-28）[2022-05-25]. https://www.mct.gov.cn/whzx/qgwhxxlb/js/202203/t20220328_932108.htm.

厅自行研发、积极推进、保障"黔锋行动"有效实施的一项综合性数字化管理与监测服务。其利用大数据技术，构建旅游市场运营数据库，实施全程监控，实现事前预防、事中监控、事后溯源闭环，严厉打击"不合理低价游"，强迫、诱导购物消费，非法旅游购物，导游"买团"等七种违法违规行为，着力打造一个整治工作品牌，提高贵州省文化旅游业的整体执法效率[1]。

### 5. 强化扶持政策

政策扶持是文化产业数字化发展的强大助推力。目前，中国数字文化产业已纳入国家和地方的扶持政策范围内，以支持战略性新兴产业发展。2019年《文化产业促进法（草案征求意见稿）》指出，培育基于大数据、物联网等数字技术的新型文化业态以及发展注重创意的新兴文化产业是国家目前支持和鼓励的主要发展方向，对我国数字文化产业的发展起到了指导作用[2]。

在资金和资源保障制度方面，政府的财政支出是资源整合项目的资金来源，除此之外，还包括财团的援助、组织机构的捐款、个人的捐款、自筹等多种形式。数量众多、规模庞大的财团推动了美国公共事业的发展。另外，欧美的税收体制也是对图书馆、博物馆、档案馆等公共事业的重要保障。美国政府鼓励企业、社会团体和个人向公共文化服务机构捐款，税法规定企业和个人向社会公益事业捐款可以减少纳税额。广大民众参与制度又为文化资源的整合提供了便利。总之，多样化的资金和资源保障制度也是欧美各国数字化文化资源整合一个非常重要的特征[3]。

然而，数字文化产业是由数字技术与文化融合形成的新产业形式，发展迅猛，要跟上其发展速度，政策的扶持力度仍然有待进一步加强。作为新兴产业，政府的政策支持是数字文化产业发展的重要推动力。英国、日本和韩国等发达国家针对数字文化产业制定专门的发展战略，为其提供融资、出口和人才等各方面的支持，促进了数字文化产业的快速发展。借鉴国外成功经

1　文化和旅游部.贵州启动市场整治"黔锋行动"[EB/OL].（2022-01-20）[2022-02-25]. https://www.mct.gov.cn/whzx/qgwhxxlb/gz/202201/t20220120_930581.htm.
2　肖昕，景一伶.中国文化产业数字化政策及其策略研究[J].民族艺术研究,2021,34(03):130-136.
3　王汉熙，马原.国内外文化产业数字化平台表现探讨[J].传播与版权,2018(2):109-110.

验，我国应从以下几个方面着手出台扶持政策：

（1）完善数字文化产业政策体系。不断鼓励资源向数字文化产业集聚，完善落实税费减免、用地保障、资金支持、奖励补助等一系列激励性政策，进一步推动数字文化产业发展。

（2）在各级政府和文化行政主管部门的基础上，建立完善数字文化产业的全面发展机制，同时协调相关政府部门加强沟通，协调各部门职能和地区利益，共同推动数字文化产业的发展。

（3）通过中央转移支付、鼓励地方政府资金投入等方式，适当加大财政资金投入，用于鼓励完善数字文化产业政策体系的社会投资、扶持优质企业、培育专业人才和推动技术研发创新等。

（4）建立健全投融资体系。需要政府充分发挥财政资金的带动作用，引导鼓励地方和民间资金投入数字文化产业，逐步由以政府投资为主向政府与其他主体联合投资相结合的模式转变。鼓励数字文化企业拓宽投融资方式，建立健全多层次、多渠道的投融资机制。

数字文化产业高效发展模式、"五位一体"的数字文化发展战略与政府社会共同参与设计的协同保障体系的提出可以有效解决当前我国数字文化产业面临的数字文化资源安全保障体系欠缺、数字文化产业市场规则不完善和多元主体协同过程中存在价值冲突等问题。在数字文化设计发展主体确立中，应构建以政府为主体、多元主体共生的"1+N"主体设计体系发展模式，形成由以政府主导的，精英联盟、文化企业、公众等合作伙伴共同组成的多方协作利益共同体。

## 6.3　文化产业数字化"多元主体共享"的数智精准服务模式

数字文化产业创新是一定的创新群体在一定的环境因素中相互合作、相互作用的结果，与供给方面的结构改革共同构成了交互合作的数字文化产业革新生态系统。该开放系统包括两种类型的创新群落和环境元素。创新群落包括数字文化产业企业、消费者、科学研究院等不同群体，贯穿了数字文化产业的生产、消费、研究开发、投资等全产业链。根据数字文化产业"高科技"和"高文化"的特征，数字文化产业特别重视知识、技术等无形投入。因此，数字文化企业在某种意义上具有"创业"的性质，消费者也从革新性的"局外人"变身为"局内人"。科学研究在知识的相互作用、技术革新和成果转化等方面发挥着优势，有利于建立政产学研用多元主体协同创新[1]。文化产业数字化的"多元主体共享"的数智精准服务模式中包含了多学科交叉、多组织互动、多角色协同的多元主体结构。文化产业数字化"多元主体共享"的数智精准服务模式结构图如图 6-7 所示。

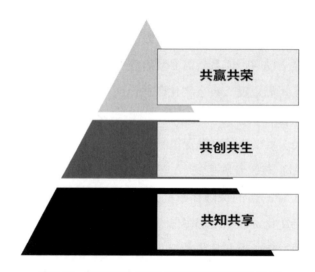

图 6-7 "多元主体共享"的数智精准服务模式结构

### 1. 多学科——促进文化产业新融合

和其他产业相比，文化产业是一个具有多元渗透性的复杂系统，需要文化、经济、社会、历史等多学科融合，因而更依赖于大众智慧的协同创新。数字化新兴信息技术为文化产业注入创新力量，更多新业态、新模式、新商业、新产业、新经济顺势而生，在跨界中发掘文化产业创新的更多可能性，对人才的新知识、新技术、新思维提出更多、更新、更高的要求。因此，交

---

1　章军杰.中国文化产业学术研究的历史意识——兼评胡惠林先生《文化产业发展的中国道路》[J].中国文化产业评论,2020,28(1):409-421.

互、跨界、融合的内涵是探索文化产业数字化背景下设计人才更多元的育人新路径，如开展园区（产业园、创意园、小微园等）与高校的合作、人才培训机构与高校的合作，建设创业孵化中心、工业设计中心、校企共建人才基地等，由此形成教育多主体育人新格局[1]。

### 2. 多组织——促进文化产业新变革

群智创新是全民协同创新的全域多层次创新模式。在文化产业中，可以将个人、企业、政府、产业、科研机构等不同组织联合起来，共同开发创新软件、工具、平台等，在变化中通过相互协作创造价值和分散风险的方式，形成合作的生态系统，共同构建群智生态；数据驱动的文化产品顺应数智时代体验经济的发展，关注的焦点从对产品功能形态的设计转移到对用户需求的满足，企业竞争从单一追求经济效益转变为融合经济、社会、文化、艺术等众多方面的多元效益，企业与客户的关系也从单纯的商品交换交易升级到以产品为入口的服务和体验，从交换价值转换到服务体验价值。针对文化产业数字化的各环节，实行文化产业数字化全链路管理。

新技术必然带来产业环境变革，智慧城市、人工智能、大数据技术都有利于提升信息资源的流通和利用效率，促进信息资源的共知和共享，推动打造文化产业创新生态系统；"大学—产业—政府—社会"都将成为群体协同行为发生的场所，创新行为协同化将成为不可避免的趋势；原本在物理空间上受到限制的资源利用范围不断扩大，持续追求竞争优势的各组织也在尝试更具创新性地有效利用这些具有无限资源的战略。应加强文化从业人员及用户的数据意识，确保其数据权利和隐私不受侵犯。实现文化多元主体在文化消费过程中的行为数据、业务数据、交易数据全生命周期成长，基于数字孪生技术使文化资源在物理空间与虚拟空间的转移过程中实现从文化价值发现到文化增值的过渡。

### 3. 多角色——构建文化产业新体系

多角色，包括企业管理者、设计人员、客户、研发人员、销售人员等，

---

[1] 梁存收,罗仕鉴,郑莉珍,吕中意.支持文化产业数字化发展的设计人才培养策略[J].艺术教育,2022,10:179-182.

既包含了利益相关者，也包含了产业各环节的参与者。传统的观点认为，生产者是各产业中唯一的价值创造者。随着人类社会进入云共生阶段，群体智能对文化内容创作特别是需要以大数据驱动的多角色、多任务并行的创新文化创作方式产生了深远的影响，人在文化产业中的角色可以是多元的，可以同时扮演生产者、传播者、消费者，从而构造出云共生时代下虚拟空间内数字文化创作的新模式。

### 6.3.1　构建文化产业生态系统中多元主体共知共享服务模式

构建文化产业生态系统中多元主体共知共享服务模式可以从以下几个方面着手。第一，通过文化产品与服务虚实生产要素跨业、跨界、跨域、跨国的充分融合，形成由政府主导的精英联盟、文化企业、群智个人等合作伙伴共同组成的多方面合作的利益共同体。

第二，结合地方特色，建立按需分配文化资源的服务供应模式，在地区上打造文化产业数字化转型的良好服务环境，实现东西地区、发达地区和老少边境地区文化资源享受机会均等化、文化资源分配公平化；在人才培养方面，加强和加速文化产业的数字化人才培养，以此平衡东西方各地区人才配比和人才培养差距，促进人才进口、出口的自由流动。

第三，通过数字化战略借助数据元素驱动、科技平台支持、文化品牌价值赋能，建立群智共创模式；实现基于用户需求的用户全过程体验，健全市场竞争机制，将文化产业中的多个主体从竞争关系导向"良性竞争＋赋能共生"关系。

### 6.3.2　构建文化产业生态系统中多元主体共创共生服务模式

共生是各方面之间"物质、信息和能源的有效产生、交换和配置"。文化产业本身就具有很强的复合性，不但需要各类资源，还特别需要新的商业操作、产业形态、营销模式。新技术不断诞生，文化产业应利用新技术突破时空限制联结各种主体，构建联通互动的数字创意生态，实现融合创新。通过"文化＋"和"科学技术＋"的路径，融合创新的总体战略和成熟文化市场中的国际文化企业，在学习和参考中抢占更多的国际文化市场份额。"文化 +"的核心是给文化产品和服务赋予文化灵魂，为文化产业乃至社会发展注入文化内核，为文化经济社会划时代的发展开辟新的空间；"科技 +"的路径将科技创新作为强大动力，形成文化产业新业态、新装备、新产品、新模式的出口优势，加强文化科技前沿领域的研发，形成科技型文化装备生产和对外贸易优势。总之，我国外向型文化企业要加快科技创新，实现文化科技融合，积累对外文化贸易的新优势，以在文化市场中占有更多的市场份额。

在大数据时代，文化产业的良性生态路径是不断积聚大数据，再根据需要进行新的应用开发，新的应用开发后又产生新的数据，不断循环，不断服务于各式各样的应用，通过数据众筹、问题众治、应用众包、产业众创，像大自然的云和雨一样循环共生。对于企业来说，在所有东西都在迭代升级、转换为数据的当下，企业要从竞争逻辑转向共生逻辑，活用多样性形成"多文化共生共创"，成为全新价值的塑造者，打造面向未来的共生型组织，寻求更广阔的生长空间。实现文化资源变资产，文化资产变资本，加快文化产权界定，协同政府、产业、组织、个体，群智共创自主知识产权的文化产品及服务、工具和平台等，并配套多方认同的收益分配或利益反哺模式，合力创造文化增值，推动产业协同升级。

### 6.3.3 构建文化产业生态系统中多元主体共赢共荣服务模式

政府牵线搭建传统文化企业和线上平台互联网运营体系，助力企业增加线上渠道，拓宽营销模式，通过互联网平台使服务数字化。大企业可以支援中小企业的数字化转型，利用产业链顶尖企业的优势，通过订单合作、生产能力共享、供应链互联等合作模式，解决中小企业订单少、成本高、融资困难等问题。依托网络平台打通产业创新链，将简单的产品制造扩大到文化产业生态平台的构建，利用数字技术促进文化产业不同领域、环节之间的融合，建立产业创新链。实现大中小企业的创新合作、互利共赢的新局面；积极利用短视频、社交、直播等平台，通过在线上举办活动，与消费者进行高效互动，有效扩大中小型企业的覆盖面及影响力。

通过对文化产品及服务虚实生产要素的充分融合，形成由政府主导的，精英联盟、文化企业、群智个体等合作伙伴共同组成的多方协作的利益共同体。建立结合地方特色按需分配文化资源的服务供给模式，营造文化产业数字化转型的良好服务环境，实现东西部地区、发达地区与老少边穷地区对文化资源享用机会均等、文化资源分配公平，文化产业数字化服务商业性与公益性并重的格局。

平衡东西部各区域在人才配比及人才培养方面的差距，建立人才的输入、输出自由流动机制。通过数字增强、数字拓展、数字转型三种策略，借助数据要素驱动、科技平台支撑、文化品牌价值赋能，建立群智共创模式，实现基于用户需求的用户全流程体验（线上＋线下）。健全市场竞争机制保障，引导文化产业中多元主体从竞争关系走向"良性竞争＋赋能共生"关系。

# 参考文献

[1] 北京日报.2020 年网络文学版权保护白皮书发布 [EB/OL].(2021-04-26) [2022-03-25].https：//baijiahao.baidu.com/s?id=1698059093442466180& wfr=spider&for=pc.

[2] 曹赛先,李凤亮.风起南山——文化科技融合创新的深圳之路 [M].北京：中国社会科学出版社,2017,10.

[3] 常天恺."智能 +"时代文化装备制造业的数字化升级与创新 [J].人文天下,2021,189(7):8-13.

[4] 陈波,陈立豪.虚拟文化空间下数字文化产业模式创新研究 [J].中国海洋大学学报（社会科学版）,2020,172(1):105-112.

[5] 陈波,穆晨.互联网条件下虚拟公共文化空间模式研究 [J].艺术百家,2019,35(01):61-69.

[6] 陈炬,何晓佑.数字技术推动认知转变的设计研究 [J].包装工程,2021,42(24):333-339+348.

[7] 陈璐,刘源隆.疫情之下的海外博物馆 [N].中国文化报,2022-05-18(04).

[8] 戴雅楠.虚拟社区的传播特征浅析 [J].东南传播,2009,6:106-108.

[9] 邓文君,车达.法国数字出版产业的发展策略研究 [J].编辑之友,2015(07):108-112.

[10] 敦临.中国消费者是如何影响世界经济的 [N].经济日报,2017-06-28(6).

[11] 范周.数字经济变革中的文化产业创新与发展 [J].深圳大学学报（人文社会科学版）,2020,37(1):50-56.

[12] 范周.重构颠覆：文化产业变革中的互联网精神 [M].北京：知识产权出版社,2016:1.

[13] 傅才武,何璇.近代公共文化领域的形成对中国社会现代化进程的影响[J].艺术百家,2015,31(3):6-9.

[14] 傅才武,齐千里.坚定文化自信,是对当代中国文化现代化道路问题的科学回应[J].华中师范大学学报(人文社会科学版),2020,59(01):62-72.

[15] 傅才武,申念衢.当代中国文化政策研究中的十大前沿问题[J].华中师范大学学报(人文社会科学版),2019,58(01):66-77.

[16] 傅才武.当代公共文化服务体系建设与传统文化事业体系的转型[J].江汉论坛,2012,403(1):134-140.

[17] 傅才武.国家文化消费试点城市政策思路与实践模式探索[J].人文天下,2017,9:2-6.

[18] 傅才武.数字信息技术、文化产业发展与政府作用——以《文化产业促进法(草案送审稿)》为中心的考察[J].中国治理评论,2020(02):111-128.

[19] 傅才武.推进文化强国建设的重大战略设计[J].人民论坛,2020(31):46-49.

[20] 高宏存,纪芬叶.区域突围、集群聚合与制度创新——"十四五"时期文化产业高质量发展的大视野[J].行政管理改革,2021(02):16-27.

[21] 高书生.国家文化大数据建设:加速文化界"新基建"促进文化产业转型升级[J].清华金融评论,2020,10:29-30.

[22] 顾江,陈鑫,郭新茹,张苏缘."十四五"时期健全现代文化产业体系的逻辑框架与战略路径[J].管理世界,2021,37(03):9-18.

[23] 顾江,陈鑫,刘柏阳.引导文化消费激发消费潜力[J].群众,2021,4:41-43.

[24] 顾江,王文姬.科技创新、文化产业集聚对城镇居民文化消费的影响机制及效应[J].深圳大学学报(人文社会科学版),2021,38(04):47-55.

[25] 顾江,吴建军,胡慧源.中国文化产业发展的区域特征与成因研究——基于第五次和第六次人口普查数据[J].经济地理,2013,33(7):89-95.

[26] 光明网.关于以新业态新模式引领新型消费加快发展的意见[EB/OL].(2020-09-06)[2022-04-23].https://m.gmw.cn/baijia/2020-09/22/1301591462.html.

[27] 郭雪慧.人工智能时代的个人信息安全挑战与应对[J].浙江大学学报（人文社会科学版）,2021,51(5):157-169.

[28] 郭寅曼,季铁,闵晓蕾.文化大数据公共服务平台的可及性交互设计研究[J].艺术设计研究,2021,9(5):50-57.

[29] 国家统计局.2021年全国规模以上文化及相关产业企业营业收入增长16.0%,两年平均增长8.9%[EB/OL].(2022-01-30)[2022-02-25].http://www.stats.gov.cn/xxgk/sjfb/zxfb2020/202202/t20220208_1827252.html.

[30] 国家统计局.关于印发《文化及相关产业分类（2018）》的通知[EB/OL].（2018-04-23）[2022-04-23].http://www.stats.gov.cn/tjgz/tzgb/201804/t20180423_1595390.html.

[31] 国务院."十三五"国家战略性新兴产业发展规划[EB/OL].（2016-11-29）[2022-03-11].https://www.gov.cn/gongbao/content/2017/content_5157170.htm.

[32] 国务院.国家"十三五"时期文化发展改革规划纲要（2017-05-08）[2021-05-08].https://www.gov.cn/gongbao/content/2017/content_5194886.htm.

[33] 国务院.国务院办公厅关于深化产教融合的若干意见[EB/OL].(2017-12-19)[2022-02-15].http://www.gov.cn/zhengce/content/2017/12/19/content_5248564.htm.

[34] 国务院.国务院关于进一步扩大和升级信息消费持续释放内需潜力的指导意见[EB/OL].(2017-08-13)[2022-03-11].https://www.gov.cn/gongbao/content/2017/content_5222939.htm.

[35] 国务院.四部门联合发布《常见类型移动互联网应用程序必要个人信息范围规定》[EB/OL].（2021-03-22）[2022-03-25].http://www.gov.cn/xinwen/2021/03/22/content_5594782.htm.

[36] 贺怡,傅才武.数字文化空间下公共文化服务体系建设的创新方向与改革路径[J].国家图书馆学刊,2021,30(2):105-113.

[37] 贺怡,傅才武.数字文化空间下公共文化服务体系建设的创新方向与改革路径 [J]. 国家图书馆学刊,2021,30(2):105-113.

[38] 胡惠林,祁述裕,郭嘉,等."国家治理与文化治理能力建设"研究笔谈 [J]. 浙江工商大学学报,2018(02):109-121.

[39] 胡税根,王汇宇,莫锦江.基于大数据的智慧政府治理创新研究 [J]. 探索,2017(01):72-78+2.

[40] 胡杨,董小玉.数字时代的虚拟文化空间构建——以网络游戏为例 [J]. 当代传播,2018,25(4):37-40.

[41] 花建."一带一路"战略与提升中国文化产业国际竞争力研究 [J]. 同济大学学报(社会科学版),2016(5):30-39.

[42] 花建.互联互通背景下的文化产业新业态 [J]. 北京联合大学学报(人文社会科学版),2015,13(2):24-30.

[43] 花建.在线新经济与中国文化产业新业态:主要特点、国际借鉴和重点任务 [J]. 同济大学学报(社会科学版),2021,32(3):54-64.

[44] 黄诚,郑发云.藏羌彝文化产业走廊寺观壁画数字化保护研究 [J]. 淮北职业技术学院学报,2021,20(1):6.

[45] 黄奇帆.数字化重塑全球金融生态 [J]. 探索与争鸣,2019,11:5-8.

[46] 黄蕊,李雪威,朱丽娇.文化产业数字化赋能的理论机制与效果测度 [J]. 经济问题,2021(12):44-52.

[47] 黄蕊,朱丽娇.文化产业数字化赋能:国内外研究综述与展望 [J]. 长春理工大学学报(社会科学版),2021,34(05):101-107+118.

[48] 黄永林,李媛媛.文化强国战略背景下的中国文化遗产保护与利用 [J]. 理论月刊,2022(03):68-78.

[49] 黄永林,余欢.智能媒体技术在非物质文化遗产传播中的运用 [J]. 华中师范大学学报(人文社会科学版),2019,58(6):122-129.

[50] 黄永林.党的十八大以来我国文化产业政策引导成效及未来方向 [J]. 人民论坛·学术前沿,2022(19):72-82.

[51] 黄永林.数字文化产业发展的多维关系与时代特征 [J].人民论坛·学术前沿,2020,17:22-29.

[52] 贾旭东.理解深化文化体制改革的战略任务 [J].同济大学学报（社会科学版）,2014,25(03):31-38.

[53] 金元浦.文化生产力与文化经济 [J].上海社会科学院学术季刊,2000(1):9.

[54] 康纳.超级版图:全球供应链、超级城市与新商业文明的崛起 [M].崔传刚,周大昕,译.北京:中信出版集团,2016.

[55] 耒娅.我国文化创意产业园区发展探析 [J].合作经济与科技,2021(23):48-50.

[56] 李飞飞,蔡鹏,张蓉,等.云原生数据库原理与实践 [M].中国工信出版集团,2021.

[57] 李凤亮,古珍晶.我国博物馆文化新业态的产业特征与发展趋势 [J].山东大学学报（哲学社会科学版）,2022,1:96-106.

[58] 李凤亮,杨辉.文化科技融合背景下新型旅游业态的新发展 [J].同济大学学报（社会科学版）,2021,32(1):16-23.

[59] 李嘉珊,任爽."一带一路"战略背景下海外文化市场有效开拓的贸易路径 [J].国际贸易,2016,2:62-66.

[60] 李嘉珊,宋瑞雪."一带一路"倡议背景下中国对外文化投资的机遇与挑战 [J].国际贸易,2017(2):53-57.

[61] 李景平.人工智能深度介入文化产业的问题及风险防范 [J].深圳大学学报（人文社会科学版）,2019,36(5):59-68.

[62] 李林.数字文化产业与国家文化安全——基于国家数字化战略的思考 [J].出版广角,2021(03):6-10.

[63] 李少军,梅沙白.习近平新时代中国特色社会主义思想的哲学基础 [J].高校辅导员学刊,2018,10(03):1-5.

[64] 李向民,杨昆.新时代的文化生态与文化业态 [J].深圳大学学报（人文社会科学版）,2021,38(02):39-48.

[65] 李炎.现代性驱动：文化与旅游融合的根本逻辑[J].人民论坛·学术前沿,2019(11):80-88.

[66] 李砚祖,朱怡芳.物质与非物质的统一——李砚祖谈造物文化[J].中国非物质文化遗产,2020(1):154-159.

[67] 李颖,邹统钎,杜烨琳,李娟.文旅产业如何把握"元宇宙"发展机遇[N].中国旅游报,2022-01-24.

[68] 李臻.文化治理视域下的公共数字文化服务标准体系研究[J].大学图书情报学刊,2020,38(04):50-54+77.

[69] 梁存收,罗仕鉴,郑莉珍,吕中意.支持文化产业数字化发展的设计人才培养策略[J].艺术教育,2022,10:179-182.

[70] 梁漱溟.中国文化要义：第一章[M].上海：上海出版社,1949:52.

[71] 刘学文,王铁军,鲍枫.文化创意产业发展现状及对策探析[J].云南民族大学学报（哲学社会科学版）,2013,30(6):20-23.

[72] 刘中华,焦基鹏.文旅融合背景下海派传统工艺美术IP资源开发策略研究[J].浙江大学学报（人文社会科学版网络版）,2021,52(1):126-135.

[73] 罗仕鉴,李文杰.产品族设计DNA[M].北京：中国建筑工业出版社,2016.

[74] 罗仕鉴,沈诚仪,卢世主.群智创新时代服务设计新生态[J].创意与设计,2020,4:30-34.

[75] 罗仕鉴,田馨,梁存收,房聪,朱媛.设计产业网构成与创新模式[J].装饰,2021,6:64-68.

[76] 罗仕鉴,王瑶,张德寅.文化产业数字化内生生长与外生协同创新的进化机理研究[J].浙江大学学报（人文社会科学版）,2022,52(04):94-104.

[77] 罗仕鉴,朱媛,田馨,陈安儿.智能创意设计激发文化产业"四新"动能[J].南京艺术学院学报（美术与设计）,2022(02):71-75.

[78] 罗仕鉴.群智创新：人工智能2.0时代的新兴创新范式[J].包装工程,2020,41(6):50-56,66.

[79] 罗仕鉴.群智设计新思维 [J].机械设计,2020,37(03):121-127.

[80] 罗仕鉴.新时代文化产业数字化战略研究 [J].包装工程,2021,42(18):63-72+8.

[81] 倪菁.多中心治理视角下的数字文化治理体系 [J].新世纪图书馆,2017(12):8-12.

[82] 盘华,黄永林.网络社区社交的新特征、面临的社会风险及其防范 [J].社会主义研究,2021,257(3):122-129.

[83] 齐爱民,盘佳.数据权、数据主权的确立与大数据保护的基本原则 [J].苏州大学学报（哲学社会科学版）,2015,36(01):64-70+191.

[84] 祁述裕,殷国俊.中国文化产业国际竞争力评价和若干建议 [J].国家行政学院学报,2005(02):50-53.

[85] 人民日报.保护用户隐私需要"规则之锁" [EB/OL].(2021-04-22)[2022-03-25].https://baijiahao.baidu.com/s?id=1697693946727549054&wfr=spider&for=pc.

[86] 单世联,岑光波.文化产业与文化创意产业理论研究 [J].中原文化研究,2017,5(02):40-47.

[87] 单世联.论文化产业两种效益的逻辑与纵深 [J].贵州社会科学,2021(07):50-56.

[88] 沈壮海,彭鹤翔.增强青年一代做中国人的志气、骨气、底气 [J].思想理论教育,2021(10):4-10.

[89] 石美亲.新时代党推进文化强国建设的逻辑向度与实现路径 [J].延边党校学报,2022,38(1):6.

[90] 史金易,王志凯.加强数字经济认知,推动经济社会迭代创新 [J].浙江大学学报（人文社会科学版）,2021,51(5)5:149-156.

[91] 斯劳卡.大冲突赛博空间和高科技对现实的威胁 [M].黄铠坚,译.南昌：江西教育出版社,1999.

[92] 宋晓玲,贾旭东.农村文化资源的活用及其模式 [J].江苏行政学院学

报 ,2019,5:31-37

[93] 孙枭婷 , 李月竹 , 刘红燕 . 谈新时代文化强国建设的理论与文化产业数
字化发展趋势 [J]. 中国民族博览 ,2021(21):113-115.

[94] 唐琳 . 构建面向东盟的 "一带一路" 数字化人文交流区域中心研究——
5G 时代广西文化产业转型研究系列论文之十 [J]. 北部湾大学学
报 ,2020,35(12):33-41.

[95] 唐琳 . 文旅新基建中少数民族文化消费数字化研究 [J]. 广西民族大学
学报 (哲学社会科学版),2020,42(5):74-79.

[96] 田蕾 . 数 字 文 化 企 业 参 与 文 化 治 理 的 路 径 [J]. 中 国 国 情 国
力 ,2020(08):40-42.

[97] 田野 . 新基建时代提升大城市群数字文化产业的创新活力 [J]. 同济大
学学报 (社会科学版),2021,32(3):73-81.

[98] 童芳 . 数字叙事 : 新技术背景下的博物馆设计研究 [J]. 南京艺术学院学
报 (美术与设计),2020(03):165-171,210.

[99] 托马斯 •A. 赫顿 . 城市与文化经济 [M]. 上海社会科学院、公共文
化服务与文化治理研究创新团队 , 译 . 上海 : 上海社会科学院出版
社 ,2019,150-152.

[100] 王冲 . 唤起文化自信——城市文化复兴中的公共艺术 [J]. 工业工程设
计 ,2021,3(04):53-58.

[101] 王汉熙 , 马原 . 国内外文化产业数字化平台表现探讨 [J]. 传播与版
权 ,2018,2:109-110.

[102] 王洛忠 , 闫倩倩 , 陈宇 . 数字治理研究十五年 : 从概念体系到治理实
践——基于 CiteSpace 的可视化分析 [J]. 电子政务 ,2018,(04):67-77.

[103] 王锰 , 郑建明 . 整体性治理视角下的数字文化治理体系 [J]. 图书馆论
坛 ,2015,35(10):20-24.

[104] 王相华 . 数字文化产业中政府角色定位 : 欧美国家经验与中国对策 [J].
艺术百家 ,2020,36(01):65-71+100.

[105] 王新奎.全球价值链竞争背景下中国（上海）自由贸易试验区的历史使命 [N].中国社会科学报,2016-10-11(004).

[106] 王雪冉,田云刚.关于中国特色社会主义文化理论内涵的几点思考 [J].中共山西省委党校学报,2022,45(1):5.

[107] 王彦林.我国公共文化服务与文化产业现存问题及其协同发展 [J].社会科学论坛,2019(05):214-220.

[108] 王燕.科技是文化创意产业腾飞的翅膀——英国文化创意产业的印象与启示 [J].江南论坛,2011(10):31-32.

[109] 魏鹏举.文化强国战略格局下中国文化贸易的现状与愿景 [J].同济大学学报（社会科学版）,2021,32(05):28-34.

[110] 文化部.文化部出台《指导意见》推动数字文化产业创新发展 [EB/OL].（2017-04-06）[2021-02-25].https://www.mct.gov.cn/whzx/whyw/201704/t20170426_826553.htm.

[111] 文化部.文化部关于推动数字文化产业创新发展的指导意见 [EB/OL].(2017-04-11)[2022-04-13].https://zwgk.mct.gov.cn/zfxxgkml/zcfg/gfxwj/202012/t20201204_906313.html.

[112] 文化和旅游部."十四五"文化和旅游发展规划 [EB/OL].(2021-06-04)[2022-03-13].https://zwgk.mct.gov.cn/zfxxgkml/zcfg/zcjd/202106/t20210604_925006.html.

[113] 文化和旅游部."我国遗产型景区'平台＋数据＋标准'（PDS）管服体系创新研究"项目简介 [EB/OL].（2021-06-23）[2022-02-25].https://www.mct.gov.cn/preview/special/kygz/whhlykjcxcg/202102/t20210207_921401.htm.

[114] 文化和旅游部."粤新年,有虎气"2022广东数字文化推广活动服务群众超500万人次 [EB/OL].（2022-02-28）[2022-05-25].https://www.mct.gov.cn/whzx/qgwhxxlb/gd/202203/t20220311_931826.htm.

[115] 文化和旅游部.《文化和旅游部关于推动数字文化产业高质量发展的意

见》解读 [EB/OL].（2020-11-27）[2021-12-25].https://zwgk.mct.gov.cn/
zfxxgkml/zcfg/zcjd/202012/t20201205_915493.html.

[116] 文化和旅游部 . 北京拟实施文旅行业信用分级分类监管 [EB/OL].
（2020-12-03）[2022-02-25].https://www.mct.gov.cn/whzx/qgwhxxlb/
bj/202012/t20201203_904717.htm.

[117] 文化和旅游部 . 贵州启动市场整治"黔锋行动" [EB/OL].（2022-01-
20）[2022-02-25].https://www.mct.gov.cn/whzx/qgwhxxlb/gz/202201/
t20220120_930581.htm.

[118] 文化和旅游部 . 江苏开展文化市场综合执法"护航"行动 [EB/OL].
（2022-03-28）[2022-05-25].https://www.mct.gov.cn/whzx/qgwhxxlb/
js/202203/t20220328_932108.htm.

[119] 文化和旅游部 . 六部门印发《关于促进文化和科技深度融合的指导意见》
[EB/OL].(2019-08-27)[2021-12-25].https：//www.mct.gov.cn/whzx/whyw/201908/
t20190827_845901.html.

[120] 文化和旅游部 . 青岛"音乐版权全产业链交易服务平台"等 2 个项目入
选国家区块链创新应用试点 [EB/OL].（2022-01-28）[2022-05-25].https://
www.mct.gov.cn/whzx/qgwhxxlb/sd/202201/t20220128_930766.htm.

[121] 文化和旅游部 . 区块链技术原理及艺术上的应用研究 [EB/OL].（2020-
01-10）[2022-05-25].https://www.mct.gov.cn/whzx/zsdw/zgyskjyjs/202001/
t20200110_850223.htm

[122] 文化和旅游部 . 文化和旅游部关于推动数字文化产业高质量发展的意
见 [EB/OL].(2020-11-18)[2022-03-12].https://zwgk.mct.gov.cn/zfxxgkml/
cyfz/202012/t20201206_916978.html.

[123] 文化和旅游部 . 文化和旅游部关于印发《"十四五"文化产业发展规
划》的通知 [EB/OL].(2021-05-06)[2022-04-23].http://zwgk.mct.gov.cn/
zfxxgkml/cyfz/202106/t20210607_925033.html.

[124] 文化和旅游部 . 文化和旅游部关于印发《"十四五"文化产业发展规

划》的通知 [EB/OL].（2021-05-06）[2022-04-23].http://zwgk.mct.gov.cn/zfxxgkml/cyfz/202106/t20210607_925033.html.

[125] 文化和旅游部.浙江：打造文化和旅游信用监管"浙江模式" [EB/OL].（2021-12-08）[2022-02-25].https://www.mct.gov.cn/preview/special/xytx/9635/202112/t20211208_929674.htm.

[126] 文化和旅游部.浙江深入推进文化和旅游数字化改革 [EB/OL].（2022-04-22）[2022-05-25].https://www.mct.gov.cn/whzx/qgwhxxlb/zj/202204/t20220422_932611.htm.

[127] 吴朝晖.交叉会聚推动人工智能人才培养和科技创新 [J].中国大学教学,2019(2):4-8.

[128] 吴朝晖.四元社会交互运行，亟须深化数字治理战略布局 [J].浙江大学学报（人文社会科学版）,2020,50(2):5-9.

[129] 吴承忠.5G 时代文化产业发展新趋势 [N].中国社会科学报,2020-10-13.

[130] 吴声.场景革命 [J].中国经济信息,2015,18(11):7.

[131] 习近平."在北京冬奥会、冬残奥会总结表彰大会上的讲话" [EB/OL].（2022-04-08）[2022-05-25].http://jhsjk.people.cn/article/32395043?isindex=1.

[132] 习近平.建设中国特色中国风格中国气派的考古学 更好认识源远流长博大精深的中华文明 [J].当代党员,2020(24):3-5.

[133] 习近平.在庆祝中国共产党成立100周年大会上的讲话 [J].求是,2021(14):4-14.

[134] 肖昕,景一伶.中国文化产业数字化政策及其策略研究 [J].民族艺术研究,2021,34(03):130-136.

[135] 解学芳,陈思函."5G+AI"技术群赋能数字文化产业：行业升维与高质量跃迁 [J].出版广角,2021,(03):21-25.

[136] 解学芳.论科技创新主导的文化产业演化规律 [J].上海交通大学学报（哲学社会科学版）,2007,4:58-65.

[137] 徐红,郭姣姣.数字化技术在日本民族文化传承中的运用及启迪 [J].新闻大学,2014,6:47-54.

[138] 徐望."文科融合"升级我国文化产业链路径 [J].发展改革理论与实践,2018,2:20-24.

[139] 俞天秀,吴健,赵良.数字敦煌资源库架构设计与实现 [J].敦煌研究,2020,180(2):11-13.

[140] 臧志彭.数字创意产业全球价值链:世界格局审视与中国重构策略 [J].中国科技论坛,2018(7):64-73,87.

[141] 张波,杨佚楠.中国共产党文化使命的生成逻辑和时代意义 [J].理论探讨,2019(3):6.

[142] 张建达.意大利文化创意产业的现状与发展（上）[N].中国文化报,2012-02-01(003).

[143] 张胜冰,李研汐.新文创与大消费时代的消费伦理与观念变迁 [J].出版广角,2019(13):29-33.

[144] 张胜冰,宋文婷.论文化产业发展中的有为政府和有效市场 [J].山东大学学报（哲学社会科学版）,2022,2:48-58.

[145] 张宇.法国文化产业的发展及其启示 [J].文化产业研究,2016(02):137-144.

[146] 章军杰.中国文化产业学术研究的历史意识——兼评胡惠林先生《文化产业发展的中国道路》[J].中国文化产业评论,2020,28(1):409-421.

[147] 赵曙光,张竹箐.数字传播治理与新闻媒体的责任 [J].现代出版,2021(05):42-50.

[148] 赵彦云,余毅,马文涛.中国文化产业竞争力评价和分析 [J].中国人民大学学报,2006(04):72-82.

[149] 郑建明.大数据环境下的数字文化治理路径创新与思考 [J].晋图学刊,2016(06):1-5.

[150] 中共上海市委,上海市人民政府.关于加快本市文化创意产业创新发

展的若干意见 [EB/OL].（2017-12-14）[2022-05-22].http://shzw.eastday.com/shzw/G/20171222/u1ai11088984.html.

[151] 中共中央办公厅国务院办公厅 . 关于实施中华优秀传统文化传承发展工程的意见 [EB/OL].（2017-01-25）[2021-02-25].http://www.gov.cn/gongbao/content/2017/content_5171322.html.

[152] 中国互联网信息中心（CNNIC）. 第 49 次《中国互联网络发展状况统计报告 》[EB/OL].（2022-03-11）[2022-03-25].http://www.100ec.cn/home/detail--6608634.html.

[153] 中国青年报 . 数字文化时代来袭!《中国数字文化产业发展趋势研究报告 》发布 [EB/OL].(2019-08-05)[2022-04-12].https://baijiahao.baidu.com/s?id=1641002477786375936&wfr=spider&for=pc.

[154] 中国人工智能 2.0 发展战略研究项目组 . 中国人工智能 2.0 发展战略研究 [M]. 杭州 : 浙江大学出版社 ,2018.

[155] 中国网络视听节目服务协会 .2021 中国网络视听发展研究报告 [EB/OL].（2021-01-01）[2022-04-23].http://tradeinservices.mofcom.gov.cn/article/wenhua/shujutj/tongjifb/202106/116901.html.

[156] 中国音像与数字出版协会游戏出版工作委员会 .2019 年中国游戏产业报告 [EB/OL].(2019-12-20)[2020-06-11].https://baijiahao.baidu.com/s?id=1653402516799087310&wfr=spider&for=pc.

[157] 钟云珍 . 公共数字文化治理中的公众参与机制研究 [D]. 南京 : 南京大学 ,2017.

[158] 周建新 , 谭富强 . 新冠肺炎疫情背景下我国文化产业政策的维度识别与模式建构 [J]. 中国文化产业评论 ,2021,30(01):117-129.

[159] 周建新 , 朱政 . 中国文化产业研究 2021 年度学术报告 [J]. 深圳大学学报（人文社会科学版）,2022,39(01):69-83.

[160] 祝帅 , 张萌秋 . 设计政策研究在中国———一项基于文本分析的学术史回顾 [J]. 工业工程设计 ,2021,3(01):1-10.

[161] 左惠．文化产业数字化发展趋势论析 [J]. 南开学报（哲学社会科学版）,2020(6):47-58.

[162] Bektur Ryskeldiev,Yoichi Ochiai,Michael Cohen,Jens Herder.Distributed Metaverse:Creating Decentralized Blockchain-Based Model for Peer-to-Peer Sharing of Virtual Spaces for Mixed Reality Applications[C].Proceeding soft the 9th Augmented Human International Conference,2018:Article39,1-3.

[163] Chen C.Science mapping:A systematic review of the literature[J].Journal of Data and Information Science,2017,2(2):1-40.

[164] Hashemi S H,Kemps J.Exploiting behavioral user models for point of interest recommendation in smart museums[J].New Review of Hypermedia and Multimedia,2018,24(3):228-261.

[165] Hemerling J,Kilmann J,Danoesastro M,et al.It's not a digital transformation without a digital culture[J].Boston Consulting Group,2018:1-11.

[166] Martínez-Caro E,Cegarra-Navarro J G,Alfonsd-Ruiz F J.Digital technologies and firm performance:The role of digital organisational culture[J].Technological Forecasting and Social Change,2020,154:119962.

[167] Mateso-Garcia J, Bakhshi H. The Geography of Creativity in the UK em dash Creative Clusters, Creative People and Creative Networks[R]. Nesta, July,2016.

[168] Michelucci P, Dickinson J.The power of crowds[J].Science,2016,351:32-33.

[169] Nechita F, Rezeanu C.Augmenting Museum Communication Services to Create Young Audiences[J].Sustainability,2019,11(20):5830.

[170] Smith E.Swarm intelligence:from natural to artificial systems[M].New York:Oxford University Press,1988.

# 后　记

　　本书以习近平新时代中国特色社会主义思想为指导，顺应时代发展规律，较为深刻认识到了中国文化产业数字化路径问题，并解构"文化"大问题，概括分析我国文化产业数字化现状及发展，系统性归纳关于我国文化产业数字化政策、环境、治理等问题。立足于我国国情，以"人类命运共同体"与"以人民为中心"双价值支柱为根本支撑，着重体现与强调具有中国特色的"中国式现代化"的重要精神内涵。

　　本书注重学科交叉与理论整合，内容与技术相结合。在总结文化价值与精髓之上，较为全面地整理分析近年政府工作报告、学术书目文献、行业报告、经济数据和相关案例等资料。在新时代背景下，详细总结了国际方面的可借鉴经验与方案；针对数字文化国家战略、数字文化产业治理、数字文化产业市场环境、群众消费模式等方面做出较为完整、深入的归纳总结与分析。以多角度多方位理论分析为基础，搭建较为完整的内生生长与外生进化原创性框架，旨在强调协调国家政策、经济、社会环境、文化、用户等各要素，借鉴当今先进科技方法与技术路径，发挥文化产业数字化最优价值，为社会多元商业语境下的文化产业数字化精准服务、治理等工作提供创新思路，形成了一套较为完整的中国特色文化产业数字化研究体系和理论模型。

　　研究工作尚存在进一步发展空间，在进一步深入贯彻我国文化产业关于党的二十大精神、"十四五"发展规划、习近平新时代中国特色社会主义思想内涵、中国特色社会主义核心价值观内涵以及博大精深的中华优秀传统文化价值的基础上，做到更好地让文化内涵外化表达及其在世界范围内的传播工作联动，更好地优化数字文化产业协同环境、更全面地联结信息数据平台，形成数字文化产业互联互惠关系网；结合社会经济学原理等理论知识预判行业成效趋势等问题，针对我国文化产业数字信息安全、国家安全等问题尝试开展下一步探究，进一步完善书中可复制、可验证和可持续的"中国经验""中国理念""中国方案""中国故事""中国智慧"。

期盼更多的文化产业界诸学者共同思考、共同探讨，共同为推进我国文化产业数字化实施进程、实现"中华民族伟大复兴"的奋斗目标及"人类命运共同体"理想形态做出贡献！